工作分析指南

沉淀和传承组织经验与智慧

[美] 罗纳德·雅各布斯 / 著
Ronald L. Jacobs

崔连斌 胡丽 / 译

WORK ANALYSIS IN THE KNOWLEDGE ECONOMY
Documenting What People Do in the Workplace for Human Resource Development

电子工业出版社
Publishing House of Electronics Industry
北京·BEIJING

　　版权贸易合同登记号　图字：01-2021-5316

图书在版编目（CIP）数据

　　工作分析指南：沉淀和传承组织经验与智慧 /（美）罗纳德·雅各布斯（Ronald L. Jacobs）著；崔连斌，胡丽译 . —北京：电子工业出版社，2023.6

　　书名原文：Work Analysis in the Knowledge Economy: Documenting What People Do in the Workplace for Human Resource Development

　　ISBN 978-7-121-45206-2

　　Ⅰ . ①工… Ⅱ . ①罗… ②崔… ③胡… Ⅲ . ①人力资源管理—高等学校—教学参考资料 Ⅳ . ① F243

　　中国国家版本馆 CIP 数据核字（2023）第 096293 号

　　责任编辑：杨洪军

　　印　　刷：三河市鑫金马印装有限公司
　　装　　订：三河市鑫金马印装有限公司
　　出版发行：电子工业出版社
　　　　　　　北京市海淀区万寿路173信箱　　邮编100036
　　开　　本：720×1000　1/16　　印张：18.75　　字数：300千字
　　版　　次：2023年6月第1版
　　印　　次：2025年6月第3次印刷
　　定　　价：78.00元

　　凡所购买电子工业出版社图书有缺损问题，请向购买书店调换。若书店售缺，请与本社发行部联系，联系及邮购电话：（010）88254888，88258888。

　　质量投诉请发邮件至zlts@phei.com.cn，盗版侵权举报请发邮件至dbqq@phei.com.cn。

　　本书咨询联系方式：（010）88254199，sjb@phei.com.cn。

本书献给我的人生伴侣——玛莎·詹金斯

译者序

千里之行，始于足下，工作分析，常用常新

2013年，我们在中国培训行业研究报告中提出了中国培训管理者胜任力模型。除了对中国培训管理者的能力进行评估和总结，当时我们还希望创造一个帮助中国培训管理者进修和提升专业能力的项目，这就是后来安迪曼推出的TDF人才发展专家认证™项目。但是，在帮助很多同行成长的同时，我们发现，由于中国的高等教育中没有专门的人力资源开发专业，很多同行在一些基础的人力资源开发技能上缺乏对系统性、逻辑性的认识，在实操时虽然能摸着石头过河，总结出或多或少的经验，却无法对一些技术的运用做到真正的通透。本书的主题是工作分析，非常聚焦和系统，从工作分析的概念到其理论落地的具体步骤和指导，甚至对未来的一些变化预测都有所涉及，是一本不可多得的人力资源开发领域的基础技术类图书。如果高校能开设人力资源开发这一专业，我们认为本书完全可以用作该专业学生在工作分析领域的教材。对于人才发展专家和培训管理者来说，工作分析应该是经常在工作中使用的技术。通过本书，读者可以对这一技术的框架有更加系统全面的认识，对未来学习更高阶、更复杂的其他学习技术和知识，如人才体系的建立、学习地图的搭建、课程的设计等会大有助益。因此，企业等各类组织的人力资源管理者、人力资源开发专家、学习与发展专家，甚至需要了解工作具体内容的业务岗位专家，如质量管理专家、安全管理专家等，以及未来担任相关岗位或职能的候选人或学习者，都可以通过本书来学习工作分析这一技能。

早在2016年，我们就曾经协助罗纳德·雅各布斯博士在中国发表了他所著的《结构化在岗培训：释放工作环境中员工的专业能力》一书。我们也跟雅各布斯教授进行过多次合作，在中国开展过多次工作坊，帮助一些企业内部的学习与人才发展专家掌握结构化在岗培训的具体技能。在这期间，雅各布斯博士与我们建立了深厚的情谊。除了在伊利诺伊大学任教，雅各布斯博士还为世界各地的很多组织提供长期的咨询服务。他是一位真正的能弥合学术研究与专业实践之间差距的、令人尊敬的学者。在雅各布斯博士的新书出版后，因为有长年的交流和合作，我们得以第一时间看到这本书的内容。我们认为这本书对于中国的学习与发展专家和培训管理者有着莫大的学习和使用价值，因此决定帮助雅各布斯博士推出这本书的中文版。

我们认为这本融合了很多实例，兼具概念讲解和操作指导的图书作为工作分析教材也是很合适的。大家在使用时如果能够注意一些要点，就能发挥其最大的价值。在提供建议之前，我们想先说明一下本书的核心内容。其实这一部分在前言中也有所涉及，此处我们会多囊括一些细节，希望帮助大家更具体地了解本书。

本书共十九章。第一部分（第一~四章）为工作分析导论。这一部分介绍了工作分析的定义、工作分析在人力资源开发中的应用、工作分析涉及的角色职能及其流程。本部分的内容多为理论和知识，还涉及工作分析中一些人力资源开发领域关键词的定义，包括工作、分析、岗位、职业、工作流程、工作任务、岗位分析、任务分析、职业分析、能力分析等。除了对工作分析的定义进行了介绍，本部分还涵盖对人力资源开发领域的看法。此处雅各布斯博士通过各方面的文献和资料，介绍了人力资源开发领域的边界和定义，这对该领域从业者对人力资源开发及工作分析这两者的理解极具参考意义。

第二部分（第五~十二章）为工作分析技术。这一部分非常详细地介绍了岗位分析、任务分析、职业分析、国家职业标准、关键事件法、工作流程分析、能力分析等几种常用、重要且关键的工作分析技术，包括对工作本身及工作人员的分析。为了方便读者使用和参考，对每种技术的介绍和讲解都是按照固定格式呈现的，读者可以通过本书前言了解对应的格式。

第三部分（第十三~十七章）为工作分析信息的应用。这一部分介绍了工作分析技术所产出的信息在人力资源开发领域中的几种重要应用，包括工作任务说明及培训设计、结构化在岗培训模块、绩效支持指南、绩效评价量表、能力测评及开发等。这一部分的内容在实操性上与第二部分颇为相通，且逻辑一致。关于结构化在岗培训模块设计的部分，更具体的可以参考前文提到的雅各布斯博士所著的《结构化在岗培训：释放工作环境中员工的专业能力》一书。

第四部分（第十八~十九章）为洞察未来即对工作分析未来趋势的看法。这一部分主要介绍了与工作分析相关的一些未来趋势，均来自各种文献及雅各布斯博士自身的研究，涉及知识型工作、数字人才等。

在具体介绍了本书的核心内容后，我们还想给大家提供一些尽可能实用的阅读建议。

1. 学习始于应用。大家可以在本书各章的后面看到雅各布斯博士提出的一些供大家思考和回顾自身经历的问题。也许大家在阅读相关内容时，还没有对应的经历，但是很多"做中学"的伙伴，可能只是在做的时候没有意识到自己已经在用工作分析的相关技术了。对于职场人来说，很多学习只有在用到的时候才能凸显其价值。希望大家无论此前是否有相关经验，在阅读本书后，如果在工作中遇到这样的挑战，都能勇敢地去应用本书中提到的种种技术。只有去做了，才是真正学习的第一步。

2. 技术常用才能常新。大家可以看到，在谈及技术的大量篇幅中雅各布斯博士给出了很多样例，这些样例都来自他近几年的咨询工作。连他自己都说，他在书中的很多样例是根据自己写的内容去挑选的最新的实践，跟数十年之前完全不同。正如他所强调的，知识型工作未来将更多地融入现代职场中。随着工作的不同变化和更多新技术的出现，工作分析技术也需要不断迭代和升级。希望大家在使用各种技术时也牢记这一点，不断去尝试更新工作分析方法。本书的亮点之一在于其编排格式的一致性，大家可将其用作一本快速参考书，在实践中对照自身的项目情况时常翻阅，相信能有更大的收获。

3. 争取利益攸关者的价值认同。由于在这一领域我国还未有专门的学科设置，大家在应用和实践中可能会遇到组织对我们所使用的技术没有提前认可的情况。我们建议，在使用相关技术之前，如果关键利益攸关者对相关技术的了解并不深刻，大家需要着重参考本书中提及的"创建概念验证的原型"这一方法。在使用技术之前，向利益攸关者提供原型，以此争取资源支持和价值认同，这也有助于帮助大家做好"以终为始"的系统化管理，为培训和人才发展建立培训价值证据链。

4. 注重未来趋势。虽然趋势部分在本书中的篇幅较短，但其实经过近几年各类新技术的冲击，加之疫情对市场和企业造成的影响，我们能预见未来企业几乎会在所有方面都面临着新的挑战和机遇。当然，对于人力资源开发领域，也是一样的。正如本书贯穿始终的对"知识型工作"的关注，在未来使用工作分析技术时，我们建议大家结合企业当前面临的挑战和市场上新兴的技术趋势来对技术进行最合适的调整和迭代。无论何时，无论何种技术，其根本用途在于为组织和人类创造价值和结果。

最后，特别感谢雅各布斯博士对我们的信任，以及与我们建立的友谊。如果没有博士的杰作，我们也没有机会将本书介绍给中国人力资源开发领域的伙伴们。另外，非常感谢电子工业出版社的晋晶老师，在本书的翻译和出版过程中得到了她莫大的支持和建议。最后，还要感谢安迪曼内部研发团队的伙伴们，感谢景爱峰老师和温洁老师在本书翻译过程中提供的支持。对于任何伙伴在这一过程中的贡献，我们都衷心地表达最诚挚的谢意，是我们所有人付出的努力和心血才使本书出现在大家面前。

崔连斌　胡丽
2022年12月5日

前言

　　所有组织的内部都广泛存在着两个重要问题：人们在做什么样的工作？工作出色的人有哪些特质？本书将通过介绍一系列相关技术来帮助组织解决以上两个问题。通常情况下，我们会将解决这两个问题的一系列技术称为工作分析技术，这些技术无疑是人力资源开发实践中的基础组成部分。本书的主要受众包括现任的及未来即将成为人力资源开发或人力资源相关从业者的人员。此类人员往往被要求，能够理解工作分析这一概念，且能够使用本书所述的一种甚至多种工作分析技术。除此之外，我还希望本书能为技术教育或职业教育工作者、组织内部的管理者、质量及安全工作人员，以及劳动力和经济发展政策的决策者提供有用的信息和指导。

　　工作分析能在人力资源开发的实践中提供广泛的信息支持，包括培训和教育项目设计、绩效支持系统设计、绩效改进和组织发展项目的实施，以及个人的职业生涯规划等。在本领域内，从来没有其他的专业活动能够像工作分析一样提供如此大量的信息。毫无疑问，工作分析是组织绩效分析和组织学习领域从业者必备的基础知识和技能之一。

　　随着全球各地的组织内知识型工作的盛行，对工作分析技术的需求也变得比以往更加显著。现在，所有组织都面临着一项艰巨的挑战，那就是要记录这种新型工作的实际操作情况，其中往往会涉及更高级的问题解决、决策和批判性分析的能力，而且组织要利用记录的信息为培养可靠地完成此类工作的人提供支持。因此，本书十分赞同当下的工作正在不断地复杂化，信息和通信技术已经成为人们开展工作的主要工具，因此工作分析流程也需要根据工作的变化而变化这一观点。有些了解20世纪早期工业环境中工作分析技术应用情况的读者可能对此抱有一定的成见，这些读者在阅读本书时可能发现一些意料之外的技术变化。

遗憾的是，尽管工作分析的重要性已得到普遍认可，但大多数（本专业）本科生和研究生课程对该主题给予的关注极为有限。在粗略调查过几所重点高校人力资源开发和人力资源管理专业的研究生课题后，我们发现只有极少数学校布置了比"说明工作分析的重要性"这类问题更加深入的课题作业。这一现象导致的结果是，大多数人力资源开发和人力资源管理专业的毕业生在参加工作时对自己工作中最基础的一个工作任务——工作分析知之甚少。在组织内部常常需要开展的工作分析，究竟有多少人力资源开发专业的毕业生能够真正地做好呢？事实上，很多本行业的从业者和教员自己也会经常拒绝类似的项目，因为他们自己也没有多少相关经验。为了帮助读者解决这一问题，本书会同时带来概念和实践两方面的内容。

如前所述，本书认为工作分析是对有效人力资源开发专业实践至关重要的一整套知识和技能。而随着知识经济的兴起，组织对工作分析的需求也越来越显著。

本书希望帮助读者解决在理解工作分析时遇到的两个主要层面（工作层面和人员层面）的问题。有些读者可能惊讶于本书这种两方兼顾的观点，因为很少有图书或文章把这两者作为整体来解释。尽管这两个主要层面的问题存在着根本性的理论差异，但其实这两者分表代表着当下的组织和社会对"工作"本身的不同要求。这种两位一体的本质让我们在实践的时候几乎不可能把它们区分开。

因此，本书对人力资源开发中的工作分析的定义，以及本书要囊括的工作分析技术，均建立在本人对相关著作的理解以及对自身过往工作经验的思考上。当然，尽管如此，对于读者应该认同什么样的工作分析定义以及如何实施各式各样的技术和技巧，本书仍然主张事先给出定义或规定是有失偏颇的。想找到一种一劳永逸的办法只会是徒劳的努力。德国哲学家兼诗人弗里德里希·尼采有一句名言，"你有你的路，我有我的路。至于适当的路、正确的路和唯一的路，这样的路并不存在"（Brobjer，2008）。这句话的意思就是说，世上不存在百分百的完美。本书也一样。对于读者来说，本书是了解工作分析的起点，而不是终点。

要通过学习本书取得进步，我建议读者按照以下的流程进行学习：首先，应该认真地学习和思考文中提供的信息，并尝试尽可能地在实践中使用相关的技巧，无论是在真实或者模拟的工作环境中。接下来，要对自己在应用中得到的结果和反馈进行反思，最终能够调整和优化自己应用所学的方法，找到既能获得预期结果，又最适合自己的方案。敏锐的从业者能够意识到以上的建议中包含了反思性实践中所需的各项要素。

本书编排说明

本书结构设计清晰，逻辑性强，可作为人力资源开发和人力资源管理专业本科或研究生课程的学习参考书，或者作为组织内部开展具体项目时使用的个人参考资料，或者作为工作分析专业能力开发工作坊中的辅助学习材料。本书的章节排序与我本人在大学授课时的教学顺序一致，这一点可能对其他教师也有所帮助。

本书共四个部分。第一部分介绍了工作分析的定义，尤其是人力资源开发情境中的工作分析。第二部分深入探讨了工作分析中涉及的几种技术的具体实施方法。第三部分展示了如何将工作分析提供的信息

应用到一系列人力资源开发项目的设计中。第四部分讨论了在新兴的
数字化工作场景中的工作分析以及对未来知识经济时代中工作分析的
建议。

本书所有章节的结构设计如下。

- 每一个章节的标题都力求明确清晰，保证逻辑上前后章节的顺序是
合理的。
- 各个主标题用于说明主要内容。
- 第二部分的各章使用统一的基本格式：技术的定义和说明，如何使
用相关技术，以及总结。
- 第三部分的各章告知读者如何使用工作分析提供的信息来设计不同
的人力资源开发项目，并给出了具体的指导性操作流程。
- 第四部分的各章提供了与知识型工作及工作分析未来应用相关的总
结信息。
- 在各章中都嵌入了合适的相关案例和实践评论。
- 每章结尾的"作者总结"概括了该章的整体内容。
- 每章结尾还给出了数个供读者思考的"延伸思考"问题。
- 附录 A 中提供了四个基于知识型工作分析产出的结构化在岗培训
模块样例。

作者总结

本书为读者呈现了近40年来与工作分析相关的研究和发展。显然，
如果未能花费大量时间梳理和了解相关信息的话，我也无法累积学术界
的众家之见和大量的实践工作经验。因此，我在本书中援引的所有图表
和数据基本都是原创的，全都来自真实案例，而非任何模拟场景。

为此，我想感谢我职业生涯中主要服务的两所大学——俄亥俄州立
大学和伊利诺伊大学，它们为我提供了进行学术研究的平台及偶尔为各

式各样的组织提供咨询服务的机会。如果未曾有机会深耕本领域，我也无法想象自己能写出这样一本书。同时，我非常感激大学给我机会负责本科生及研究生的"工作分析"授课工作，让我得以在这数年间与几百名学生互动交流。我确信世上再也没有比通过多年的教学、理论研究并结合实践应用来得更好、更深入的研究方法了。

如果没有那么多宝贵的客户成为我的合作伙伴，我肯定无法从从业经验中获得诸多收益。多年来，我的很多客户成了我的同事和朋友。于我个人而言，能与人建立互信互敬的专业合作关系，共同奋斗达成项目目标，并与志同道合的朋友一直保持着良好的伙伴关系就是最珍贵的个人收获了。

值得一提的是，我在担任顾问时参与的很多项目本质上并不是单纯的工作分析项目，即客户明确称工作分析是其项目唯一的重点，这样的情况很少。更多的时候，工作分析只是大型项目中的一个部分，用于帮助客户达成更具挑战性的目标，例如，开展安全和质量改进项目，基于课堂教学的结构化培训项目设计，通过能力发展项目诊断个人能力发展需求，以及对各个职业性质进行分析和记录以便形成国家职业标准等。在诸如以上类型的项目中，工作分析均能起到支持作用。通过工作分析得出的信息能确保以上项目和大量其他类型的人力资源开发项目都取得成功。

最后，我想对这些年对我的工作给予过支持，在工作分析这一领域启发过我思考的人们致以特别的感谢。如要列出这些人的具体姓名，我会万分担忧自己遗漏了一些应该提到的朋友。但我仍会尽己所能地详细写一下，希望我没有漏掉谁。在过去的30年里，对我影响最大的那个人莫过于迈克·琼斯。迈克一开始是我的学生，后来成为我的客户和朋友，多年来，他始终热衷于宣传工作分析的定义和实践应用。最重要的是，迈克一直以来都提醒我要坚信一个理念：无论员工是什么层级的，无论员工有什么样的工作性质，所有的工作都是有尊严的。那些从事在大众看来可能微不足道的琐碎工作的劳动者也会对自己的工作感到自豪，他们同样值得我们尊重。

影响我对工作分析思考的另一位老朋友和老同事是理查德·斯旺森。在20世纪70年代第一次通过他了解到工作分析这一主题的时候，我是鲍林格林州立大学的一名员工。在我研究这一主题的过程中，直接或间接给予我启发和思考的人包括戴夫·格德恩、艾弗·戴维斯、鲍勃·海尼希、布鲁斯·麦克唐纳、特里·麦吉芬、汤姆·桑兹、弗雷德·尼科尔斯、汤姆·吉尔伯特、扬·德容、阿哈德·奥斯曼-加尼、谦克·普里亚达斯、罗杰·考夫曼、鲍勃·诺顿、杰夫·弗莱舍尔、穆罕默德·布拉赫马、亚库布·塔拉、贾斯汀·李、崔连斌和杰梅楚·瓦克托拉等，此处仅列出了一部分。最后，我还想对给予我启发并协助我完成本书最终手稿的伊利诺伊大学目前在读研究生们表示诚挚的感谢。

我向以上我提到的所有人，与我有联系的朋友和那些我应当提及而未提及的伙伴表示最诚挚的感谢和感激。

罗纳德·雅各布斯博士

写于美国伊利诺伊大学香槟分校

2018年10月

参考文献

Brobjer, T. H. (2008). *Nietzsche's philosophical context: An intellectual biography*(p. 149). Urbana, IL: University of Illinois Press.

目录

第一部分

工作分析导论

本书的第一部分将介绍新兴知识经济背景下的工作分析。读者在阅读时可能会发现本部分表达的观点与你们在人力资源开发领域的过往经验中总结的观点不同。如今，人力资源开发专家正面临着严峻的挑战，即要在更加复杂的环境中为组织贡献价值。因此，作为人力资源开发专家，就更需要了解综合、全面的工作分析观点。

第一章

工作分析的定义

一家全球电信公司人力资源副总裁觉得是时候梳理一下全球各个地区的关键工程师的岗位职责了。通过参考相关信息，设计一个公司级别的培训项目，用于培养新聘的工程师，这是该公司的战略目标之一。当该副总裁从数位人力资源开发经理和人力资源经理那里获得反馈之后，他立即发现这些反馈的内容过于宽泛，前后不一致，准确率很低，对于设计培训项目毫无用处。

有一位人力资源开发大区经理甚至道歉说没办法提供更具体的信息，并解释这些岗位的工作太复杂，无法准确记录。在看过这些无用的信息后，该副总裁感到很沮丧，他开始思考如何在没有相关信息的情况下按照之前的规划设计一个有效的培训项目。

这样的情况屡见不鲜。现在，很多人力资源开发专家发现很难对其组织的某些工作进行分析，如果要分析掌握高级技术和专业能力的员工（如工程师、信息技术专家、高级管理者等）的工作时，挑战还会更加艰巨。我们常常会产生这样的疑问：是不是只有某些类型的工作是能被分析的？是不是我们只能对那些操作相对简单且易于观察的工作进行分析？如果这些问题的答案是肯定的，那么就意味着组织中人力资源开发的实践应用是有限的，这将令人难以接受。

工作分析理论

工作分析底层的基本假设是：无论多么复杂，所有类型的工作都可以被清晰地记录下来，清晰到可用于检查这项工作的完成情况，也可为设计相关的人力资源开发项目提供参考信息。有的人可能不同意这一假设，认为现在的工作在某种程度上已经进化到我们难以分析的地步了。按照这样的说法，工作分析就算不是用得最少的，也可能是在人力资源开发专业实践中被误解得最深的一个概念。

本书旨在帮助读者加深对工作分析的理解，同时可以掌握分析任何性质工作的工作分析技术。因此，通过阅读本书，读者不仅会加深对工作分析的理解，还能学习如何进行工作分析，以及如何应用从工作分析中获得的信息来设计一系列人力资源开发项目。本书聚焦于在当下不断变化的、知识型工作盛行的环境中最适用的那些工作分析技术。

工作分析的开展和实践大部分都是由人力资源开发专家来完成的，这也是本书重点关注的部分。当然，其他岗位的人也可以使用各种合适的工作分析技术来解决与自身工作有关的问题。例如，人力资源专家可以使用工作分析技术来编写岗位职责说明书及确定员工薪酬。工业工程师可以通过任务分析来改善工人面对的工作环境。质量经理可以在为流水线操作员提供帮助时记录员工的工作流程，以识别流程中出现的问题，如某些非增值部分，并进行纠正和改良。安全经理常常通过工作安全分析来预测和说明如何应对工作场所中的安全隐患。此外，劳动力发展专家也可以使用工作分析产出的信息来建立某个地区或国家的职业标准。在下一章中我们将讨论为什么人力资源开发专家会比其他岗位的人员更多样化地使用工作分析带来的信息。实际上，基于工作分析信息的人力资源开发项目范围非常广泛。

准确来说，工作分析并不是用来诊断某个岗位的学员有什么样的学习需求。学习需求的诊断一般是通过培训需求分析进行的。另外，工作分析也不是教学目标分析，教学目标分析是通过对培训目标进行分析，从而确定教学内容并对目标进行逻辑性排序。工作分析跟绩效分析也不一样，绩效分析主要用于识别绩效问题，推断出导致绩效问题可能的原因并制定最合适的绩效解决方案。以上提到的所有专业实践与工作分析的目标都不同。

从广义上来说，工作分析的重心在于记录人们在工作情境中做了什么，这一点从本书的书名就可以体现出来。但更具体地说，工作分析指的是人力资源开发专家记录人们所做的工作和出色完成工作的人的特征这一实践领域。如图1.1所示，我们可以清晰地看到工作分析包括两个主要组成部分，或者说是两大主要问题。第一部分关注的是人们完成的工作究竟是怎么样的，不考虑完成工作的人。第二部分关注的则是完成工作的人有什么样的特质，尝试寻找是什么特质使某些人在同样的工作上比其他人更加成功。由于这两个组成部分存在根本性的区别，因此图中呈现的这两个概念是彼此分开的。但是图中还有横跨两个区域的箭头，这主要是因为尽管从以前的很多文献来看，这两个部分都是彼此独立的，但在实践中这两个部分往往会互相为对方提供信息，进而加深对某一部分的研究。从这个角度出发，这两个部分之间的关联性也同样是无法否决的。

值得注意的是，本书与很多工作分析相关著作的不同就在于，本书认可工作分析的这两个主要组成部分。迄今为止，几乎所有讨论工作分析的文献都将这两个部分分开来讨论，在探讨其中某个部分时很少甚至基本不会提到另一个部分（例如，Carlisle，1986；Swanson，2007；

Swanson & Gradous，1986；Boyatzis，2008）。今天我们发现，随着工作性质的不断变化，综合考量这两个组成部分或许能更好地帮助人力资源开发专家应对新的需求和挑战。例如，很多人力资源开发专家现在会担任与人才发展和人才管理相关的职位，这种新的岗位和职责意味着从业者需要对工作有更深的理解。

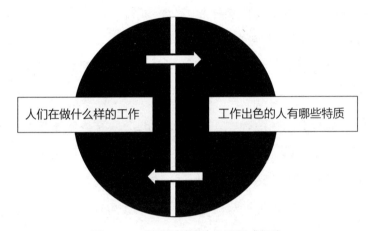

图 1.1　工作分析的两个主要组成部分

更具体一点，我们可以通过以下几点来合理地综合考量两个主要组成部分：

- 两者在广义上均专注于理解人们在工作中的行为。
- 两者在变革管理中都有着突出的作用。
- 两者的基本专业活动都涉及分析的动作。
- 两者的分析结果都可为设计人力资源开发项目提供所需信息。
- 两者的最终目标都是促进员工学习和提升员工绩效，两者的目标均与人力资源开发应用实践的目标保持一致。

尽管有这些共同的属性，但在工作分析的定义中结合这两个组成部分也会不可避免地引发概念冲突方面的隐患，因为这两个组成部分分别来源于不同的心理学派系。其中，第一个组成部分，关于人们在做什么样的工作，这一研究主要来自行为主义理论，其根本在于强调对人的行为的客观观察和理解。

20世纪初爱德华·索恩迪克和约翰·沃森提出了行为心理学，而伯尔赫斯·弗雷德里克·斯金纳在20世纪50年代进一步推广了这一学说。行为心理学专注研究外在的、可观察的人的行为。因此，大多数行为主义理论都不同程度地忽略了人的内部心理活动，如性格的形成。行为心理学一般认为，只有通过客观存在的行为才能最好地理解人类行为的动机，且行为主要与人们所处的环境和条件相关。

与这一论调相反的是，工作分析的第二个组成部分，即工作出色的人有哪些特质，这一研究则主要来自人格心理学。人格心理学一般强调通过了解人们当下的状态和长久以来显示的性格特质来了解不同人之间的差异。这一理论始于20世纪30年代，早期的大部分开创性的指导和研究都来自戈登·艾尔波特。人格心理学尝试说明人的内部思维过程或认知能力，并认为这些内部的思维过程都是可以构建的，可以用语言来表达和总结，甚至是可衡量的。

从以上对两个派系的简单介绍中我们不难看出，这两个部分之间有着较为明显的差异。不管怎么解释和说明，我们都很难同时包容两个截然不同的立场。我们可以简单总结为，这两者中的一种心理学理论强调的是环境会影响人们的行为，而另一种把人的特质看作行为的决定性因素。这两套理论之间的差异非常大，根本无法弥合。

当不同的研究团队聚在一起讨论各种研究和发展项目时，他们观点上的差异常常会更加凸显出来。我不止一次目睹了专家们激烈地争论（在这两个部分中）哪个部分可以提供更多有效的工作信息。而单纯发表一些如"哦，您还在用老办法来分析工作"之类的言论其实对推动实践并没有多大帮助。随着行为主义逐渐被认为是社会科学中过时的理论，这种分歧也变得越来越普遍。事实上，如果在实践中我们发现在某些情况下老办法仍然有用，那为什么还要大家放弃这种办法呢？

本书将从实用的角度来看待这两个部分之间的差异。也就是说，本书承认这两个部分之间存在重大的差异，我建议人力资源开发专家在解决各种实际问题时应当辩证地考量其中的差异。例如，当一名经理希望确定员工在工作中究竟做些什么时，人力资源开发专家不是先考虑采用哪种理论观点，而是应该始终为要解决的问题匹配适用的工作分析技术，并且能够意识到经理所用的这种技术来自哪种理论。正如我们之前所说的，综合考量这两个组成部分帮助人力资源开发专家更全面地诊断和解决组织的内部问题和社会问题。

举个例子，一家全国性家具零售公司的人力资源开发人员在同一时间内并行开展以下这些项目：

- 为行政人员设计新引进的库存系统的技术培训项目。
- 梳理和分析高绩效销售人员使用的销售流程，用于新入职销售人员的销售能力培训计划。
- 设计一项长期的领导力开发项目，帮助具有管理潜力的候选门店经理提升相关的领导力特质。

在以上这些人力资源开发项目中我们会发现工作分析的两个主要部分都有所体现：前两个项目关注的是工作，最后一个项目则更关注完成工作的员工具备的特征。人力资源开发专家应具备识别每种人力资源开发项目的目标的能力并能迅速做出应对。

工作分析与知识经济

大多数读者都能意识到，现在不管是什么级别的员工，其工作的性质都在不断变化。能揭示变化的一个证据是，现在很多发达国家的服务业市场价值已经等于甚至高于制造业了。现在的工作趋向于复杂化，因而对完成工作的人也有了更高的要求。现在无论员工属于哪个级别，组织都希望越来越多的员工能完成更高级别的工作，包括解决问题，进行决策和批判性分析等，而不仅仅是完成常规工作。

彼得·德鲁克（1957）早些时候就预测，工作将变得越来越复杂，因此他提出了"知识型工作"一词。有趣的是，德鲁克是在互联网与信息和通信技术应用于工作之前就提出了他的发现。德鲁克对未来工作的洞察和预测至今还影响着组织的发展，也引起了很多追随者的共鸣。

近年来，雅各布斯（2017）回顾了对知识型工作的介绍和相关内容，并提出了"基于知识的工作任务"这一概念。这一概念能更贴切地概括在人力资源开发实践中我们应该如何准确地理解知识型工作。如何分析基于知识的工作任务并培养员工开展此类工作的能力，是很多全球性企业面临的挑战。为什么会有这样的挑战？主要是在可预见的未来人们的工作还将发生更多的动态变化。

随着数字技术的发展及其在工作场景中的应用，大众已经意识到知识经济的影响已经越来越大了。一些观察者甚至说，从信息时代中孕育出的下一个经济时代——数字时代其实已经到来了。本书稍后将更深入地讨论数字时代这一主题。此处我们姑且先思考一下知识型工作和数字技术对工作分析带来的影响。

今天，我们发现医疗领域几乎所有的工作都因为引进了更复杂的技术而受到了很大的影响。例如，现在使用的很多成像设备可通过算法来诊断患者的病症和推荐治疗方案。除了医疗领域，制造业也不再单纯地依赖工人的体力劳动了，相反，现在制造业中的大多数工作都要求，员工要懂相关技术。例如，当连接机器人后员工要知道怎么操作，如何使用精密的激光设备来组装零件，以及如何使用3D打印机来满足客户需求。最后，几乎所有的工人在工作中都需要使用互联网、云计算和社交媒体等技术。现在的工作对员工智力水平的要求和使用多类资源的能力都有了巨大变化。

随着不断引进新知识和先进的技术，毫无疑问，工作分析也成为一项更重要的专业技能。无论是确定不断变化的工作需求还是高效整合相关信息，工作分析都是必不可少的环节。但如果没人去学具体怎么用，那么组织和社会如何能从技术进步中受益呢？

综上所述，本书认为以前的很多工作分析理论都具有一定的局限性。在当下，随着知识经济带来的挑战，组织将要求人力资源开发专家更有效地响应工作分析的相关需求。

工作分析的历史根源

本书希望更多地以现在的视角来看待工作分析。现在很多关于工作分析的公认原则大部分都来自一个多世纪以来在这方面的发展和实践。工作分析是一种系统性的专业活动，其起源可追溯到19世纪90年代的美国工业时代初期。"从这个角度出发，当时最主要的进步应该是人们开始认为工作是由不同行为单元组合而成的。"（Allen，1922）通过仔细的观察，我们可以记录每个行为单元，这些记录可以明确到用于后续检查这些行为的完成情况。人的行为可以被分解为一系列组成部分——这一原则在当时主要用于支持对批量生产流程的分析。直到今天，这一点依然是工作分析的基本原则。

在工业时代，人类社会首次在工作中雇用了大量工人进行大规模生产。消费者得以有机会从大量系列产品中进行选择，可选择的产品很多，包括成衣、不同类型的家用产品，甚至汽车。批量生产与先前规模相对有限的手工制作不同。批量生产得以实现，靠的是大量的技术创新，其中奠定基础的创新是工业设备的电气化。当时，电力可以为生产机器供电，还能为工人提供安全照明的工作环境。

当时，追求高产量的公司基本都面临着同样的挑战，即如何高效地分配和开展组织生产工作以实现用最少的时间获得最高的产出，从而降低每种产品的成本，提高总生产力。在解决这个问题上也许没有什么比亨利·福特设计和使用的传送带装配线更成功的了。"每个工人团队都只需要站在各自负责的工作站上,待组装的车辆在装配线上均速前进,途中会经过每一个工作站。对很多工人来说,他们的挑战就是跟上装配线的速度。"(Lacey,1986)

尽管每个工作站都很小,负责的内容也很少,但装配线上的每个工作站都有非常明确的职责。工人的每个行为都经过仔细设计,整个装配过程就像把动作都排演好的剧本一遍遍上演。由于制造技术的进步,从1908年到1927年,福特公司生产了超过1600万辆福特T形汽车。亨利·福特就此曾有一句名言,"负责上螺栓的人不用上螺母,负责上螺母的人不用上紧它"(Lacey,1986)。

在同一时期,弗雷德里克·泰勒提出,组织应采用更科学的管理方法。泰勒接受过机械工程师的培训,他被认为是最早的企业管理咨询顾问之一。泰勒致力于设计系统的工作分析方法和推行工作标准化,也就是说,他希望找到一种最好的工作管理方法。这样一来,管理者就可以规划出哪些工作最适合哪些人来做。值得注意的是,当时泰勒所有的分析中都排除了那些管理者和工程师要做的更复杂的工作。

为了实现更高的产量,需仔细检查每个任务的操作过程,以便消除任何浪费时间的行为。从某种程度上来说,这样做可以提高工作效率,提高生产速度,并实现更高的产量。最终,泰勒提出了时间研究方法,这是历史上首次出现用来确定每个工作任务标准用时的方法。要得出标准用时,首先需要分析完成该工作任务需要进行哪些行为,并确定完成每个行为需要花费多长时间。

除了泰勒开创性的研究,现在很多人可能还通过名为《效率专家爸爸/儿女一箩筐》(Gilbreth & Carey,1948)的书和电影来了解弗兰克和莉莲·吉尔布雷斯夫妇。他们共同研究并提出了工时效率研究(Gilbreth & Gilbreth,1917)。由于他们提出通过计时器和工作任务行为清单,将工作中每个部分的用时都精确记录，填写成表，非常有效，因此他们的这种方法一直沿用至今。

分析员将在一旁观察员工完成工作，判断员工完成工作时是否有多余的行为，然后针对行为提出改良的行动方案。时至今日，尽管我们已经有了很多像人为因素分析、人为错误分析、精益生产等更信息化和先进的工业工程分析方法，很多工业工程师仍然在使用工时效率研究。

弗兰克的贡献，尤其是莉莲·吉尔布雷斯的贡献都值得我们进一步探讨。在20世纪初期，他们与他人一起合作制作了大量的无声短片。短片中，人们开展各种类型的工作，研究人员则通过工时效率研究分析这些工作。他们拍摄这些短片的初衷是用来作为改进工人工作行为的通用参考，辅以对工人进行相关工作的培训。今天特别流行的是其中一段工人砌砖墙的短片。吉尔布雷斯夫妇在他们的文章中多次提到，他们曾通过调整该工作场所中砖和砂浆的位置成功提高了该工作的生产力（Gilbreth，1909）。有趣的是，短片中的那种砌砖匠及其助手的工作方式直到今天也没有多大变化。

除了具有历史价值，这些短片还揭示出为什么很多个人和团体，如有组织的工会，会对把工作记录下来这件事深恶痛绝。事实上，人们常常认为工时效率研究只是用来减少工人一些不必要的行为，进行工作时间标准化管理的工具，这就导致使用这一工具的时候好像是把工人看作机器，完全不考虑工人的安全状况和身体健康。这一工具的目标就是让工人做得越快越好，这样才能提高生产力，而不关注该工具会给人带来什么样的影响。但事实上，吉尔布雷斯夫妇在不断寻求提高工作效率的方法时对这一举措带来的心理影响也很敏感。

20世纪80年代，我曾担任一家通用汽车厂的咨询顾问，亲身经历了使用工时效率研究时工人的不满情绪。当时，我需要分析工厂操作员的某些工作任务，并开发可用于结构化在岗培训项目的培训指南。这份指南是用来帮助未来的操作员学习如何工作的。即便如此，很多操作员都怀疑我的意图，特别是当时我还错误地用黑板来做笔记，这更加深了他们的误会。总结一下就是，没有人喜欢自己在工作的时候被观察和评估。我当时并不知道黑板就是不受欢迎的工时效率研究标志之一，更别提那块黑板是另一个想凸显自己地位、穿着有领衬衫的员工曾经用过的。

从这段经历中，我意识到提前与被观察的人员建立诚实互信的关系非常重要。当然，还有就是千万别再用黑板了。用笔记本记录也是一样的，而且可以避免给被观察者带来负面影响。

有一点我们应该提及的是，虽然在历史上弗兰克·吉尔布雷斯在这对高产夫妻组合中更出名，但实际上，在1924年弗兰克死后，莉莲·吉尔布雷斯作为一名创新者、设计师和教育家一直都非常成功，直至她在1972年过世。在当时一份非常流行的刊物中，她被称为"生活艺术之天才"。举个例子，现在很少有人知道她曾经帮助确定了台面和器具的标准高度为34英寸（约86厘米），而这一标准至今仍在使用。很少有人知道她还曾发明了脚踏开盖的垃圾桶（Gilbreth，1998）。

乍一看，这些好像是微不足道的创新，但其实这些发明能很好地说明她希望通过实质的工程设计和理解人们的行为来令人们的生活更加轻松、便捷。很多人认为，莉莲·吉尔布雷斯这一生的成就其实超过了她的丈夫弗兰克，她曾在1915年获得应用心理学的博士学位，这一点也超过了她的丈夫。但是，由于她是在当时那个特殊时期表现出色的职业女性，她的故事鲜少被历史记录下来。

时至今日，人们仍然对工作分析带着复杂的情绪。一方面，以前的很多工作分析技术将人的行为分解成各个组成部分，这有着不可否认的价值，如前所述，人们至今还在使用很多相关技术。另一方面，分解工作行为同时也使人们认为工作分析最适合用于记录相对简单、重复的工作，排除了那些需要同时进行思考和执行的工作。此外，正如查理·卓别林在1936年的无声电影《摩登时代》中所描绘的那样，工作分析也被认为是一种看似"良性"的管理方法，用来压榨工人的最大价值，同时却忽略了基本的人道主义和工人福祉。

在早前，工作分析技术的开发和使用主要是为了响应当时企业的需求和盛行的价值观。在当时，管理者也在学习如何平衡组织对生产力的需求和对员工的关怀。

今天，工作分析将要成为指导企业和社会变革的战略伙伴，初心毋庸置疑。但要注意的是，只有在工作分析随着工作本质的变化而变化时，我们才能真正地做到这一点。工作分析不再仅限于记录简单、重复的工作。如何分析所有类型的工作，包括当今职场中那些复杂的知识型工作，这既是本书关注的问题之一，也是本书面临的一个挑战。

工作分析中的术语和技术

本节将阐明与工作分析相关的基本术语和主要技术。本书后续还将陆续介绍其他重要术语。本节给出的术语定义可帮助读者在人力资源开发背景下建立对工作分析的初步理解。目前还没有其他著作提供过工作分析相关术语的词汇表。以下术语将按照其在工作分析逻辑链上是属于基本术语还是技术相关术语来进行分组。

工作

作为本书的潜在重心，本章我们首先阐明"工作"（Work）的定义。工作可以是非常广泛的，此处我们将工作定义为，为解决个人生计而开展的，运用个人认知能力、体能和情感能力来完成的有目的的生产活动。简而言之，工作就是人们受雇时要做的事情，并可因此获得报酬。

人们还可以更深入地去理解工作对经济和心理带来的影响。显然，不管是个人还是社会的福祉都会受到工作的影响，特别是知识已经成为各国在全球经济竞争中的一种竞争优势。例如，很多国家都进行了相应的规划，希望通过有组织的培训、教育和学徒项目来帮助本国人民判断自己最喜欢的工作并为此做好准备。

这种劳动力培养项目对国家也是有利的，因为这样可以确保人们掌握相关工作所需的知识和技能，有助于整个社会取得进步、达成目标，同时也回馈给人们令他们满意的酬劳和奖赏。

工作对于个人还有很多其他好处。成功就业与很多社会成就挂钩，如身份、地位、家庭稳定等（Putnam，2016）。不那么正式地说，工作本身也是人们在交谈中常常涉及的话题。当两个陌生的人相互认识时，人们不可避免地会问：“你是做什么工作的？”

人们可以根据对方对这个问题的回答马上推测出这个人可能的身份和背景。总之，在大多数人的一生中，工作都是非常重要的一部分。

分析

一般来说，分析（Analysis）是先对某个对象进行整体检查，然后再根据一定的流程系统性地将其拆分成各个组成部分，进而在一定程度上深入研究其内部组成的过程。分析意味着解构，通过解构事物的组成部分来找出在检查整体时不明显的影响因素。

分析常常是合成的上一个步骤，我们常常认为合成与分析正好相反。合成是将各个组成部分重新组装成整体的过程，且合成的方式通常与该整体原先的存在形式完全不同。即便是最简单的成分分析，也将不可避免地影响该事物重新合成后的整体性质。

工作分析

工作分析（Work Analysis）是本书的重点概念，工作分析指的是记录人们所做的工作和工作出色的人的特质而使用的各种相关技术。正如之前所论述的那样，将这工作分析的两个主要组成部分更好地结合起来就可以更准确地反映出人力资源开发实践中面临的挑战。

表1.1列出了与工作分析的两个组成部分相关的最常用的一些技术。人们常常误把岗位分析等同于工作分析。但在充分理解工作分析后，我们会发现岗位分析其实只是用以解决某些特定问题的技术之一。

表 1.1　工作分析两个组成部分的相关技术

记录工作的具体内容	了解出色完成工作的人的特质
• 岗位分析——DACUM分析法（详见第五章） • 任务分析 • 职业分析 • 国家职业标准 • 关键事件法 • 工作流程分析	• 能力分析 • 能力测评

岗位

岗位（Job）指的是由岗位名称及对应的岗位职责说明共同构成的一整套正式的岗位职责，主要用于明确员工在特定工作中相关行为对应的职责。岗位代表了人们在工作中要完成的工作。

很多组织在有意识地扩大岗位的边界，即扩大了岗位所包含的职责，或者令岗位边界更易于交叉和变更。这样一来就能有效减少岗位的限制性，让管理者更加灵活地应对工作中不断出现的挑战。因此，现在很多岗位的名称和岗位职责说明都写得非常宽泛，岗位本身的边界变得越来越模糊。

尽管这种趋势能帮助企业更好地管理动态的工作情境，但也可能引起员工对自己的工作期望及工作内容的困惑。无论如何，岗位仍然是一个重要的概念，一般在特定组织环境中都存在着具有一系列特定职责的岗位。

事业/职业生涯

此处，我们列出"事业"（Career）一词主要是为了帮助大家区分岗位与事业。事业/职业生涯通常指一个人在一段时间内从事了一系列关联岗位的工作。事业表达的是个人从事了区别于其他岗位类型的某一个类型的工作，如"执法事业"。

事业表现出了工作中人们岗位的变化，包括以前所在的岗位、目前担任的岗位和未来规划的岗位。无论指的是哪个时间段，事业都相对具有更长期的意义。因此，我们也可以用事业来形容一个人一生的工作。

岗位分析

岗位分析（Job Analysis）可能是最著名的工作分析技术，岗位分析是明确具体工作环境中某个特定岗位相关信息的过程。岗位分析可通过不同的渠道、采用各种方法来获取信息。通过岗位分析可生成以下列出的全部或部分信息，具体包含哪些则取决于岗位分析项目的目标和范围。

- 岗位名称和岗位说明，包括该岗位的高度概述、日常工作及工作环境。
- 岗位的总体责任或职责。
- 每项岗位职责中包含的工作单元或工作任务。
- 每个工作任务中包含的具体行为。
- 胜任这一岗位所需的知识、技能和态度。
- 与该岗位工作相关的质量要求。
- 与该岗位工作相关的安全要求。
- 该岗位工作所需的各种资源。
- 胜任该岗位工作所需的其他信息。

上面已列出岗位分析信息的潜在用途。在实践中，岗位分析项目可能不会产出上述所有的信息。而项目具体产出哪些方面的信息，取决于岗位分析的目标和用途。

任务分析

任务分析（Task Analysis）通常被认为是岗位分析的一部分，但其实我们也能把它当作一种独立的技术。任务分析是记录每个工作单元，也就是工作任务的组成部分的过程。在后续我们会探讨这一点，每个工作任务其实都是具有明确的起点和终点、相对独立，且在任务完成时可产生可测量结果的工作单元。

如果当成独立技术来看的话，之所以开展任务分析，可能是因为组织希望更深入了解一个或多个特定工作单元中的行为。又或者，任务分析也可作为某些更全面的岗位分析项目的一部分，在相关项目中可能对某岗位包含的所有工作任务或部分工作任务进行分析。

职业

职业（Occupation）一词比岗位的含义更广。一般来说，职业指的是在不同工作环境中的一系列相似工作岗位的总称。因此，我们可以通过名称和职业说明来定义某个职业，但不用像岗位名称和岗位说明那么具体。也是因为这一点，在区分岗位和职业时我们可能会产生困惑。

例如，"流程工程师"这一名称既可以指代不同组织、不同行业中的某一类职业，也可以指某个特定组织内拥有这么一个头衔的具体岗位。我们后续将讨论当分析对象是某个岗位或者某个职业时，不同类型的分析对象对工作分析项目产出信息类型带来的影响。

职业分析

与岗位分析类似，职业分析（Occupational Analysis）是记录某种职业及其相关职业簇信息的过程。人们通常认为职业分析与岗位分析本质上基本相同。而在实际应用中，职业分析通常要比岗位分析提供更多信息。除了岗位分析，职业分析还会额外提供以下几类信息：

- 该职业所处的行业。

- 该职业的职业簇或相关职业。

- 当前及未来与该职业相关的职位缺口，特别是某个地理区域内的职位缺口。

- 从事该职业所需的培训和教育。

- 从事该职业的成功人士所需具备的性格特质。

- 该职业晋升及升级为其他职业的潜力。

从上述内容可以看出，职业分析还提供了大量可用于进行社会、组织和个人等层面工作规划的有用信息。在本书后续章节中，我们将深入探讨建立国家职业标准的用处。国家职业标准是基于大量职业分析结果而建立的，是用于帮助个人（主要是年轻人）为职场工作做好准备的标准体系。

由于职业分析结果能体现某个职业在不同工作环境中的通用表现，很多组织都觉得很难即刻利用职业分析的相关信息，因此确定某个职业在具体组织环境中的表现是很有必要的。

职业分析的另一个关键作用是对职业簇进行记录。职业簇的概念比单一职业的范围更广，就像美国劳工部在其标准职业分类系统中确定的内容一样。为了做好相关汇报，美国联邦政府曾识别确认了934项具体职业，并将这些职业划分为34个职业簇。已被确认的职业簇包括：信息管理和计算；管理、销售、营销和人力资源；STEM（科学、技术、工程和数学教育）和应用科学；运输、物流和相关规划。每个职业簇都包含很多不同的职业。

可能有人会问，职业和职业簇到底有什么用？事实上，对于在教育机构或公共服务机构的人力资源开发专家来说，这一信息非常重要。了解职业簇有助于这些专家规划区域性的人才培养项目，以便响应相应的雇主需求。同时，这些信息也能帮助个人更好地进行职业生涯决策。

工作流程

自20世纪80年代以来，人力资源开发专家的工作中有一项新兴的需求就是了解员工的工作流程。工作流程（Work Process）是很多质量管理工作中最重要的产出。由于工作流程反映的是组织提供产品和服务的实际水平，因此关注改善工作流程能很好地帮助组织提升绩效。

从定义来看，工作流程是在一段时期内，将投入转化为产出的过程中不同团队和人员的一系列行为和相关技术事件，且常常需要跨职能和跨部门协作。

工作流程分析

从逻辑上讲，工作流程分析（Work Process Analysis）是记录某个工作流程中各个组成部分的过程。工作流程可能包含很多不同部分，如直接的行动、决策、检查、故障排除等。工作流程分析一般涉及工作中与多个利益攸关者联系的相关人员。工作流程分析可以为很多质量改善项目如"持续改善"和"精益生产"等提供有用信息。

能力

能力（Individual Competency）这一概念来源于与上述术语和技术截然不同的另一种心理学观点。能力的概念出自人格心理学，这一理论专注于研究人与人之间的差异性和相似性。之前提到的技术则专注于研究人们要完成的工作本身——职业、岗位和工作任务，而非从事工作的人的特质。

能力指的是个人成功胜任某个岗位时所需具备的重要特质，其中包括性格特征、特定能力及其他相关因素，如个人动机等。能力与人员在组织内部是属于技术层、管理层还是执行层有关。岗位职能只是笼统描述了个人对组织做出贡献所用的方式。例如，中层管理者的岗位职能常常包括监督和指导他人的工作，而这一岗位职责管理的范围可能涵盖各个不同的职能领域。岗位职责比岗位本身的含义更广泛，具体取决于对组织环境的理解。

还需注意的一点是，此处的能力并不等同于普拉哈拉德和哈默所定义的组织的核心能力。组织的核心能力体现的是，组织最擅长做的事以及组织在这一方面是如何做的。在挑选对组织来说最重要的核心能力时，我们需要考虑该能力是否能与他人眼中的组织使命及愿景保持一致。如上所述，能力着重强调人的特质，如性格特征等，而非组织的特质。

能力分析

如前所述，能力指的是能在特定岗位职能中成功胜任相关工作的个人所具备的固有特质。而能力分析（Competency Analysis）是识别在特定组织环境中对某个岗位职能来说最重要的特质和能力的过程。能力分析指的是通过识别相关特征，为员工提供个人发展支持和指导，进而给组织绩效带来正面的影响的过程。

开展能力分析所涉及的一系列步骤与其他大多数工作分析技术都不同。一方面，能力分析常常从向组织高管提问开始，如询问高管组织有什么样的使命和愿景等。相关反馈和意见会影响到成功的员工应该倾向于采用什么样的行为模式。

作者总结

本章初步介绍了本书的内容——工作分析现已变得越来越复杂，除了单纯的体力劳动，大部分工作也变得越来越知识导向。为应对这些变化，人力资源开发专家需要综合考量工作分析的两个组成部分。历史上，工作分析起源于20世纪初期，用于满足当时企业的需求。现在，工作分析也应当通过迭代和调整，以满足当代工作情境的需求。

延伸思考

1. 你是否认同本章提出的，要从更广泛、更全面的角度来看待工作分析这一观点？

2. 基于你在人力资源开发方面的相关知识和从业经验，哪些术语是你比较熟悉的？

3. 工作分析包括几种不同的技术，可能其中有一些是人力资源开发专家感到比较陌生的。你不熟悉的技术有哪些？

4. 你认为了解更广义的工作分析对于准备进入人力资源开发领域的从业者有何意义？是否能帮助新的从业者掌握人力资源专家所需具备的相关技能？

5. 与其他工作分析技术相比，能力开发是最不一样的。你是否认同这一说法？这一说法的依据是什么？

参考文献

Allen, C. R. (1922). *The foreman and his job*. Philadelphia: J. B. Lippincott Company.

Allport, G. W. (1968). *The person in psychology*. Boston: Beacon Press.

Boyatzis, R. E. (2008). Guest Editorial: Competencies in the 21st century. *Journal of Management Development, 27*(1), 5–12.

Carlisle, K. E. (1986). *Analyzing jobs and tasks*. Englewood Cliffs, NJ: Educational Technology Publications.

Drucker, P. (1957). *Landmarks of tomorrow*. New York: Harper.

Gilbreth, F. B. (1909). *Bricklaying system*. New York: The M.C. Clark Publishing Co.

Gilbreth, F. B., & Carey, E. G. (1948). *Cheaper by the dozen*. New York:

Perennial Classics.

Gilbreth, F. B., & Gilbreth, L. M. (1917). *Applied motion study: A collection of papers on the efficient method to industrial preparedness*. New York: Sturgis & Walton Company.

Gilbreth, L. (1998). *As I remember: An autobiography*. Atlanta, GA: Institute of Industrial and Systems Engineers.

Jacobs, R. L. (2017). Knowledge work and human resource development. *Human Resource Development Review, 16*(2), 176–202.

Lacey, R. (1986). *Ford: The men and the machine*. New York: Little, Brown & Co. Prahalad, C. K., & Hamel, G. (1990). The core competence of the organization. *Harvard Business Review, 68*(3), 79–91.

Putnam, R. (2016). *Our kids: The American dream in crisis*. New York: Simon and Shuster.

Skinner, B. F. (1965). *Science and human behavior*. New York: Free Press.

Swanson, R. A. (2007). *Analysis for improving performance: Tools for diagnosing organizations and documenting workplace expertise*. San Francisco, CA: Berrett-Koehler Publishers, Inc.

Swanson, R. A., & Gradous, D. (1986). *Performance at work: A systematic program for analyzing work behavior*. New York: John Wiley & Sons, Inc.

Taylor, F. (1911, 1998). *The principles of scientific management*. Unabridged Dover (1998) republication of the work published by Harper & Brothers Publishers, New York, 1911.

第二章

人力资源开发与工作分析

人力资源开发专家的工作范围往往较为宽泛，同时，由于实践时工作情境的不同，他们在工作中也常常需要灵活应变。例如，与为大型企业服务的人力资源开发专家相比，中小企业的人力资源开发专家就要承担范围更广的工作职责。伊利诺伊州有一家专门生产精密和定制加工零件的企业，有250名员工，近期正在申请获得ISO 9001质量管理体系认证。获得这一认证的要求之一就是，把生产中所有的工作任务和关键的工作流程记录清楚且形成标准。这些信息有助于减少资源浪费，提高产品质量，提高客户交付的准时率。

在这一前提下，接下来的难题就是，谁负责分析ISO 9001质量管理体系认证所需的工作任务和工作流程？这是人力资源开发专家、人力资源经理，还是质量经理的责任？这些专家很有可能都会以某种方式参与其中。事实上，比起其他岗位，企业可能让人力资源开发专家承担更多的责任，因为后续还需要他们据此设计培训项目，帮助员工了解企业正在为了获得这一认证而努力，并且能够按照认证的要求正确地开展工作。

这个案例再次表明，人力资源开发实践的范围之广以及很多人力资源开发专家为其组织做出的贡献。在这个案例中，人力资源开发专家需要设计和交付一系列培训课程，帮助员工了解这一认证，培养员工的相关意识，并开发一套在工作中使用的绩效支持指南，还要参与对工作流程的分析。对任何企业来说，通过ISO 9001质量管理体系认证都是一项重要任务，尤其是对案例中这种规模的企业。

本章介绍了工作分析背景下人力资源开发领域的工作以及人力资源开发项目的四种主要类型。这些项目类型有效地帮助企业确定了人力资源开发实践的工作边界。这一部分还引入了人力资源开发项目设计流程，表明工作分析是人力资源开发项目设计流程的第一阶段——评估和分析的一部分。

人力资源开发

很多文献对人力资源开发给出了大量不同的定义，这让很多从事本领域的新人感到迷惑。为什么不同的作者会用这么多不同的方式去定义这一领域的研究和实践？作为一门结合研究和实践的应用科学，人力资源开发受到很多知识理论的影响，如成人学习理论、经济理论、组织理论和系统理论等。而不同的作者可基于自身所处的不同背景选择其中的一种来定义人力资源开发的基本性质。

从20世纪80年代中期直到今天，各作者都在公认学术研究的基础上持续输出自身对人力资源开发领域定义的看法和观点（如Jacobs，1990）。粗略来看，综合考虑不同的观点看起来实用性不大。但实际上，不同的观点恰恰表明人力资源开发学者有着相对多样化的观点，而这一现象不可避免地影响了大量人力资源开发的实践应用。以上这些都表明，尽管人力资源开发领域可能没有如人力资源管理这样的学科领域范围那么大，但也是一个由全球的本领域学者构建的、积极且充满活力的社群。

斯旺森和霍尔顿（2009）曾就人力资源开发作为一门应用科学进行了较为全面的探讨，并列了一份清单，包括当时发表过的对人力资源开发一词的不同定义。通过回顾相关定义，我们发现，基于理论流派的不同，学者们一般会从三种主要理论之一出发来看待人力资源开发。本节将简要介绍这三种理论，并说明每种理论与工作分析之间的联系。

人本主义理论

人本主义理论一般着重于满足员工在工作中实现自己的个人追求和能力发展的需求。人都会自然而然地去学习新知识，通过学习以获得更优质的生活、更满意的工作并实现自我的价值。在组织内部，这些影响因素都应当得到重视（Merriam，Caffarella & Baumgartner，2007）。

本理论认为，当人能够最大限度地发挥自己的潜力时，他们就能为组织贡献更多的价值。要想做到这一点，就需要为人们提供更多学习的机会。在人本主义理论看来，人力资源开发实践就是要为人们提供有意义的学习机会，这些学习机会应与个人目标一致并且与工作有一定的关联。

毫无疑问地说，从人本主义理论出发的人力资源开发完全没有直接聚焦在工作分析上，比起工作本身，这一理论更多地关注个人的需求和利益。间接地说，人本主义理论看起来似乎忽略了一些其他的重要角色，如员工中的专家。

从人本主义理论的角度来看，所有员工都应该有机会获取信息，自我反思，取得进步，而不是从他人那里学习最佳的工作方式。因此，从这个角度出发，很多学者认为专家有时只是凭着自身专业能力将相关知识强加于人，这与鼓励人们自发地学习和获取知识的方法相悖。长远来看，学习的过程应当与学习的结果一样重要才对。

人本主义理论认为，比起教条式的培训方法，发现式学习的价值更高，因为员工会在这个过程中形成自己对工作意义的理解。后续我们还将提到，其实专家或有经验的员工在几乎所有的工作分析技术中都扮演着非常重要的角色。因此，如果只从人本主义理论的角度出发，我们就会发现很难调和专家在其中的作用。

学习理论

学习理论一般聚焦于研究如何通过自学和小组学习来促进个人的改变（Watkins & Marsick，1993）。学习理论认为只有人们在工作中进行了各种各样的学习，才能产生持久的改变。这里提到的学习可能发生在不同的情境下，包括正式学习、非正式学习和偶然学习。

每一种学习都有其特征：正式学习通常发生在有计划的学习事件和特定的学习场所中；非正式学习发生在实际的工作中，一般发生在员工工作时互相分享观点和想法的时候；偶然学习则发生在没设想过的甚至出人意料的情境中，例如，员工可能从工作以外的事物中获得某些灵感，意识到相关信息在工作中同样有用。我们不难发现，学习理论的基本原则主要来源于成人学习理论。

学习理论看起来似乎很强调工作分析的重要性，但在持这一理论的作者看来，工作分析在实践中的作用并不突出。很多作者都认为，工作分析主要适用于正式学习情境，且仅限于与工作期望有直接关系的正式学习情境。因此工作分析的适用性一般，仅限于在部分情境中使用。

在学习理论看来，人力资源开发实践应着重于吸引员工参与各种各样的学习。虽然大家都认为促进员工学习非常重要，但因为过于强调非正式学习，反而常常会忽略在最开始应该系统性地整理要学习的内容。

持有人本主义理论和学习理论的很多学者不重视工作分析，觉得它已经过时了，因为他们认为，工作分析最适合用来记录如20世纪早期和中期的体力劳动和重复性工作。如前章所述，工作分析的历史由来已久，而且今时今日可能比以往任何时候都更需要分析所有类型工作的能力，特别是分析新兴的知识型工作的能力，这一点毋庸置疑。

绩效理论

绩效理论一般关注个人行为以及个人行为的结果（Gilbert，2007），即绩效理论关注的是，作为影响人们行为的方法之一的人力资源开发项目究竟如何引发个人、工作流程、团队和组织等层面的行为改变。绩效结果的衡量标准多种多样，包括定性指标（准确性、分类、新颖性）、定量指标（频率、比率、明细表），或综合考量多类要素的综合性指标，如生产力。

绩效理论通常认为员工学习很重要，但他们也认为对于达成某些预期变化来说，学习不一定是必要的。例如，适时地简要阐述绩效期望或利用某些绩效反馈系统可能就足以促进员工达到预期的行为改变。

绩效理论的基本原则是人力资源开发专家应首先明确相关项目的预期结果，然后分析如何达成预期结果。因为理解预期目标能使人明确整个项目的意义，才能由此判断出什么样的项目是最合适的、最能达成目标的。也就是说，我们要从明确想要的结果开始，然后再确定实现相关结果的办法（Jacobs，2014）。事实上，因为这一方法可关联到很多不同的情境，所以这一"以终为始"的基本原则将贯穿在整本书中。

绩效理论的核心在于，辨别不同人力资源开发项目的方法、本质、目的及实施后的结果。也正因为如此，这一基本原则成功地将绩效理论与系统理论联系起来，系统理论则成为绩效理论的底层逻辑。一般系统设计，即针对一系列系统展开设计的过程，就是系统理论最与众不同的地方。如本章后面将要讨论到的，人力资源开发的过程就是系统设计的应用之一。

其实，我们并不需要去分辨以上三种理论中哪一种相对来说更好。对于理论的讨论可作为学术问题，用以鼓励人们探索人力资源开发领域的新思路。很多读者可能已经基于自身从业经历或本章以上的简要总结选出了自己倾向采用的理论。事实上，这三种理论是否能为实践带来收益，完全取决于实践的性质及人力资源开发实践的具体实施环境。

对我们来说，最重要的是思考在这三种理论中哪一种对工作分析最有用。随着越来越多的组织和国家都意识到，他们必须培养能应对工作性质变化并具备相应技能的劳动力，对工作分析相关知识和技能的需求也逐渐增加。对于人力资源开发专家来说，实际开展工作分析的关键就在于能否获得合适的资源支持。从这一点出发，无论是否了解背景趋势，大多数人力资源开发专家在实践的过程中，包括在工作分析的过程中都非常依赖绩效理论强调的相关信息。绩效理论是以系统理论为基础建立的，因此通过这一理论来理解工作分析是最符合逻辑的。当然，其他理论流派也从各自的视角提供了不少参考。

基于这一理解，雅各布斯（2014）将人力资源开发定义为，改进工作绩效以及促进以支持绩效为目标的学习的过程，这一过程包括员工发展项目、组织发展项目、事业发展项目和绩效支持项目。

如以上定义，人力资源开发项目主要分为四大类（见表2.1）：

- 员工发展。
- 组织发展。
- 事业发展。
- 绩效支持。

有些参考文献提出了人力资源开发的三大组成部分，例如在ASTD能力模型研究中（McLagan & Bedrick，1983）出现的人力资源轮盘。虽然这一研究发表于40多年前，却一直帮助我们辨识人力资源开发领域的界限。相反，斯旺森和霍尔顿（2009）基本上只提出了该领域的两大类项目：培训发展和组织发展。本节提到的四大类人力资源开发项目正是工作分析信息支持人力资源开发项目设计时的应用方向。

员工发展项目主要聚焦在员工为满足当前及未来工作期望，通过各种培训、教育和体验机会等不同方式进行学习。这一定义经过雅各布斯（2014）的调整和优化。员工发展项目为人熟知的因素包括：项目的类型，项目内容的类型，项目交付地点，项目交付的方式、方法及媒介。

组织发展项目则侧重于推动个人、团队和组织变化的人员培养及结构化流程。组织发展项目可以根据项目重心是放在人际关系和自我意识、个人和团队变化，还是结构性变化来进行分类。

表2.1　人力资源开发项目类型

员工发展	组织发展	事业发展	绩效支持
学习类型	**人际关系/自我意识**	**职业发展规划**	**位置**
• 意识	• 团队建设	• 人才发展	• 外部
• 管理	• 多元化培训	• 求职项目	• 移动式
• 技术	• 压力管理	• 职业生涯发展	• 嵌入式
学习地点	• 爬绳项目	咨询	**类型**
• 在岗	• 团队活动	• 助学金	• 按流程步骤
• 脱岗	• 迈尔斯-布里格斯职	• 职位轮岗	• 按组成部分与目的
学习途径	业性格测试（MBTI）	**职业生涯管理**	• 参考
• 自学	**个人/团队流程**	• 人力资源预测	• 人工智能
• 一对一教学	• 目标设定	• 人才管理	**信息**
• 小组学习	• 绩效管理	• 目标管理	• 文字
学习方法	• 领导力开发	• 管理体系	• 表格
• 发现式学习	• 教练	• 职位轮岗	• 图表
• 授课呈现和讨论	• 辅导	• 助学金	• 图解
• 角色扮演	• 承诺		• 图片/图标
• 练习和实践	• 敬业度		**受众**
• 游戏和模拟	• 问题解决团队		• 工作经验
学习媒介	**结构再设计**		• 文化水平
• 现场培训	• 工作任务再设计工作		• 相关性
• 录音教学	流程优化		• 绩效表现
• 通过计算机学习	• 信息技术应用		
• 打印教学材料			

改编自雅各布斯（2014）。

事业发展项目关注有利于满足组织和个人未来需求的教育和工作机

会。从这一点出发，职业生涯管理的核心其实来源于组织的需求和发展重心。职业生涯规划的核心更多地来源于个人的兴趣和追求。

　　绩效支持项目关注的是当学习并不是必选项或只靠学习无法取得理想结果时，如何指导员工通过某些行为改变来达到预期绩效。绩效支持项目适用于不同的场景，有不同的类型和信息形式，一般要与目标学员的期望保持一致。

人力资源开发项目设计流程

　　表2.2呈现的是人力资源开发项目设计的一般流程。这一流程的通用性很强，几乎包括人力资源开发应用的各个方面。我们还可以考虑使用更有针对性的项目设计流程，例如，由雅各布斯和王（2007）所提出的ISO 10015培训项目设计指南（见图2.1），甚至著名的ADDIE培训设计流程，这一流程涵盖了分析（Analyze）、设计（Design）、开发（Develop）、实施（Implement）和评估（Evaluate）五个环节。以上所有流程都来自人力资源开发项目设计的一般流程。同样地，本书第三章将介绍一种来自人力资源开发流程的工作分析流程。

表2.2　人力资源开发项目设计的一般流程

评估和分析环境和工作	设计和实施人力资源开发项目	评估和改进人力资源开发项目
• 战略规划	• 员工发展	• 绩效结果
• 需求评估	• 组织发展	• 行为改变
• 绩效分析	• 事业发展	• 态度及认知培养
• 工作分析	• 绩效支持	

改编自雅各布斯（2014）。

　　设计流程包含几个不同的阶段，每个阶段又包含一系列具体活动。如人力资源开发项目设计流程所示，工作分析是第一阶段——评估和分析的一个部分。评估和分析阶段的每个部分都在解决其对应的每个重要的大问题。

　　简而言之，战略规划解决的是与组织的中长期目标和发展方向相关的问题。需求评估解决的是组织变革涉及的优先事项的问题。绩效分析解决的是与绩效问题的本质有关的难题，追溯可能导致问题的原因或设计能够解决相关问题的人力资源开发项目。工作分析是评估和分析阶段的一部分，其解决的是与工作性质或完成工作的人员特质有关的问题。

　　评估和分析阶段包含了很多不同的部分，这意味着这些部分在逻辑上其实是有相关性的。也就是说，其中某个部分可能在逻辑性上和顺序上是另一个部分的下一步。在实践中，每个部分通常都是独立的，且能够根据组织的需要单独开展或实施其中某一项专业活动。据此，工作分析大部分时候都是因为要达成工作分析以外的其他目的而开展的。就像下一节所介绍的那样，工作分析主要用于为人力资源开发项目设计流程中的后续阶段提供关键信息。

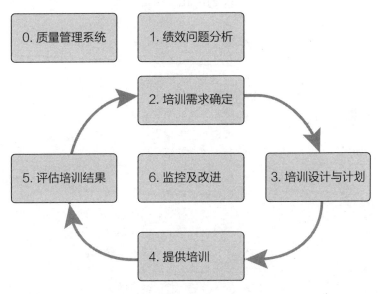

图 2.1　ISO 10015 培训项目设计指南

工作分析的应用

　　大多数工作分析项目产出的信息本身是毫无用处的。乍一看，这种说法可能令人震惊。但仔细想想我们就会发现，不管是用什么技术分析工作，我们都是为了达成某些目的，因此，独立进行工作分析的实践非常少。例如，当对岗位进行分析的时候，会产出各个岗位的职责和工作任务，如果不利用这些信息来培养员工，那么这些信息就毫无意义。再如，在设计培训项目或建立岗位标准时，我们通常会把岗位分析所得信息作为参考。

　　表2.3列出了一些工作分析信息的潜在应用场景，涵盖了人力资源开发项目的四种类型。具体来说，这张表呈现了我们如何将工作分析所得信息应用到员工发展项目、组织发展项目、事业发展项目和绩效支持项目的设计中。

表 2.3　工作分析信息的应用

人力资源开发项目类型	工作分析信息的潜在用途
员工发展	• 确定培训项目目标 • 确定培训和教育项目的内容 • 设计课堂培训项目 • 设计结构化在岗培训项目 • 创建绩效评价量表 • 创建认知测试题 • 识别潜在的安全隐患 • 确定执行工作的质量标准 • 确定工作期望
组织发展	• 撰写岗位职责描述 • 制定岗位标准 • 创建岗位绩效评估计划 • 记录工作流程的现状和期望 • 为绩效改进活动提供基础参考 • 满足质量管理要求 • 对人力资源部门进行审计
事业发展	• 设计人才选拔和晋升测试 • 在选拔人才的同时为人才匹配合适的岗位 • 确认胜任相关岗位必需的知识、技能和态度 • 根据员工的特殊技能和缺陷匹配相应的工作 • 制定国家职业标准 • 设计符合职业标准要求的技术培训或教育项目

续表

人力资源开发项目类型	工作分析信息的潜在用途
绩效支持	• 设计公司手册、工作说明书和标准操作流程说明书 • 开发电子版绩效指南 • 开发实体版绩效指南

　　这张涵盖范围极大的清单可证明第一章我们曾提到的，人力资源开发对工作分析信息的利用程度远远超过了其他领域，这也意味着工作分析是人力资源开发实践中极重要的一环。

延伸思考

　　1. 本章对人力资源开发给出的定义与你个人对该领域的理解有何出入？

　　2. 你能否根据人力资源开发项目的各种类型分别举出实际的例子？

　　3. 你对人力资源开发项目设计流程中的哪个环节最有经验或了解最多？

　　4. 你是否想过工作分析产出的信息能为那么多实践应用提供帮助？

　　5. 在需要应用工作分析产出信息的所有实践中，你们组织当前在做的有哪些？你们未来考虑要做的有哪些？

参考文献

Gilbert, T. (2007). *Human competence: Engineering worthy performance.* San Francisco,CA: Pfeiffer.

Jacobs, R. L. (1990). Human resource development as an interdisciplinary body ofknowledge. *Human Resource Development Quarterly, 1*(1), 65–71.

Jacobs, R. L. (2014). System theory and human resource development. InN. Chalofsky, L. Morris, & T. Rocco (Eds.), *Handbook of human resource development.*San Francisco, CA: Jossey-Bass.

Jacobs, R. L., & Wang, B. (2007). A proposed interpretation of the ISO 10015guidelines for training: Implications for HRD theory and practice. In F.

Nafuko(Ed.), *Proceedings of the annual conference of the Academy of Human Resource Development.* Bowling Green, OH: AHRD.

McLagan, P., & Bedrick, D. (1983, June). Models for excellence: The results of theASTD training and development competency study. *Training and Development,37*(6), 10–12, 14, 16–20.

Merriam, S. B., Caffarella, R. S., & Baumgartner, L. M. (2007). *Learning in adulthood:A comprehensive guide.* San Francisco, CA: Jossey-Bass.

Swanson, R. A., & Holton, E. F. (2009). *Foundations of human resource development.*

San Francisco, CA: Berrett-Koehler Publishers, Inc.Watkins, K. E., & Marsick, V. J. (1993). *Sculpting the learning organization: Lessonsin the art and science systemic change.* San Francisco, CA: Jossey-Bass.

第三章

工作分析涉及的角色职能及其流程

很多人力资源开发专家可能不确定他们在工作分析项目中究竟扮演着什么角色，以及他们应该采取什么流程步骤进行工作分析。我们假设这样一个情境：一家区域性家具连锁店的人力资源开发总监召集手下员工商讨如何制订新任门店经理培养计划。该组织很快就面临一大批在岗门店经理要退休的问题。

在会议开始时，人力资源开发总监提了一个问题："我们最优秀的门店经理有什么特点？"每个人对此都提出了自己的看法。很快，大家意识到众人在某些方面无法达成一致，需要考虑更系统的分析方法。最后，人力资源开发总监提议通过能力分析来解决这一问题。

在这种情况下，人力资源开发总监决定由她本人担任分析员，其他人协助。为了更好地担任这一角色，她计划对组织内最熟悉门店经理这一岗位的相关人员进行深度访谈，包括高层管理者、区域经理和受人尊敬的优秀门店经理。这些人都被视为能力分析项目中的业务主题专家。人力资源开发总监本人从未担任门店经理一职，因此在这种情况下她被视为与内容无关的分析员。

通过访谈，人力资源开发总监终于能够整合信息，生成一份能够描述高效门店经理特征的个人能力清单。该能力清单为组织培养下一代门店经理提供了重要参考。

工作分析中的角色

上面提及的这个案例说明，了解参与工作分析项目的人员所担任的两大主要角色非常重要。人力资源开发总监发现，因为她自己从来没有担任过门店经理，所以如果想要梳理出门店经理所需具备的能力，她就需要从组织内部熟悉相关情况的人员处获得信息。因此，大部分的工作分析项目需要一群人的参与，他们需要扮演项目中必需的两种基本角色中的一种：分析员或业务主题专家。一般情况下，无论在什么样的环境中，我们都可以清晰地识别工作分析项目中的这两种角色，当然在安排上可进行一些预期内的调整。

分析员

从逻辑上来说，分析员通常是负责工作分析项目大部分工作的人。本章的后续部分会介绍工作分析流程，分析员一般会使用这一流程来实施工作分析。同时，分析员这一角色也是本书重点关注的对象。

分析员可以是组织内部的员工，通常来自人力资源开发部门，也可能由外部顾问来担任。无论由这两种人员中的哪一种来担任，分析员面临的主要挑战都是他们对待分析工作有多少认知和了解。有一种观点认为分析员与待分析工作应该有内容关联。也就是说，分析员自己应该对待分析工作非常了解或有一定的了解。这样一来，担任分析员的人在项目中就有了双重角色：分析员和业务主题专家。

这一观点的理论依据来自下面这个频繁被提出的问题：谁会比那些

或多或少对待分析工作有一定了解和经验的人更适合担任分析员这个角色？在实践中，知识型员工被要求自己分析自己的工作行为这一决定就可能是出于这种便利方面的考虑——这个方法看来是最简单、最快的，当然也有可能是因为相关人员对工作分析具体要怎么做完全不了解。

相反，另一种观点则认为分析员与待分析工作应当无内容关联。也就是说，分析员对待分析工作只有有限的了解，也没有从事这项工作的经验。在这种情况下，与工作内容无关的分析员就要与业务主题专家合作来进行工作分析。

一般情况下，我们倾向采用的观点是第二种：分析员角色应该相对地与待分析工作无内容关联。这主要是由于以下两个原因：第一，分析员一般要具备工作分析流程的相关知识和技能，而对待分析工作要有大概的了解。在实践中，分析员不可能对待分析工作完全不了解。参考我们前面所提到的案例，人力资源开发总监之前从未担任过门店经理这一岗位，但她很可能多次去过门店，了解一些关于这一岗位的信息。在越来越多的实际情境中，待分析工作本身已经变得非常复杂，以通信网络设计师为例，如要分析这一工作，分析员就需要向既具有相关工作经验又具备分析能力的员工寻求帮助。

第二，我们认为，尽管大家工作都很忙，但在有需要的时候，让最了解相关工作的员工与分析员会面并沟通是可行的。同样，在之前的案例中，为了获得相关信息，人力资源开发总监需要预约好时间，安排与高层管理者的访谈。现在，趋于扁平化和精简化的组织结构常常令分析员难以接触到业务主题专家。

很多人力资源开发专家可能会对自己担任与内容无关的分析员这一角色感到不安。毕竟，这对人力资源开发专家来说可能是一个全新的角色，而要去理解其他高度复杂的工作内容也令人望而生畏。这导致一些人力资源开发专家开始错误地认为分析员最好由其他人来担任，如业务主题专家自己（Lin & Jacobs，2008）。

　　对于这种错误的认知，人力资源开发专家应该记住，其实不熟悉相关内容反而能更好地促成工作分析项目目标的实现。在不清楚工作内容的情况下，分析员可以提出更好的探索性问题，并深入探讨某些具备相关工作经验的人容易遗漏的部分。从这一角度出发，与工作内容相关的分析员更可能简单记录特定的人对该项工作的认知和他的行动。而与内容不相关的分析员更有可能记录最后使用这些信息的人，如未来的实习生，最应该要知道什么、要做什么。高效分析员一定要明确这些信息到头来是给谁来用的，这一点非常关键。

　　举个例子（此处未含任何不敬之意），当组织要求内部工程师来当分析员时，他们通常会从具备丰富专业知识的专家角度来记录他们要做的工作，而不是从那些将来要使用这些信息的用户（如初学者）的角度出发。这一发现来自我多年来对大量为第三方使用而设计的技术文件和标准操作程序的观察和经验。

　　读者应对这里提到的两种观点进行反思，理解这两者之间细微但重要的区别。与工作内容无关的分析员这一角色可以说是人力资源开发专家要担任的一种基础角色。如若不然，人力资源开发专家要怎么在自身的职业生涯中转而关注到不同组织内部各类形形色色的工作呢？

　　下面列出了担任与内容无关的分析员角色所需具备的一系列特质：

- 了解工作分析流程。
- 对要分析的工作内容有一定的了解或认知。
- 尊重从事这项工作的人。
- 对他人的工作有基本的好奇心。
- 了解事件和事物之间的相互联系。
- 致力于理解复杂的信息。
- 既关注细节，也具有大局观。

- 能以书面的形式清晰地表达复杂的概念。

也许上述列表的最后一个特质——"能以书面的形式清晰地表达复杂的概念"是很多担任分析员角色的人力资源开发专家面临的最大挑战。写作的方法非常关键，这时一定要牢记写出来的信息最后是给谁看的。

最后，根据我自己的经验，对他人的工作保持好奇心也是成为分析员的基本要求之一。我经常开玩笑地用"见多识广的傻瓜"这个词来形容分析员这个角色。诚然，大家都觉得这个标签不太好听，但这个标签在某种程度上抓住了分析员的精髓。即分析员十分精通工作分析流程，但不是很了解某项工作具体的工作内容，他们对这些信息十分好奇，想要一探究竟。

业务主题专家

要进行工作分析，首先需要找到最合适的信息来源，其中最重要的来源就是业务主题专家。如前所述，如果分析员与工作内容无关，那么进行工作分析的时候就需要与业务主题专家在短期内密切合作。

现在，很多组织内部所谓的业务主题专家其实是一个相对概念。事实上，大多数业务主题专家很少真的被人当成专家。很多人认为真正的专家既要有学历背景，也要有长期的工作经验。尽管我们常常会使用"业务主题专家"这一概念，但通常更恰当的说法是，业务主题专家是在某些工作上相对了解更多知识且更有经验的员工。

在实践中，我们之所以把某些人作为业务主题专家，完全是因为这些人对要分析的某一项工作了解得最多。因此，业务主题专家可能是只在某个工作岗位上工作了短短6个月的员工、公司的短期合同工、跟公司短期合作的其他组织的正式员工等。甚至在最令人沮丧的情况下，业务主题专家可能是即将被公司解雇的员工，但在这些人离开之前，把他们的工作记录成册对组织来说非常重要。现在的企业中不同类型的员工被视为业务主题专家应当是见怪不怪的事了。

业务主题专家的岗位层级取决于工作分析项目的性质。我们经常认为业务主题专家指的是能操作某些设备或在工作流程前端的一线员工。然而，在实际中几乎所有层级的员工都可能成为业务主题专家。在本章开头提到的案例中，业务主题专家指的就是高级经理，因为他们是最了解门店经理这一岗位的人群。

同样，在国家职业标准制定的项目中，业务主题专家是从行业协会、行业理事会、该职业人才的教育机构和社区学院等多种渠道中通过提名选拔出来的。

无论是在正式还是非正式的业务主题专家选拔中，我们都可以参考以下几条标准：

- 具有该工作所需的知识和技能。
- 明确完成该工作所用时长。
- 被众人认可是高绩效人员。
- 接受过与该工作相关的培训或教育。
- 拥有与从事该工作所需的正规认证证书。
- 愿意分享自己的所知和所为。
- 有可以投入到项目中的时间。

乍看之下，似乎大部分人都会愿意成为业务主题专家，因为这代表自己得到了认可，还具有一定的地位。但事实上，有的人会认为担任业务主题专家的角色会给自身工作安排带来不必要的干扰，部分人甚至会直接拒绝相关安排。由于这一项目要求人力资源开发专家要与业务主题专家密切合作，因此人力资源开发专家应当了解清楚哪些难点和变量可能给双方的合作带来阻碍。无论是通过何种方式进行专家的选拔，成为业务主题专家对大多数人来说都是一种全新的体验。有些人可能还会为自己为什么能被选上而感到疑惑。

成为业务主题专家的人通常会有以下担忧：

- 从未参加过工作分析项目的他们不清楚项目的流程和期望。
- 他们自身工作非常忙，不知道如何才能抽出时间跟分析员合作。
- 他们对自己掌握的工作知识缺乏信心，因为有一些工作他们做得很顺手，但并不是所有都擅长。
- 他们不喜欢被称为业务主题专家，因为他们对自己是否达到专家的能力水平不确定。
- 他们可能已经工作了很长一段时间，但在此之前从未仔细地反思过工作中的细节。
- 他们不想为自己是分析相关工作的唯一信息来源而承担责任。
- 他们跟公司之间存在其他与本项目无关的矛盾或问题，导致他们不愿意担任这个角色。

很多原因归根结底还是因为业务主题专家对工作分析流程不了解。特别是技术性较强的工作和因一个错误就会造成严重后果的工作，这种岗位上的专家不希望自己成为该工作分析的单一信息来源并因此承担责任。因此，我们应当告知业务主题专家他们并不需要面面俱到，他们只是项目的信息来源之一，后续将有其他人确认信息的一致性和准确性。无论如何，在与业务主题专家合作时，我们必须先开一个正式的指导会，在会上阐明项目的目标、将采用的工作分析流程，并梳理其中各类角色的期望等。

分析员与业务主题专家合作

如前所述，在很多情况下，工作分析涉及分析员和业务主题专家之间的密切合作。因此，分析员与业务主题专家之间的关系如何会在很大程度上决定项目是否成功。本书始终遵循的一个基本原则就是，我们尊重组织中所有级别的员工。

　　本书试图进一步拓宽工作分析的应用范围，让这一技术可解决知识型工作的相关问题。这类工作岗位常常由受过某些专业教育和培训的人员来担任。但出于实际需求，本书必须承认工作分析也非常适合对一线工作岗位的分析。从事这一类的岗位可能不需要太多预备学习，因此业务主题专家可能没有接受过（与知识型工作岗位）同等的培训或教育。但无论如何，分析员必须始终尊重为项目做出贡献的业务主题专家。

　　在与业务主题专家的合作中，分析员最重要的能力之一就是指导业务主题专家提供必要信息。从某种意义上来说，分析员的角色类似于记者，为了完成报道而进行有目的的采访，执着于收集与事件相关的真相。相较于记者，分析员要收集的则是某个工作的相关信息。对这两种角色而言倾听技巧都很重要。

　　尤其是分析员，应该多多练习如何从不同的角度去倾听。大部分时候，分析员会提前准备要跟业务主题专家沟通的问题清单，然后按照清单来提问，记录业务主题专家的反馈。这种收集方式中分析员不会对接收的信息进行任何处理。

　　从不同的角度倾听意味着分析员既要听业务主题专家的回答，也要允许他们畅所欲言，把想说的都说出来。同时，分析员的另一个倾听角度就是要过滤上下文中的背景信息，在心中不断自问："我获得了我需要的信息了吗？"

　　也许不知不觉间业务主题专家早已偏题，也许他提供的信息杂乱无章，也许他针对相关主题提供的细节太多或者不够，也许他对相关信息根本不了解。分析员既要礼貌地回应业务主题专家，又要有目的地获取需要的信息。实际上，分析员需要在接收信息的同时为之设立结构或框架。图3.1呈现的就是分析员向业务主题专家提问需要遵循的逻辑脉络，以及如何向业务主题专家提问以有效探索额外信息的流程。

部分从业者建议在访谈或观察业务主题专家时使用记录设备（Patton，2015）。根据我本人的经验，在得到允许的情况下，无论是音频还是视频记录都很有帮助。分析员可以在后续独自整理收集到的信息时通过这些记录来回顾访谈。但同时，我们也不能单靠记录设备来取代分析员与业务主题专家之间的互动。只用记录设备会让分析员变得被动，这对业务主题专家来说也是一种冒犯。

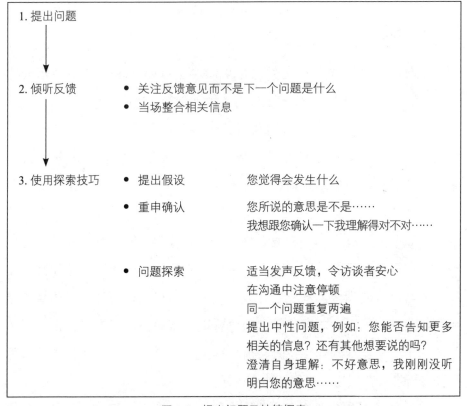

图 3.1　提出问题及持续探索

分析员有时候会单纯因为要分析的工作性质而跟业务主题专家闹不愉快。在最开始的阶段，分析员可能会遇到排中律问题。在工作分析中，排中律体现在，当判断某些工作行为是否真实存在时，可能一个业务主题专家可能会说"是"，但另一个可能说"否"，而且他们都坚信自己提供的才是准确信息。相似的情况还可能出在矛盾律上，在工作分析中，同一信息的两种版本不可能都是正确的。

　　这里再提一下，分析员的角色跟记者的角色之所以相似，是因为这两者都要辨别事实真相，而事实真相在现实中总是充满各种矛盾和必备条件的。毕竟，业务主题专家是根据各自的知识基础和经验来提供反馈的，他们的工作方式本来也可能因人而异。正是由于这个原因，我们一直都建议在进行工作分析时要参考多个信息源。

工作分析流程

　　如前所述，工作分析指的是用来解决工作两大主要问题的相关技术：人们在做什么样的工作？工作出色的人有哪些特质？

　　工作分析产出的信息可用来设计各种各样的人力资源开发项目。为实现这一目标，我们应有计划地规划整个流程，综合考虑各方面要素，确保最有效、最高效地利用资源。这一流程能有效支持工作分析项目——也是最适合用来呈现工作分析具体做法的方式。

　　图3.2呈现了工作分析流程的四个阶段以及每个阶段的步骤。无论工作分析项目有何目的或采用哪种分析技术，工作分析流程都可作为相关项目的通用行动指南。从业者可参考这一流程来启动工作分析项目或指导项目后续的行动。本书的第二部分将进一步探讨采用具体工作分析技术时使用的子流程，如岗位分析流程等。工作分析流程可作为本书各种工作分析技术在使用时所依据的总流程。

　　与所有基于系统理论而设计的流程一样，工作分析流程不是死板的套路，而是有调整空间的。如有需要，我们可以根据最新信息对这个流程加以复制或修改。在实践中，为达成目标，对项目的整个流程多多少少会有所调整，这是系统性方法在实际应用时的常态。

```
I. 制订工作分析计划
a. 确定工作分析的具体目标
b. 确定使用哪种工作分析技术
c. 创建概念验证的原型

II. 选择信息的来源和收集方法
a. 选择信息的来源
b. 选择信息的收集方法

III. 进行工作分析
a. 查阅所选工作分析技术的流程
b. 实施所选工作分析技术

IV. 编写工作分析报告
a. 编写报告初稿
b. 审查报告
c. 编写报告终稿
```

图 3.2　工作分析流程

下面将具体介绍工作分析流程的每个阶段及其步骤。

Ⅰ. 制订工作分析计划

按照之前的逻辑，工作分析流程的第一阶段是制订工作分析计划。在第一阶段中，有三个步骤。

a. 确定工作分析的具体目标。一般来说，工作分析的目标说明主要是解答以下两个基本问题：工作分析中需要收集哪些信息？工作分析后要如何使用这些信息？目标说明中这两个问题的答案就是工作分析的最终目的。工作分析产出的信息本身用处很有限，下面列举的目标说明例子都能很好地表明对两个基本问题的解答：

- 为设计门店经理培养项目而分析记录优秀门店经理的特质。
- 确认客户服务代表在为客户排障时使用的流程和步骤，用于指导新员工培训项目设计。
- 分析石油工程师的职责、工作任务和任务步骤，以便为新聘工程师设计长期培养项目。

- 分析整个职业的工作内容，用于该行业的职业标准。
- 分析某职业的某项专业能力，便于社区大学为培养该职业从业者开发相关课程。
- 记录客户成功购买的过程，联系其中涉及的签合同、报价及其他销售职能的具体行为，以便对参与这一过程的不同部门人员进行交叉培训。

b. 确定使用哪种工作分析技术。根据工作分析不同的应用目的，我们会考虑采取各种各样的工作分析技术，并从中挑选出最合适的技术。表3.1列出了几种工作分析项目的目标说明及对应每种项目建议采用的工作分析技术。此处潜在的关键点是我们要知道选择哪种技术是由工作分析项目的目标来决定的。工作分析的系统性思维体现之一就在于，要保证工作分析采用的方法（各种工作分析技术）和工作分析的目的（目标说明）保持一致。

表 3.1   根据目标说明匹配工作分析技术

工作分析项目目标	建议采用的工作分析技术
A. 组织内某一岗位的主要工作职责，每项工作职责包含的工作单元及相关描述	岗位分析
B. 某一具体工作情境中工作单元包含的行为	任务分析
C. 产出某项业务结果前所需的一系列行动	工作流程分析
D. 胜任某一岗位的成功员工的潜在特质	能力分析
E. 员工在开展复杂的知识型工作任务过程中采取的思考和行动	关键时间法
F. 在不同工作环境中一系列相似岗位的员工的主要工作职责、绩效指标及相关描述	职业分析

c. 创建概念验证的原型。很多时候，我们进行工作分析后可能会发现收集到的信息并不是我们预期应用所需的信息。我们在相对小型的项目里可能碰到这样的问题，例如，通过任务分析来设计绩效支持指南；甚至在大型项目里也时有发生，例如，我们进行职业分析，建立

国家职业标准，并希望根据这一标准来开发课程。事实上，很多国家的职业标准之所以采用率低，部分原因就在于这些信息在后续用起来很难。

　　概念验证原型则能在最开始就提供一个工作分析信息应用的参考样例。这是工作分析项目终端产出最终呈现给所有利益攸关者看到的样子。例如，某个职业分析的概念验证原型应当包括要收集的信息格式、这些信息在教学设计中要如何使用，以及教学目标和教学计划的实际样例。

II. 选择信息的来源和收集方法

　　工作分析流程的下一个阶段是选择信息的来源、信息收集方法以及挑选合适的业务主题专家。

　　a. 选择信息的来源。表3.2中已较为全面地列出了工作分析可能的信息来源。选择信息的来源主要是解决从哪里收集信息的问题。

　　b. 选择信息的收集方法。表3.3列出了一些最常用的信息收集方法。信息的收集方法主要是解决如何收集信息的问题。

表 3.2　工作分析信息的来源

在职员工——目前从事某一岗位或承担该岗位角色，并且具备待分析工作所需的知识和技能的人员
经理和主管——负责监督待分析工作在职员工且可能了解待分析工作所需知识，可能曾从事过该岗位工作的人员
外部专家——不从事待分析工作，但具有一定的相关背景或经历，对待分析工作所需的知识和技能有所了解的人员
讲师和培训师——不从事待分析工作，但具有提供相关培训或教育项目的经验，因此对待分析工作所需的知识和技能有所了解的人员
高级管理者和执行官——了解为待分析工作提供工作环境的组织使命、愿景及其他高层次信息的人员
岗位公告和岗位说明——可有效说明待分析工作的背景信息，通常是广义背景信息的文档
标准操作程序和其他内部文件——用于指导当下实际工作的参考文件，因其是过往产出，所以当下使用时需要核查准确性

续表

培训及教育项目用教学材料——可直接在实际工作环境中、中等职业学校或技术教育机构中配合相关培训及教育项目使用的教学材料

组织使命、愿景和价值观——用于理解组织战略导向的文档

专业研究组织——在各个行业，如卫生保健、工程和教育等中进行专门研究，以建立各行各业职业行为标准的专业组织

供应商技术信息——由提供工具、设备及其他工作用资源支持的供应商出具的参考文档，呈现形式多种多样，包括用户手册、技术手册、参考指南和线上图书馆等

就业和薪资报告——由政府机构和非营利组织发布的关于具体职业和商业领域的就业情况报告

O*NET（Occupational Information Network，美国职业信息网）——O*NET是美国主要的职业信息资源网站，是由美国劳工部就业和培训管理局负责管理的公开免费资源网。该数据库包含近千类职业的信息，任何个人、组织和教育机构都能够通过该网站了解相关职业的全面信息。O*NET前身是始创于1933年的《职业词典》，为求职者提供服务。该百科全书规模的词典每五年更新一次，可在美国的所有公共图书馆进行查询。2000年，《职业词典》升级为线上资源，被称为O*NET

学术论文——于学术期刊和非学术流行刊物上发表的职业分析结果报告

咨询公司——建立了个人能力数据库的私营公司。公司可免费开放数据库，作为公共服务；也可与某些客户签订合同，收费开放使用

表3.3   工作分析信息的收集方法

工作行为观察法——最常用的工作分析方法之一，直接观察员工如何完成相关工作。这么做的逻辑很简单：如果想知道人们在完成工作的时候具体是怎么做的，直接观察他们完成工作的过程，把看到的内容记录下来就行了。对于能直观看到的行为的工作或行为相对有固定先后次序的工作，观察是一种很好用的方法

工作抽样观察法——观察的其中一种形式，这种方法可在无法对工作进行持续观察或者待分析工作不规律进行时使用。进行此种观察时，我们会从该工作的日工作或周工作的周期中抽取不同时期作为样本，进行观察。观察员会将看到的内容记录在运行日志中。这种方法比较费时，可能会影响组织内部相关部门的日常工作，较常用于分析管理者和技术专家的工作行为

个别访谈法——向在职员工或其他了解待分析工作的人员提问，从而了解工作的内容。访谈大部分都是结构化的，且常常与观察法相结合。访谈也可为后续调研问卷开发提供相关信息

小组访谈法——大部分都是结构化的，主持人提问的同时要记录参会者的反馈范畴。小组访谈法实施起来的方式有很多，如焦点小组访谈。焦点小组由8~12位专家组成，由一名主持人发起特定的话题，引导大家展开讨论。焦点小组访谈在提供问题认知，

以及比较利益攸关者对同一问题的态度、解决方法、知识和技能等方面非常有用。如要采用这一方法，主持人的引导经验非常重要

关键事件法——由访谈法演化而来的一种方法。分析员要试图识别出反映在职员工是否高效完成某项工作的一系列具体事件。关键事件是对具体工作行为的描述，分析这些事件有助于帮助我们识别出对相关工作表现至关重要的潜在因素或（工作）任务簇。这种方法已用于分析那些涉及复杂决策和可通过多种路径达成目标的工作。关键事件法起源于 20 世纪 50 年代，当时主要用于测试飞行员如何应对喷气式飞机的突发事故

专题研讨会——由 8~15 名对待分析工作有所了解的利益攸关者组成小组，经专业人员导引，对工作展开分析。该方法中最突出的代表是 DACUM 分析法。DACUM 分析法已被证实是一种非常高效的信息收集方法，参与 DACUM 分析法的专家要花 2~3 天的时间聚在一起探讨相关主题，且需要一名有相关经验和技术的引导师来负责促进和推动。DACUM 分析法可产出大量有用信息，包括某一个岗位的工作职责、工作任务、胜任必备条件或与工作相关的其他方面信息等。专题研讨会常常需要脱岗进行，这可能会对信息的准确性有一定影响

文档查阅——通过某些技术对文本信息进行分析，文本信息可能来自公司网站、公司内部报告、人力资源文件、过往工作分析研究结果、标杆研究和学术论文等。文档查阅的结果可能以综合表、摘要、大纲等形式呈现

调研管理——该方法可以相对较低的成本收集大量人员的意见。调研的主要问题在于结果的准确性一般，调研问卷的回收率低。由于不清楚每一个调研对象的背景，调研结果可能被错误解读。调研常常与其他的信息收集方法结合使用，如观察法和专题研讨会等，这样可以验证调研结果的准确性

很多分析员会提前确定他们在工作分析项目中所要采用的信息来源和收集方法，不会做更多的考虑。但事实上，多参考一下各种各样的信息来源渠道和各种方法是有一定意义的，因为不同的信息来源和方法也会带来一些有用的洞见。

例如，当被问到如何进行岗位分析时，大多数分析员可能只会说他们是通过访谈业务主题专家来分析的。事实上，在访谈之前，分析员还在 O*NET 上查了该岗位的相关信息，也看过公司内部的一些文件。因此，尽管工作分析中最主要的信息来源和信息收集方法就是访谈业务主题专家，但实际上分析员也使用了其他的信息来源和信息收集方法。

通过探讨工作分析信息的来源和收集方法，我们可以发现，做好工作分析既需要掌握定性研究方法（文档分析、访谈和观察），也需要

掌握定量研究方法（调研工具设计、数据分析）。分析员应该具备这两类研究在数据收集方面的知识和技能。后续章节包含了一些与这方面技能有关的信息，但我鼓励读者根据自身需要去查找一些更深入的相关资料，本章末尾列出的参考文献包含了相关资源。

III. 进行工作分析

如前所述，工作分析流程可视作工作分析项目的行动指南。每个项目之所以互不相同，在于其项目的目标、使用的技术以及项目产出的信息性质都不尽相同。因此，每个项目在其总的工作分析流程中都会嵌入不同的工作分析技术流程。例如，我们在第四章中介绍的DACUM分析法就有独立的步骤。我们将从这一点出发探讨工作分析流程中的这个阶段。

a. 查阅所选工作分析技术的流程。本书涉及的每一种工作分析技术都有各自的流程步骤和使用方法。分析员应该查阅相关技术的流程步骤，并根据自身项目的目标和特殊需求调整相关流程步骤。

例如，当我们选择使用DACUM分析法时，如果参会人员中有人没法到场，就需要根据这一情况修改DACUM分析法的流程。实际上，如果使用了不止一种工作分析技术，分析员就要注意查阅项目所涉及的所有技术的具体流程。

b. 实施所选工作分析技术。显然，分析员在这个部分需要落地实施工作分析。在这个阶段分析员要开始实践和运用本书将在第二部分中介绍的种种知识和技能了。

IV. 编写工作分析报告

在这个阶段，分析员要编写一份能体现项目结果已达到预期目标的报告材料。

a. 编写报告初稿。报告初稿需要在数据收集结束时编写。这份报告可向客户和利益攸关者呈现调查的结果，也是推动项目进程的核心参考文件。很多观察员认为工作分析报告只是给有限的人群看的。在编写报告初稿时，我们需要注意以下几点，最好确保这几点都能得到满足：

- 报告的格式清晰明了，易于查阅。
- 标题有逻辑性，不过度使用专业术语。
- 报告中使用的术语全篇保持一致。
- 下画线、粗体及其他语法的使用正确一致。

b. 审查报告。报告初稿完成后应发送给所有利益攸关者进行审查和反馈。分析员可根据以下几个问题来设置一些审查指标：

- 报告是否清晰易懂？
- 报告是否准确地呈现了工作分析结果？
- 报告呈现的形式是否便于后续使用？

c. 编写报告终稿。在完成报告审查后，分析员就能开始编写报告终稿了。这时最重要的是，要使报告终稿成为一个独立文档。也就是说，报告终稿中应当包含项目产出的所有信息，包括概念验证的原型。

作者总结

本章介绍了进行工作分析时涉及的两个主要角色：分析员和业务主题专家。如要确保工作分析的效果达到最佳，分析员最好与待分析工作无内容关联。也就是说，分析员不需要非常了解待分析工作的内容。在这种情况下，业务主题专家则扮演着重要的角色，也是工作分析的主要信息来源。作为一名分析员，与业务主题专家的合作可能很愉快，随着项目的进程大家都期待与彼此互动；也可能很困难。显然，分析员一定要注意与业务主题专家建立关系并做好关系管理。大多数业务主题专家会在发现分析员对其工作内容特别感兴趣并且很积极地想要了解相关信息时给出更好的反馈。

这一章还介绍了项目的工作分析流程。无论项目有什么样的目标，使用什么样的分析技术，大体上都能按照工作分析流程来开展。本书第二部分中的每章都将介绍一种通用工作分析流程中包含的具体工作分析技术所用的子流程。应用工作分析技术一般发生在工作分析流程的第三步。工作分析流程整体概括了进行工作分析项目需要注意的各个环节以及在整个项目中需要解决的各种问题。

延伸思考

1. 你是否曾经思考过成为一名不了解待分析工作具体工作内容的分析员对你来说有什么样的挑战？你以前是否担任过这样的角色？

2. 你对于成为不了解或了解待分析工作内容的分析员这两种角色有何看法？你是否觉得成为不了解待分析工作内容的分析员特别困难？

3. 你以前是否担任过业务主题专家？你觉得这个角色有哪些挑战？

4. 你以前是否参与过那种各个阶段目标不明确的大型项目？

5. 你觉得本章中的工作分析流程对工作分析项目有指导意义吗？你是否考虑未来采用这一流程来规划工作分析项目？

参考文献

Lin, Y., & Jacobs, R. (2008). The perceptions of human resource development professionalsin Taiwan regarding their working relationships with subject matterexperts (SMEs) during the training design process. *Human Resource DevelopmentInternational, 11*(3), 237–252.

Patton, M. Q. (2015). *Qualitative research & evaluation methods: Integrating theory and practice* (4th ed.). San Francisco, CA: Sage.

第四章

工作结构

无论工作分析项目有什么样的目标，采用什么样的工作分析技术，对分析员来说，最重要的是认识到所有形式的工作都具有底层概念结构。本章将进一步探讨这一点。由于这些概念结构不太容易被观察到，大多数分析员都无法完全意识到工作底层概念结构的存在。但无论如何，它们确实存在，而了解相关结构能对工作分析起到很大的帮助，这是最出色的反思性分析员的必备技巧。

其实，工作结构这一概念本身就是人们尝试科学地总结工作行为而得出的非正式理论。有趣的是，每一个新的工作分析项目其实都可以被看作重新验证这一理论有效性的机会。在验证过程中最主要的问题是：在这个项目中，这一工作结构能否有效地呈现出工作的行为？根据本人的经验，工作结构每次都能对工作分析起到很好的支持作用。出于实践性方面的考验，本书提供的工作结构样例不会太过复杂难懂。理解工作结构至少能从以下三个方面对工作分析起到帮助。

首先，了解工作结构后，分析员可以根据既定的结构来梳理项目信息。相反，如果不了解工作结构，那么分析员每次都要重新思考该如何使用这些信息。工作行为与日常其他行为很相似，初看都是杂乱无章、令人费解的，但如果能基于某个特定的结构去梳理，则能手到擒来。

例如，每当进行岗位分析时，就算当下要分析的目标岗位跟之前分析过的岗位大相径庭，分析员依然可以根据一般的工作结构来组织信息。经过梳理的工作结构为分析员提供了可用的基本分析架构。

其次，工作结构可帮助分析员更系统地呈现工作分析结果，确保信息的格式和术语的使用尽可能一致。与其他专业活动相似，工作分析中也有很多具有特定含义的专业术语。人力资源开发专家在实践中要注意使用相关术语，同时要与共事人员分享这些术语及其含义。

当然，这并不意味着所有参与工作分析的人都必须依照完全相同的规则。在实际情况中，尽管工作分析信息呈现的方式相似，但多少都有些差异。例如，如果观察各个国家的国家职业标准中的行文和用词，我们可以很明显地发现每个国家呈现工作分析信息的方式都不太相同。甚至在查阅同一家公司的内部文件时，我们也会发现，如果采用的工作分析流程不一样，那么产出的结果呈现方式一般也有所不同。但是，总的来看，这些文件之间的相似性常常要大于它们之间的差异性，因此，如果能依照一个特定的经梳理的工作结构来进行工作分析，就有可能最大程度地保证前后呈现效果的一致性。

最后，工作结构还能在如何充分地应用工作分析产出信息方面提供指导和建议。如前所述，除非有既定的应用目的，否则工作分析本身产出的信息作用不大。例如，本书第三部分将涉及的一点：工作任务说明实际上就是绩效导向的培训项目的培训目标，这一环也是培训项目设计的第一个阶段。工作流程的分析结果文件可以轻松地被转化成员工绩效改进项目中有用的部分。如果没有工作结构这个概念，工作分析的信息就难以起到这么大的作用。

岗位的结构

图4.1所示的是适用于所有岗位的底层结构。岗位的结构可帮助分析员梳理和组织在岗位分析第一阶段收集到的数据，整理在岗位分析中获得的不同种类的信息，在最终报告中合理呈现岗位分析的结果。无论是什么性质的岗位，如一线岗位、技术岗位、专家岗位或高级管理者的岗位，人力资源开发专家都能在实践中参考岗位的底层结构来进行岗位分析。

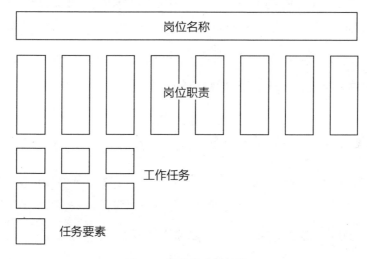

图 4.1　岗位的底层结构

岗位的底层结构显示岗位一般包含四个层级，根据每个层级包含的信息数量逐级递进。此外，该结构还表明，一个岗位中包含了各种各样的支撑信息，因此要具体描述如何胜任这个岗位就需要收集到这些不同类型的信息。

该结构中最高层级的信息是令该岗位区别于其他岗位的正式岗位名称。岗位名称的层级最高是因为这是对岗位最宏观的解读。我们将在本书第五章中探讨如何具体撰写岗位说明。

　　该结构的第二层级则表明一个岗位是由数个岗位职责组成的。一个职责就是一系列岗位相关工作行为的集合，这有点像家族姓氏，每个职责都由下一层级里包含的一系列相关的工作单元或任务单元组成。根据经验，一个岗位一般会包含7~12个职责。但实际中的职责的数量取决于岗位分析的结果，职责的数量也会反映该岗位的相对复杂度和担责程度。

　　如图4.2所示，岗位职责可通过岗位职责说明来定义。按照惯例，岗位职责说明应该采用"动词的现在进行时"（英文动词以"ing"结尾）来描述，并且行为动词放在开头，后接该动词的宾语及其他宾语修饰语。之所以用现在进行时主要是为了体现该职责是某个岗位工作流程中的一部分，以及说明该职责具体要做些什么。例如，"制订后台网络运行维护计划"就是某岗位若干职责中的一个。

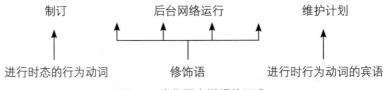

图 4.2　岗位职责说明的组成

关于岗位职责说明的特点，可参考以下信息：

- 描述了一组正在进行的工作单元或任务单元。
- 以处于进程中为导向。
- 使用进行时态（ing结尾）的行为动词（英文）。
- 每个岗位至少有7~12个职责，但实际数量取决于岗位分析的结果。
- 最大化地呈现了岗位分析的结果。

　　该结构的第三层级是组成每个职责的工作任务，也是任何岗位的核心组成部分。图4.3呈现了用来定义工作任务的工作任务说明的组成。工作任务说明同样以行为动词开头，后接动词的宾语以及宾语的修饰语。

例如，"排查IP网络故障问题"这一工作任务就是我们之前提到的"制订后台网络运行维护计划"这一职责包含的若干工作任务中的一个。每个岗位职责可能包含数个工作任务，但通常包括5~15个，同样，具体数量取决于具体岗位的分析结果。

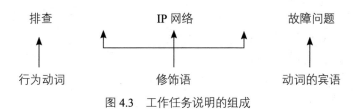

图4.3 工作任务说明的组成

清晰明确的工作单元或任务单元说明有以下特点：

- 每个工作任务都有明确的起点和终点。
- 每个工作任务都需要一定的时间来完成，但花费的时间可能相对较少或较多。
- 每个工作任务都包含区别于其他任务所需的一系列工作行为，但工作任务之间可能相互关联。
- 每个工作任务都有可量化的产出结果，如产品、服务或其他类型的产出。
- 每个工作任务都包括所有与该任务有关的可直接观察或不可直接观察的行为。

表4.1列举了"网络工程师"岗位的三个岗位职责以及每个职责包含的工作任务。此处提供的样例，仅展示了三个岗位职责及每个职责包含的三个工作任务。本书第五章将提供更多岗位职责及其所含工作任务的例子。

该结构的最后一个层级是组成每个工作任务的个人行为。关于工作任务的具体组成要素等相关信息将在本书第六章中进行介绍，其中也包括对岗位职责说明和工作任务说明所用动词的详细解释。如前所述，工作任务是任何岗位的核心组成部分，而对工作任务组成要素进一步的分析则被另称为任务分析。

表 4.1　岗位职责及其工作任务样例

岗位名称：**网络工程师**
A. 分析 IP 网络
A.1 分析 IP 网络能力
A.2 收集网络性能信息
A.3 分析网络服务历史架构
B. 制定 IP 网络防护措施
B.1 创建检测 IP 问题监控评估方案
B.2 形成 IP 问题日报
B.3 向高层管理者汇报防护方案
C. 管理 IP 网络二层问题记录表
C.1 分析问题记录表相关信息
C.2 排查 IP 网络故障问题
C.3 创建 IP 网络解决方案

职业的结构

　　第一章曾提到，职业指的是在不同工作环境中的一系列相似工作岗位的总称。由于性质相似，我们常常认为岗位和职业是同一样东西，但这种看法显然并不正确。要了解职业的结构，就必须清楚这两者之间的区别。

　　图4.4所示的是理解某一职业的基础框架。"电信工程师"这一岗位一般会出现在不同的工作环境中，在不同企业里该岗位名称会有所变化。与岗位的结构相同，职业的结构可帮助分析员梳理和组织在职业分析第一阶段收集到的数据，整理在职业分析中获得的不同种类的信息，并在最终报告中合理呈现职业分析的结果。

　　无论是什么性质的职业，也无论是什么类型的职业，如技术员职业、专家职业或高级管理者的职业，人力资源开发专家都能在实践中参考职业的结构来进行职业分析。

| 后台工程师 | 技术支持工程师 | 电信工程师 |
| A 公司 | B 公司 | C 公司 |

图 4.4　职业的结构：电信工程师

职业名称最能概括整个职业的结构，处于整个结构的最高层级。职业名称可能与相应的岗位名称相同，也可能不同。例如，某家企业出于自身需求，设置了一个岗位，叫作"网络管理员"。但我们发现这一岗位还出现在很多其他的公司和不同的行业中，因其在电信、金融服务和制造业等十分常见，故我们还将"网络管理员"看作一种职业。

职业名称可能会跟特定行业内该职业呈现的岗位名称一样，因此上面案例所涉及的职业名称就可能是"电信网络管理员"。具体要选用哪个职业名称，则取决于工作分析的目标。

与岗位的结构相似，职业的结构也是按照类似的层级递进的。此外，职业的结构相较岗位的结构通常会更加宽泛。本书第七章将探讨这一点，由于职业分析的预期用途一般更广，因此对职业进行更宽泛的分析是非常有必要的。

除职业名称外，职业的结构中还包括更宽泛的工作簇，其含义相当于职责或类似的概念。岗位职责说明下接的是具体的工作单元，我们常常称之为工作任务。但在涉及职业的结构时，我们发现职业的结构中相关概念和术语与岗位的结构并不是一一对应的。由于宏观的任务分析过于宽泛、难以进行，因此职业的结构中不一定包括工作任务层级的分析。因为职业是在不同工作环境中的一系列相似工作岗位的总称，存在于不同的组织环境中，所以在分析职业时不可能对具体的职业进行分析。任务层级的分析，即任务分析必须分析某个工作环境中完成相关工作任务所需的行为。

工作流程的结构

　　本书第一章曾定义，工作流程是在一段时期内，将投入转化为产出的过程中不同团队和人员的一系列行为和相关技术事件，且常常需要跨职能和跨部门协作。工作分析一般都聚焦在个人行为上，而工作流程分析与之相反，更强调串联个人行为的系列事件，这两者的关注点在根本上是不同的。

　　图4.5所示的是工作流程的框架结构。由此可见，工作流程本质上是由一系列传递性的模块连接而成的，其中的每个模块都包含了供应商和客户两种角色。图中用字母A、B、C指代了工作流程中的三个模块，而事实上，这三个模块可能是某个职能、某个部门、某个团队，甚至某一个人。从定义来看，供应商指的是利用相关资源为另一方提供某种产出的角色，而客户是获得供应商产出的角色。工作流程可将此类关系串联起来，以达成流程的预期目标。

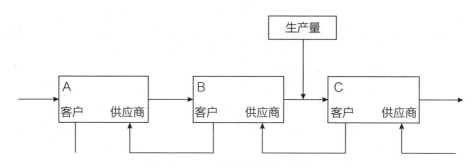

图 4.5　工作流程的框架结构

　　所有工作流程都有输入，输入是工作流程的起点，也可能是流程中各个环节的连接点。工作流程中的表现和成果可称为生产量。由于对工作流程的最终业务结果有着直接的影响，生产量成为工作流程中至关重要的部分。工作流程的最终业务结果可称为产出。而整个工作流程从开始到结束可视为工作流程的周期。工作流程本身就是一个系统，包含了输入、内嵌的其他工作流程，以及接收成品或服务的客户。

工作流程的结构可帮助分析员梳理和组织在工作流程分析第一阶段收集到的数据，整理在工作流程分析中获得的不同种类的信息，并在最终报告中合理呈现工作流程分析的结果。人力资源开发专家可在理解具体工作流程构成和尝试改进工作流程时参考工作流程的结构来进行分析。

工作流程的名称可概括整个工作流程，确定这一流程在实操中的边界和预期成果。例如，"制订IP网络维护计划"这一工作流程的目标产出是一份包含维护计划细节的正式文件。要制订这份计划可能需要若干熟悉这一工作流程的人员参与，同时，通常会有一名确保流程中的任务顺利开展、顺利输出成果的负责人。这个过程体现了对工作流程的管理。本书第九章将深入探讨工作流程的概念、类型、分析方法以及最终的多种呈现方式。

能力的结构

最后要介绍的是能力的结构。如第一章所述，能力指的是个人成功胜任某个岗位的重要特质，而非单纯某个具体岗位所需具备的在专业、管理及执行层面的基本特征。

例如，"对他人敏感"这一能力在管理层面或功能层面都是成功的重要因素。

能力是某些人具备的特质，没有相应能力的人可通过相关学习和经验来培养相应的特质。

图4.6展现了能力的结构。鉴于能力存在于个人身上，因此在这一结构中绘制了人的剪影，并列出了能力的各种可能的来源，包括性格维度、动机、知识和技能，有时也包括经验。

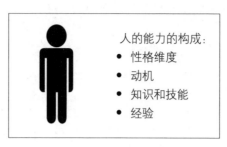

图 4.6   能力的结构

作者总结

有些读者可能在一开始对本章给出的工作结构究竟有没有实践价值持怀疑态度，毕竟有些信息看起来好像只是常识而已。但在实践中，本章提供的结构对分析员、业务主题专家和项目其他利益攸关者都有很大的实用价值。根据这些结构，我们能有效地厘清项目的重点、确认信息收集的必要性，同时分析员也能系统地了解相关信息，方便及时与他人沟通。

延伸思考

1. 你是否思考过所有的工作都具有一定的底层结构？这对你理解各种岗位有帮助吗？

2. 在了解了工作结构之后，你认为这对你分析一些你很熟悉的工作有帮助吗？

3. 岗位和职业是不同的，你能否准确说出过去你所任职的岗位对应的职业名称？

4. 现在你能否视觉化地理解工作流程？根据你的工作经历，你参与过哪些工作流程？

5. 现在你觉得人的能力是什么样的？能力的结构是否有助于你理解能力？你认为哪些能力对你现在或过去的岗位可能是非常重要的？

第二部分

工作分析技术

　　本书第二部分将从工作分析的概念知识过渡到探讨如何使用各种工作分析技术。本部分中的各章介绍的都是在人力资源开发实践中最常用的工作分析技术。当然，除了本部分讨论到的，现实中还存在很多其他的工作分析技术及应用方法。我们应该着重关注的是如何使用工作分析的结果信息，而非收集信息的不同方法和偏好。工作分析产出的信息具体怎么使用才是验证技术成效的最关键指标。

第五章

岗位分析和DACUM分析法流程

在所有的工作分析技术中，人力资源开发专家最熟悉的可能是岗位分析。"岗位分析"一词在企业中经常用到，但对这个词确切含义的理解可能因人而异。对某些人来说，岗位分析可指代所有的工作分析活动。我曾不止一次地听到管理者这么说："我们得对这个岗位进行岗位分析，这样员工才会知道如何操控新设备。"事实上，岗位分析产出的信息要远远比实现以上小目标所需的信息更多，而且岗位分析产出的信息反而可能缺乏足够的细节来帮助员工了解如何操控新设备，此处最适合解决这一问题的技术应该是任务分析。

还有一些人认为，岗位分析就是在研究人才招聘和选拔时需要参考哪些信息。实际上，关注这种信息的常常是人力资源管理者而非人力资源开发专家。当人力资源开发专家发现岗位分析居然有这些用途时，他们常常会疑惑在自己负责的范畴内，岗位分析到底有什么用处。本章将帮助人力资源开发专家深入理解岗位分析，并重点介绍一种著名的岗位分析技术——DACUM分析法。DACUM分析法已在全球各种各样的组织中得到广泛应用。

岗位分析

如本书第一章所述，岗位分析是最主要的工作分析技术之一，通常用于确定具体工作环境中某个特定岗位的相关信息。通过岗位分析可生成以下列出的全部或部分信息，具体包含哪些则取决于岗位分析项目的目标和范围：

- 岗位名称和岗位说明，包括该岗位的高度概述、日常工作以及工作环境。
- 岗位的总体责任或职责。
- 每个岗位职责中包含的工作单元或工作任务。
- 每个工作任务中包含的具体行为。
- 胜任这一岗位所需的知识、技能和态度。
- 与该岗位工作相关的质量要求。
- 与该岗位工作相关的安全要求。
- 该岗位工作所需的各种资源。
- 胜任该岗位工作所需的其他信息。

上面已列出岗位分析信息的潜在用途。在实践中，岗位分析项目可能不会产出上述所有的信息。而项目具体产出哪些方面的信息要取决于岗位分析的目标和用途。

例如，某国一家中西部地区的地方银行转变了战略重心，在各个分行都新设了个人理财顾问的岗位，扩展客户服务。因此，该银行对这一新设岗位的主要职责、具体工作单元进行了全面的岗位分析，其中还包括对岗位学历要求的分析。后来，岗位分析结果得到了多样化的应用，包括设计相关的培训项目、设计分行经理辅导项目，以及开发分行经理使用的该岗位人员绩效评估表等。

在这个案例中，虽然分行经理曾负责过该岗位的部分工作，但银行之前并没有正式设置这个岗位，因此岗位分析是对一个首次正式设立的岗位进行的分析。大多数时候我们分析的都是管理层对这一岗位的未来期望，而非当下岗位的实际工作情况。在大多数岗位分析项目中，我们都是在记录当前岗位的实际情况，但也会有例外。显然，数据收集的性质最终要取决于每个项目的具体情况。

该案例中的岗位分析结果还反映出，银行需要梳理个人理财顾问与客户面谈时的专用客户服务流程，这一点对于该岗位的工作非常关键。该岗位的分析结果重点强调的一个岗位职责是辨别客户的金融需求。伴随着这个工作职责的产生，银行才意识到个人理财顾问需要一套他们在与客户沟通时能遵循的、辨别客户需求的正式流程。

进行岗位分析——DACUM 分析法

很多文献中曾提到过各种各样的岗位分析方法。本章将重点介绍"DACUM分析法"这一技术。DACUM（Developing A Curriculum，教学计划开发）分析法最早被发明于20世纪60年代末，当时的社区学院会根据DACUM分析法的职业工作内容来设计对应的职业技术课程。自此，DACUM分析法被广泛应用到了大量专业和非专业的岗位分析以及不同的工作环境中，包括社区学院、职业技术院校、国家政策中心、非营利性的非政府组织、企业和各行各业中。

现在，很多大学、社区学院和私人顾问都会提供DACUM分析法的相关服务，包括一些DACUM技术的培训项目、DACUM引导师认证项目等。在此类项目中，最著名的当属由俄亥俄州立大学的就业教育和培训中心提供的DACUM项目，罗伯特·诺顿多年来一直推广这一项目（Norton & Moser，2008）。

第七章将提到，DACUM分析法已成为职业分析和国家职业标准制定最常用的工作分析技术，没有其他任何一种技术在岗位分析和职业分析中能够与DACUM分析法比肩。

DACUM分析法本质上是一种小组研讨会，若干业务主题专家参与其中，具体人数视情况而定。整个研讨会将持续1~2天，由一名经过专业培训的引导师来引导整个流程，引导师本人一般对要分析的内容并不了解。DACUM分析法对要分析的工作有三个前提假设：第一，业务主题专家，或者最了解该岗位相关知识的人在被任命为业务主题专家后能够参与到分析流程中，并且业务主题专家能比其他任何人更好地描述该岗位的工作内容。业务主题专家的可信度是应用DACUM分析法的基本要求。

第二，鉴于岗位都能被拆解成要素，因此DACUM分析法适用于任何岗位分析。这一般是工作分析的核心假设，但即便从岗位的层级出发，我们也会发现工作分析仍然存在一定的局限性。鉴于当下某些岗位本质上工作内容的不可预测性和对高灵活性的要求，如初创公司企业家等，这类岗位的职责也会不断变动。除此之外，对于新兴技术领域的新兴岗位来说，这一假设可能也不是特别适用，因为这样的岗位没有人从事过，可能会在短期内发生很多变化，以致难以准确地对岗位进行说明，或者不断出现新的岗位职责。

第三，经流程验证具备相关岗位从业资格的人员能够从工作分析技术的成果中学习到如何开展该岗位的工作。这一假设源自技术教育和培训中常常使用的掌握学习理论。掌握学习，也称能力本位教学或标准参照教学，强调学习目标、教学内容和学习结果的衡量方式要保持一致，即学员应当提前获悉他们要学的内容，以及学成之后要能达到的目标。

表5.1是使用DACUM分析法进行岗位分析的流程。该流程可分为三个主要阶段：DACUM前准备；实施DACUM；验证DACUM结果。这一流程是从引导师的视角总结的，即这是引导师有效使用DACUM分析法时

所采取的流程。

表 5.1　DACUM 分析法流程

Ⅰ. DACUM 前准备

　　a. 确定岗位名称

　　b. 通过相关信息来源和方法了解待分析岗位

　　c. 准备一份实施 DACUM 时可参考的待分析岗位信息概览

Ⅱ. 实施 DACUM

　　a. 召集业务主题专家

　　b. 为业务主题专家提供分析方向：工作的目标、流程、定义、产出和规则等

　　c. 提出第一个要探讨的问题：该岗位工作中有哪些主要活动或职责

　　d. 将反馈意见贴出，供业务主题专家进行小组讨论，并达成共识

　　e. 提出第二个要探讨的问题：每个工作职责领域内的工作任务是什么

　　f. 将反馈意见贴出，供业务主题专家进行小组讨论，并达成共识

　　g. 生成 DACUM 分析表初稿，让业务主题专家进行小组审查

　　h. 管理业务主题专家小组审查的过程

　　i. 提出第三个要探讨的问题：胜任该岗位需要提前掌握什么技能？了解哪些知识、
　　　技能、资源和关键术语

Ⅲ. 验证 DACUM 结果

　　a. 提交最终的 DACUM 分析表及附录，供业务主题专家审查

　　b. 业务主题专家小组对终稿进行审查

　　c. 获得管理层和业务主题专家的认可

　　第一阶段是引导师在召集业务主题专家小组前需要做的准备工作，也是引导师熟悉待分析岗位的方式。在这个阶段，引导师通过不同的信息来源和收集方法获取相关信息，包括使用O*NET，进行一对一访谈，以便进一步了解待分析岗位。引导师不能在没有充分了解岗位概况的情况下就实施DACUM分析法。

　　第二阶段对引导师来说是最关键的阶段，引导师要与业务主题专家小组进行面对面沟通。无论相信与否，在这个阶段引导师最需要利用的资源就是便笺和翻页纸。任何参加过DACUM分析法的人，或者对这个主题感兴趣并上网查找过相关资料的人，都会很快发现DACUM研讨会和引导师的相关照片中的墙面上都贴满了便笺，便笺上写满了工作职责及每

个职责包含的工作任务等信息。便笺和翻页纸的使用几乎成为DACUM分析法的代名词。

图5.1所示的是一张完整的DACUM分析表样例，其中包括业务主题专家的姓名、分析员姓名、岗位的职责、每个职责包含的工作任务、胜任该岗位所需的必备条件、完成工作任务所需的资源以及岗位将来的发展趋势。这一样例就是DACUM岗位分析报告最终呈现的效果概览，部分岗位分析表可能还会包含胜任相关工作的人员所需具备的特质要求，但这部分信息实际上是对人员的能力要求，能力分析应当算另一个独立的流程。典型的DACUM分析表应包含以下信息：

- 业务主题专家的姓名。
- 分析员的姓名。
- 岗位的工作职责。
- 每个工作职责包含的工作任务。
- 胜任岗位需要提前具备的知识、技能和经验。
- 了解岗位工作所需资源：工具、设备、软件和文件。
- 岗位将来的趋势和隐忧。
- 关于岗位的其他信息。

一般情况下，DACUM分析表会使用横版打印，以便更清楚地呈现相关信息。通过表格呈现的形式可以非常轻松地识别其中是否采用了DACUM分析法。

第三阶段，DCUM分析法的结果需要由感兴趣的利益攸关者来验证信息的准确性和全面性。信息的验证可以由其他的利益攸关者来做，包括未参加DACUM分析法的其他业务主题专家，如该岗位的在职员工、质量与安全管理者、高级管理者等。通常情况下，验证只需引导师将完整的DACUM分析表发送给验证方并征求意见即可。或者，引导师将DACUM分析表发给不同的相关人员或小团队来验证。

a

DACUM 分析表

岗位名称：

保险承保人

业务主题专家小组成员：

玛丽·史密斯

核保专员二

山姆·黄

核保专员二

乔·琼斯

部门经理

迈克·史密斯

分公司经理

安德鲁·李

分公司经理

艾玛·帕克

战略规划和营销

分析员：

罗纳德·雅各布斯

弗兰克·贝克

图 5.1   DACUM 分析表样例

b

岗位名称：保险承保人

工作职责 ————————————　　　　　　工作任务 ————————————

A. 准备生产报告	A001. 准备保前调查分析报告	A002. 准备必需的第三方报告	A003. 准备客户质量报告	A004. 解决政府黄牌报告问题	A005. 检查报告格式，确保报告符合标准
B. 计算保险费率	B001. 确定客户的风险水平	B002. 确定客户的风险类别	B003. 计算基本保险费率	B004. 管理保险费率结构	B005. 为客户安排保费申请服务
C. 评估可保风险	C001. 对客户进行风险前调查	C002. 确定客户的可保风险标准	C003. 确定适用于客户的保险风险标准	C004. 为客户准备风险标准说明报告	C005. 管理可保风险，以满足客户目标
D. 管理客户沟通	D001. 为分行提供内部报告	D002. 为客户进行演示	D003. 解决客户的政策问题	D004. 管理客户服务查询数据库	D005. 管理客户联系信息数据库
E. 培养技术管理者	E001. 设计针对客户申请审查的内部培训项目	E002. 开展新员工培训课	E003. 为新员工提供辅导	E004. 为行政人员提供公司软件培训辅导	E005. 管理新员工的培养和发展

图 5.1　DACUM 分析表样例（续）

C

| 岗位胜任要求 | 工作所需资源 |

岗位胜任要求

知识
- 保险承保
- 风险分析
- 费率设置
- 服务质量

技能
- 计算保险费率
- 判断风险水平
- 培训交付
- 辅导
- 技术文档撰写

公司政策
- 基本保费结构
- 可接受的风险级别
- 客户服务

受教育水平及培训
- 至少拥有本科学历
- 公司提供的保险课程
- 公司提供的风险分析课程

个人特质
- 分析能力
- 团队合作
- 以客户为导向
- 诚实
- 注重细节

工作所需资源

软件
- 公司数据库
- 公司保险软件
- 公司风险分析计算工具
- 公司保费计算工具

文件
- 公司使命
- 服务质量说明
- 承保参考手册
- 风险分析参考手册
- 培训计划材料
- 结构化在岗培训模块

设备
- 台式计算机
- 打印机
- 复印机
- 网络

未来趋势
- 工作任务自动化程度提高
- 出现新的风险水平等级
- 保险市场电子化
- 对承保人的需求减少

图 5.1　DACUM 分析表样例（续）

如图5.2中的简要样例所示，我们还可以通过验证调研工具来验证DACUM分析法的结果。如果在验证中需要收集相当规模的利益攸关者的意见，我们可以通过调研来收集意见和其他的补充信息，当下我们一般会选择在线的调研工具。DACUM分析法的结果验证工具一般会列出岗位的每个工作职责所包含的工作任务，并要求验证方按照以下三个维度来评价工作任务：该工作任务对岗位的重要性、该工作任务的相对困难度，以及该工作任务执行的相对频率。

验证调研的结果可以帮助我们更深入地了解岗位的结构。通过验证调研，我们可以发现利益攸关者对每个任务、每个评估维度的不同看法，对工作任务在三个评估维度上的差异评分。更有趣的是，不同的反馈群体，如经理、主管或其他员工对同一个工作任务的评分也可能不同。最后，在验证调研中收集的其他信息也可在教学规划中为学习任务的优先事项排序提供参考。

DACUM分析法的成功应用在很大程度上取决于，引导师从参与项目的多名业务主题专家处获取所需信息的能力。参加DACUM分析法的大多数人以前都没有经历过相关项目，也不清楚DACUM分析法的成果究竟是什么样的。高效的DACUM分析法引导师应当遵循以下要求：

- 应不熟悉待分析岗位。
- 应是精通DACUM分析法的专家。
- 应主动倾听所有专家的意见。
- 应激励所有的业务主题专家贡献自己的意见。
- 应善于管控业务主题专家，避免某些人主导讨论。
- 应通过开放式提问来深入探索专家反馈。
- 应善于管理矛盾和冲突，允许不同的意见存在。
- 应保持开放的讨论氛围。
- 应能理解动词的含义。

a

说明：请仔细阅读下文！

请阅读"保险承保人"岗位七大主要工作职责中包含的工作任务说明，共计 76 项。这些工作任务由公司各办事处的若干位业务主题专家共同研讨确定。

请就这些工作任务说明提供意见。针对每个工作任务，回答以下三个问题：

　a. 对于这一岗位，你觉得每个工作任务有多重要？

　b. 相比这一岗位包含的其他工作任务，每个工作任务执行起来有多困难？

　c. 相比这一岗位包含的其他工作任务，每个工作任务执行的频率怎么样？

请按照以下步骤回答以上三个问题：

1. 对于这一岗位，你觉得每个工作任务有多重要？请选择最能准确描述你对该工作任务重要性看法的选项：

　5= 特别重要

　4= 比较重要

　3= 重要

　2= 有点重要

　1= 不太重要

　0= 不重要

b

2. 相比这一岗位包含的其他工作任务，每个工作任务执行起来有多困难？请选择最能准确描述你对该工作任务困难度看法的选项：

　5= 特别困难

　4= 比较困难

　3= 困难

　2= 简单

　1= 比较简单

　0= 特别简单

3. 相比这一岗位包含的其他工作任务，每个工作任务执行的频率怎么样？请选择最能准确描述你对该工作任务执行频率看法的选项：

　5= 每天甚至更多

　4= 每星期

　3= 每月

　2= 每年 5~10 次

　1= 每年 1~5 次

　0= 几乎不做

图 5.2　DACUM 岗位分析结果验证工具样例

c

工作任务验证：保险承保人

工作任务说明	重要性 对于这一岗位，你觉得每个工作任务有多重要？		困难度 相比这一岗位包含的其他工作任务，每个工作任务执行起来有多困难？		频率 相比这一岗位包含的其他工作任务，每个工作任务执行的频率怎么样？	
	特别重要	不重要	特别困难	特别简单	每天甚至更多	几乎不做
工作职责 A：准备生产报告						
A001. 准备保前调查分析报告	5 4 3 2 1 0		5 4 3 2 1 0		5 4 3 2 1 0	
A002. 准备必需的第三方报告	5 4 3 2 1 0		5 4 3 2 1 0		5 4 3 2 1 0	
A003. 准备客户质量报告	5 4 3 2 1 0		5 4 3 2 1 0		5 4 3 2 1 0	
工作职责 B: 计算保险费率						
B001. 确定客户的风险水平	5 4 3 2 1 0		5 4 3 2 1 0		5 4 3 2 1 0	
B002. 确定客户的风险类别	5 4 3 2 1 0		5 4 3 2 1 0		5 4 3 2 1 0	
B003. 计算基本保险费率	5 4 3 2 1 0		5 4 3 2 1 0		5 4 3 2 1 0	

d

基本信息

公司名：_____

分公司 / 办事处：_____

当前岗位名称：_____

最高学历：

_____a. 高中　　　　　　　　　　_____d. 研究生学历

_____b. 两年制大专学历　　　　　_____e. 博士研究生学历或其他

_____c. 本科学历　　　　　　　　_____f. 军校

请从以下选项中选出最能反映你当前岗位与"保险承保人"这一岗位之间关系的选项：

_____a. 区域主管　　　　　　　　_____c. 培训师

_____b. 部门经理　　　　　　　　_____d. 人力资源人员

你已在该岗位工作多少年了？ _____

图 5.2　DACUM 岗位分析结果验证工具样例（续）

从图5.2中不难看出，对DACUM引导师的要求其实与对一般的小组引导师的要求在大体上相似，只在最后一项要求上有所区别，即DACUM引导师应该娴熟掌握和理解描述岗位职责和工作任务时所用的动词。从整个流程来看，选择哪个动词看起来好像无关紧要，但在实际项目中，选择合适的动词是引导师在DACUM流程中非常关键的贡献。因此，尽管引导师对分析工作并不熟悉，但他们应该非常清晰地理解每个工作职责和工作任务中使用的动词究竟是什么含义。

表5.2中列出了一些常用的动词及其定义。如前所述，引导师应该帮助和指导业务主题专家选出最契合岗位职责说明和工作任务说明的动词。选择合适动词的重要性将在引导师后续协助业务主题专家确保每个工作职责及其包含的工作任务一致时显现出来。甚至在后续为具体的行为目标而编写相应的工作任务时，动词选择的重要性也会更加凸显。

表 5.2   工作分析的常用动词及其定义

调整——为改进产品流程而做出变化，结果通常表现为肢体活动或言语行为上的变化。

分析——研究某种情况或问题，将事物进行拆解，研究各个部分内在的联系，结果通常以报告或演示文件的形式出现。

组装——以预设的顺序将收集好的物品拼凑成一体，结果通常以有形物品的形式出现。

分配——将特定责任交由其他人来履行，结果通常以备忘录或口头指示的形式出现。

附属——将事物捆绑、固定或连接在一起，结果通常以对象或事物的形式出现。

参加——参与某些活动，结果通常以参与期间的言语评论的形式出现，如会议发言等。仅在会议上出席无法充分表明这一词语的含义。

审计——检查或审查某种情形、状态或做法，结果通常以报告或演示文稿的形式出现。

建造——把庞大或复杂的事物拼凑在一起，参见组装，结果通常以实物对象（产品）或任务执行动作（过程）的形式出现。

计算——使用数学公式从一组数字中得出结果，结果通常以报告或说明的形式出现。

检查——检验产品或过程，结果通常以检验报告的形式出现，包括检验点、检验步骤、检验标准和综合评级。

收集——汇集事实或数据，结果通常以文档信息的形式出现。

撰写——创造性地编写新颖的事物，结果通常以计划或原创对象的形式出现。

进行——执行某事或引导他人做某事，结果通常以可见的动作或文档形式出现。

咨询——寻求他人的建议，结果通常以会面或文档的形式出现。

控制——对某事施加影响，引导其趋向特定的行为，结果通常以动作或文档的形式出现。

协调——使两个或多个行动或情形都符合某组条件从而得出结论，结果通常以一组行为或文档的方式出现。

决策——基于一组决策条件，在不同的选项中做出选择，其结果可能会带来不同程度的变化。决策的结果常常以口头声明或书面文件的形式出现。

委派——将某个职责分配给他人，以达成目标，结果通常以言语行为或文档的形式出现。

设计——基于特定的规则和限制，结合某种理念来满足目标，结果通常以计划、演示文稿或报告的形式出现。

决定——做出决策，参见"决策"。

开发——促进某些活动或事件在一段时间内取得进展，类似于设计，但重点有所不同，结果通常以计划、演示文稿或报告的形式出现。

拆卸——把事物拆开，结果通常以完整对象或其组成部分的形式出现。

讨论——交换想法以趋于某种结论或结果，没有结果的讨论是没有意义的，通常以决定或信息的形式出现。

确保——确定某事准备就绪或某种情况即将发生，参见"检查"，结果通常以身体动作或预见行为的方式出现。

进入——将信息或数据从一个位置转移到另一个位置，结果通常以身体动作的形式出现。

评估——根据参照对象或某项标准仔细检验某事，结果通常以报告、备忘录或演示文稿的形式出现。

确定——寻找满足某项标准的一组选择，结果通常以言语行为、计划或报告的形式出现。

实施——遵循流程的各个阶段，将计划、项目或设计付诸实践，结果通常以文档或言语行为的形式出现。

检验——参见"检查"。

安装——将某物放置到位并将之拼组到更大型的物体上，结果通常以完整的身体动作形式出现，也可能表现为言语行为。

管理——对一系列事件或他人为实现结果所做的努力进行控制，结果通常以言语行为或文档的形式出现。

谈判——基于对立场优劣势的理解，参与涉众就某个问题或重要领域达成一致的过程，结果通常表现为具有特定流程的语言行为。

执行——实施、行动直到完成的过程，结果通常以身体行为或言语行为的形式出现。

续表

计划——执行某一流程或事件以期达到某种目标，结果通常以文档或演示文稿的形式出现。
准备——将元素组合在一起用于其他情形，结果通常以身体动作、言语行为或文档的形式出现。
提供——将某物给予其他的个人或团体，使其能够据此展开行动，结果通常以文档、言语行为或身体动作的形式出现。
识别——挑选表现优秀的个人或团体，结果通常以可见行为的方式出现。
审查——通过分析其组成部分来检查某事，一般用于赞成或反对，结果通常以文档或演示文稿的形式出现。
修订——参见"调整"。
安排——考虑多个变量，从而制定时间表或相关安排，结果通常以书面文件、计划或报告的形式出现。
关闭——使一台设备停止运行，结果通常以身体行为的方式出现。
挑选——从确定的选项或可能性中做出最符合既定标准的选择，结果通常以身体动作、言语行为或书面文件的方式出现。
解决——处理问题并得出解决方案，参见"故障排除"，结果通常以可见动作和认知行为的方式出现。
启动——让一台设备开始运转，结果通常以身体行为的方式出现。
监督——观察他人的活动或引导他人做某事，致力于实现某个结果，通常以言语行为或身体动作的形式出现。
培训——根据计划流程来学习培训教材，结果通常以可见行为的形式出现。
故障排除——确定问题情况、可能原因和解决措施，结果通常以身体动作、言语行为或文档的形式出现

　　根据我过往的经验，可视化的描述技巧对准确地用语言来表达可观察的工作行为非常有效。DACUM引导师应具备的关键能力之一就是，要能够用贴切的语言来描述观察到的行为和现象，这一点对所有分析员都是如此。在实践中，业务主题专家通常会寻求引导师的帮助，尽可能选择最恰当的用词。因此，引导师理应精通此道。

　　工作分析的最后一个部分是撰写岗位说明。这里能用的方法有很多，甚至在同样的工作环境中可以采用完全不同的办法。人力资源开发专家自己能用到岗位说明的情况很少，因为岗位说明通常用在人才的招聘、选拔或薪酬确定中，这些通常都不是人力资源开发的工作范畴。

以下是岗位说明与岗位职责之间关系的样例。

岗位名称：高级软件项目经理

岗位说明：高级软件项目经理负责监督和管理各类专家组建的项目团队，达成软件开发项目目标；需要确保及时实施项目计划，这对于企业保持高生产力和市场竞争力至关重要；完成工作的同时必须遵循组织内部和行业的软件开发标准。

岗位职责：

A. 规划软件项目开发

B. 协调软件开发团队成员的任务分配

C. 与区域软件经理协调所有的开发步骤

D. 确保所有适用流程都有助于推动项目

E. 协调及制定跨平台技术问题的解决方案

F. 确保开发过程合法合规

G. 合理分配资源成本，实现财务目标

H. 管理新软件开发项目的预算

如样例所示，岗位说明中不应该像现在很多类似说明那样只是简单地概括该岗位的职责。岗位说明中至少应包含以下三句话：第一句话，概括该岗位负责人的实际工作职责，甚至包括对日常工作的说明；第二句话，表明该岗位工作对于实现组织或部门使命的重要性；第三句话，表明对该岗位工作的期望，以及相关期望对于实现安全、质量和客户服务，甚至组织使命的重要程度。如采用三句话的形式，岗位说明通常不会超过75个字（指英文）。

很多时候，岗位说明会在岗位分析之前就写成，这其实是错误的。在实践中，这样做其实很难，除非能找到提供可靠的岗位相关信息的早期资料或文件。更符合逻辑的办法是，在完成岗位分析、对该岗位有了更全面的理解后再撰写岗位说明。岗位职责往往是岗位说明中的关键信息。

作者总结

本章介绍了岗位分析的具体过程，并重点介绍了DACUM分析法。DACUM分析法现已得到广泛应用，通常用于分析特定工作环境中的具体岗位。岗位分析中最值得我们关注的一点就是，尽管岗位分析能提供很多重要信息，但是我们同样要了解哪些信息是岗位分析无法提供的。特别是在使用DACUM分析法时，我们要注意岗位分析本身并不会提供工作任务中包含的行为要素的相关信息，即工作任务说明中涉及的具体工作行为，但对这一信息很多组织都非常重视。

我们将在第六章介绍，确定工作任务中的行为要素需要依靠另一种工作分析技术，我们称之为任务分析。很多人力资源开发从业者和管理者都错误地认为，岗位分析能提供培训方案设计或其他人力资源开发项目所需的全部信息。我们将在下一章提到，任务分析其实是完全有别于岗位分析的另一种工作分析技术。

延伸思考

1. 你在岗位分析项目中承担何种角色？你能设想出自己如何担任岗位分析的引导师吗？

2. 你是否担任过有6~10名业务主题专家参与的项目的引导师？

3. 你认为DACUM分析表在呈现岗位职责和工作任务上是否有效？

4. 在查看过动词清单后，你是否能可视化地理解每个词的含义，并能为他人解释相关含义？

5. DACUM分析法假设，引导师能就说明和描述是否合理向业务主题专家提供反馈。你觉得自己能否自如地向业务主题专家提供关于职责和任务的反馈？

参考文献

Norton, R. E., & Moser, J. (2008). *DACUM handbook* (3rd ed.). Columbus, OH: Center on Education and Training for Employment, The Ohio State University.

6

第六章

任务分析

　　工作任务代表特定的工作单元，常常是岗位分析的产出中最有用的一部分。对人力资源开发专家来说，梳理工作任务中包含的行为要素或使用任务分析技术，能够为人力资源开发项目的设计提供很多有用信息。甚至可以说，其他的工作分析技术都不能像任务分析一样提供这么多有用信息。例如，在设计培训项目时，培训的目标其实来源于岗位的工作任务说明及其要素，培训的内容来源于工作任务中的行为要素，而用于衡量学员学习效果的绩效评价量表也是从任务分析的结果演化而来的。

　　我们来参考这个案例。一个全球领先的消费电子产品制造商试图通过使用结构化在岗培训来培养新任测试工程师，让他们了解如何检查和解决电路板故障。这里提到的工作任务其实包括两个独立且相对复杂的工作单元（任务）。一般情况下，在第一个任务中，测试工程师需要根据行业标准去检查零部件，并判断电路板的可接受性。在第二个任务中，测试工程师需要先诊断故障产品不工作的原因，排除故障，然后将相关信息报给跨职能部门人员，如制造部、设计部和销售部等。想要分析这两个任务中包含的行为，则需要采用任务分析技术。

任务分析

如第一章中的定义，任务分析是用于分析单个工作单元（通常称为工作任务）中包含的要素时使用的技术。一个工作任务是指一个具有可识别的起点和终点，独立于其他工作任务，需要在一定的时间段内完成，并在完成时产出可衡量结果的工作单元。在衡量任务结果的"量"时，通常会考虑以下指标：

- **数量**——完成工作的数量。
- **速度**——在某一段时间内完成的数量。
- **及时**——在期限内按时完成工作。
- **生产率**——产出除以投入得到的比率。

在衡量任务结果的"质"时，通常会考虑以下指标：

- **准确性**——模型与样品之间的匹配度。
- **级别**——产品或服务达到的水平特质。
- **创新性**——产品或服务非同一般的特性。

对某些人来说，"任务"这个词本身就耐人寻味。它可能让人回想起，早期工业时代常常用这个词来形容极琐碎、极具体的工作单元，而且大部分是体力劳动和重复劳动，例如，在传统的制造和生产工作中提到的生产任务。

任务就是人们重复做的微不足道的工作单元，工作分析就是用来指导人们开展此类工作的。这一观点至今仍然深深留在人们脑海中，这种印象有时还带着负面看法。很多研究都认为，通过分析工作任务，进而提高工作效率的做法是对工人的压迫和剥削。毕竟，任务分析最根本的出发点就是研究如何提高生产力，但不会考虑这样做对从事工作的人带来的影响。这么一来，人不再是人，而仅仅只是工作的一部分，是机器的延伸。

正如第一章所讨论的，我希望读者对早期工业时代中工作任务分析信息收集和应用的方式进行反思。可以肯定的是，现在的时代已经与亨利·福特和早期工业家们所处的时代不同了。实际上，如果不是进行了工作任务分析，亨利·福特不可能建立那么成功的流水装配线，从而实现让每个工位上的员工只操作他们需要完成的最基本的工作任务：安装对应的零件，安装一个螺栓，拧紧螺栓。

在今天，工作任务分析在帮助人们了解自己的工作上发挥着更积极有效的作用。这些信息并不一定是要强加给员工的。相反，工作任务分析现在已成为一个更协调、更灵活的过程，分析的对象也不仅包括肢体方面，还包括认知方面。由于知识型工作的出现，以及在定义一些变动大、有创造性且缺乏明显衡量方法的工作上遇到的挑战，任务分析也面临着很多相关问题的讨论。事实上，如何对知识型工作任务的结果进行衡量，这一难题已在管理领域进行过详细探讨（Arthur，Defillippi & Lindsay，2008；Jacobs，2017）。

鉴于此，我曾梳理过大量针对三个炼油厂的不同级别工程师岗位的DACUM分析表（Jacobs & Bu-Rahmah，2012）。这个项目非常特别，虽然所有DACUM分析表基本都聚焦于同一职业——石油工程师，事实上分析这几个岗位的分析员是一样的，但分析出来的结果大不相同。前期设想时，专家已经认为石油工程师这一岗位所做的都是知识型任务。

这次分析的目的是找出在石油工程师岗位负责的300多个工作任务中，是否存在着某些共通的行为模式。对这一项目的研究结果显示，这一岗位的知识型任务中有五种共通的行为模式（2017）：

1. 排除故障，找到原因，提出解决方案。

2. 根据既定标准和最佳实践进行决策。

3. 对运行中的操作或对象进行关键分析或检查。

4. 制订一个由自己执行的或他人执行的工作计划。

5. 在某个特定时间点，推动有他人参与的跨职能工作流程。

这些行为模式的意义将在本章的下一节中进行讨论。这五种行为模式可以从操作上定义什么是知识型任务。

一些人力资源开发专家可能觉得"任务"这个词有问题。根据工作环境，与"任务"一词同义的、可替代的词语还有"作业"、"项目"或"计划"等。但不管使用哪个词，这些词代表的含义是不变的，指的都是特定的工作行为单元。如上所述，任务分析可作为岗位分析的一部分——通常在明确岗位职责和工作任务之后进行，任务分析也可以独立开展。作为岗位分析的一部分时，工作分析通常能产出岗位分析中缺失的那部分信息。也就是说，大家会认为通过DACUM分析法这样的技术去了解某个岗位的职责和任务非常好，但如果要让岗位分析真正起到作用，就需要知道任务的要素有哪些。一般来说，如果需要了解员工完成某个具体工作任务所需采取哪些行为，就要用到任务分析。任务分析是对工作行为的最小单元进行分析的方法。

在某种意义上，任务分析也是验证DACUM分析法准确性的方法。也就是说，DACUM分析法产出的工作任务说明在当时看起来非常清晰合理，但是如果仔细分析每一项任务说明，就可能发现任务说明没有充分地描述出具体行为，或者任务说明中提到的某个任务其实应当分成两个任务。这样一来，对具体任务的分析常常会让之前的岗位分析结果变得更加准确和全面。我们永远也不能断言岗位分析提供的信息完全足够，因为随着其他分析方法带来的洞见，我们可能要在原先的分析结果中加入新的信息。

如果只需要记录某一个工作单元，而不用考虑该其他方面的因素，我们也可以将任务分析作为一种独立的分析方法来使用。例如，当客户服务呼叫中心要更新一套软件时，除了软件开发人员提供的参考文档，还需要记录一些关键的操作任务。在这种情况下，任务分析可以聚焦在如何使用新的软件来完成与之相关的呼叫工作上。

任务的行为模式

如上所述，任务分析能确定工作任务中包含的工作行为，而工作行为包括了可观察的行为和不可观察的行为。甚至一些不可见的工作行为都是可以被记录下来的，例如，人们思考某个问题或某种情况。在实践中，分析员逐渐意识到任务中包含的工作行为会重复地稳定出现。也就是说，这些行为模式与是什么部门或什么层级的岗位无关，而代表了所有人工作时会遵循的基本行动模式。

例如，很多任务的基本模式就是执行一系列步骤，如安装新软件。因此，很多工作任务也遵从着解决问题的基本模式，例如，排查软件中某个功能不能正常工作的原因。尽管在样例中呼叫中心的软件操作包括两种基本的行为模式，但因其彼此独立，所以应当视为不同的工作单元。每种行为模式对工作人员的要求都不同。

根据经验我们发现，在不同的任务中，有差异的行为模式在大体结构上相对稳定。也就是说，不管是什么岗位，大多数岗位的工作行为模式都会包括程序、解决问题、检验、决策、调整与修改、管理工作流程等。

表6.1描述了任务分析中常见的六种工作行为模式。从某种意义上，除了本质上较为简单直白的程序分析，其余行为模式都属于认知型任务分析（Crandall，Klein & Hoffman，2006）。认知型任务分析通常用于指代那些不能单纯按步骤开展的工作单元。相反，此类任务需要在采取行动之前进行思考。关于这一点，本书的设想就是现在越来越多的任务正朝着这个方向发展，所以被称为知识型任务。知识型任务凸显的是，此

类任务中包含的行为的改变，并不是指任务分析技术本身。

表 6.1　工作任务的行为模式总结

任务行为	行为说明	需记录的信息
程序	按顺序执行一系列步骤	• 步骤 • 质量要求 • 安全信息 • 内嵌的决策和问题
解决问题	根据问题情境或症状找出导致问题的可能原因，采取行动解决问题	• 问题情境 • 导致问题的可能原因 • 解决问题应采取的行动
检验	检查产品或服务的某个情况与预先设定是否相符	• 检验节点 • 检验的步骤 • 每个检验节点的指标 • 整体检验标准
决策	根据不同的情况确定要采取的行动	• 了解需要决策的不同环境 • 根据不同的环境做出决策
调整与修改	改动产品或流程以使其效果与参照物相符	• 调整或修改节点 • 每次调整或修改的效果 • 调整或修改步骤
管理工作流程	推动某个工作流程的进展	• 工作流程步骤 • 其他相关信息 • 工作流程涉及的人员

在实践中，某些任务可能包含不止一种行为模式。例如，在程序操作时进行决策，或者在检查时解决某些问题。值得注意的是，如我们将在第十章中提到的，工作流程作为任务的一种行为模式，通常由多人执行。然而，现在越来越兴起一种现象，很多管理者和专家都有一项任务，叫作"推动工作流程"。

具体工作单元包含的行为模式通常与岗位的层级有关。例如，管理者和主管层级的岗位的工作单元可能包括能影响他人的资源规划和组织行为，而经验丰富的技术岗位的工作单元可能包含使用工具或设备的行为。现在很多工作期望中体现的行为模式常有例外，例如，很多经验丰富的技术岗位的员工也被要求参与到规划和组织的工作任务中。

总之，无论是什么岗位，观察和设想工作行为模式的能力对于理解工作任务至关重要，特别是包括了能影响他人的资源规划和组织这一行为的工作任务，而经验丰富的技术岗位除此之外还可能具备使用工具或设备的工作单元。

进行任务分析

任务分析流程同样也是广义的工作分析流程的一部分，应当属于工作分析流程第三阶段——进行工作分析中的主要组成部分。任务分析流程包括以下步骤。

1. 检查待分析的任务

任务分析流程的第一步是再次检查待分析的任务。更具体地说，这一步需要检查任务说明，确保任务说明准确描述了待分析的任务。这时需要特别注意任务说明中使用的动词。分析员需要关注这一关键指标，并确保任务说明中使用的动词恰当。

有一些分析员可能觉得检查不是很重要，也可能认为动词的使用应该尽量多样化，这样才不会总是重复使用相同的动词。事实上，此处最重要的标准是，确保任务说明中使用的动词真正指明相关任务的行为模式。例如，如果某个任务的行为模式是"程序"，那么在任务说明中一般会使用组装、拆卸、安装、准备等动词。

2. 准备任务分析指南模板

在准备收集任务分析信息时，分析员应该根据任务的行为模式来准备分析中要用的模板。表6.2~表6.7给出了较为简明的各种任务分析行为模式的模板样例，为各种任务分析的行为模式都提供了建议模板。通过这些模板样例，我们可以发现基本上所有模板都采用横向页面，且每个模板都需要收集三列信息。

例如，在程序分析中分析员应该关注步骤、每个步骤的安全和质量要求，以及每个步骤的相关附加信息。程序分析很像准备菜谱的烹饪步骤和提供去到某个位置的地图。就算在工作中未曾涉及，很多人在生活中也有过类似的程序分析的经验。程序分析可能是最常见、最容易分析的行为模式了。

表6.2　程序分析样例

任务名称：进行实验室测试

岗位名称： 实验室技术员	岗位编码：AP133	工作领域：产品测试
步骤	**质量要求**	**健康／安全要求**
1. 拿取蒸馏水、乙醇和缓冲溶液		必须遵守的安全措施： A. 使用防护眼镜 B. 使用防护手套 C. 遵守《安全技术指南 L-106》 D. 遵守《安全技术指南 L-108》 E. 遵守《安全技术指南 L-110》
2. 用蒸馏水清洗探针电极元件	• 探针必须完全浸入蒸馏水中 • 探头必须完全清洁	
3. 用乙醇清洗探针元件	• 探针必须完全浸入乙醇中 • 探针必须完全吸收乙醇	注意：乙醇切勿洒到台面
4. 检验探针元件	探针的检验节点如下： • 电极顶端是否有较深的划痕 • 接触器是否有磨损迹象 • 塑料把手上是否有斑点或裂缝 如发现上述情况，需联系主管	
5. 将探针放置在干净的吸水纸上	整个探针都应放置在吸水纸上	

关于程序分析，有一些相关研究提出过程序分析的步骤以及每个步骤可能包括的子步骤。所谓子步骤，指的是与某些步骤有关联的相对更细化的步骤。例如，下面就是一个步骤及其相关子步骤的简短样例：

（1）打开小瓶的保护盖。

　　a. 用酒精擦拭瓶塞，晾干。

　　b. 将接种针固定在注射器顶端。

（2）从小瓶吸取液体至注射器。

　　a. 往外拔注射器柱塞，使其充满空气。

　　b. 将针头插入橡胶塞中心。

　　c. 向下按压注射器柱塞。

在实践中，由于作为指标的子步骤可能遇到以下问题，因此本书并不推荐这一方法：

- 在进行工作任务的过程中，子步骤是否算作独立的工作行为？
- 子步骤自身是否具有独立的安全要求、质量要求或其他方面的要求？
- 子步骤是关联步骤的一部分，还是仅仅是对关联步骤提供的附加说明？
- 后续应用程序分析的结果时，子步骤是否有助于我们明确如何执行关联步骤？

在大多数情况下，使用子步骤都未能为程序分析的结果应用带来更多价值。例如，当使用程序分析的信息来开发绩效指南或类似工具时，我们发现子步骤没有多大用处。因此，表6.2所示的样例中并没有子步骤。当然，不排除在某些情况下用到子步骤。

大部分人都有过程序分析的经验，但可能不是在工作中进行的。当用"先……走，再……走"这样一步步的方式给陌生人指路时，就是在使用程序分析。当记录最喜欢的食谱具体的烹饪过程时，也是程序分析。与之类似，在工作环境中，分析员如要进行程序分析，也要按照工作步骤的执行顺序将其一步步地记录下来。

关于解决问题分析，分析员应关注各种各样的问题情境或症状类别、导致问题产生的某个原因或多个原因，以及解决每个问题应采取的行动。在解决问题分析中，任务说明指的就是问题，例如，解决电信网络传输问题。在实践中，解决问题分析中有两个词非常重要：一个是任务说明中使用的动词，动词会强调员工具体的行动方式，即解决；另一个是任务说明最后使用的"问题"一词，这个词说明了该任务中包含一类相似的问题情境。

如表6.3所示，解决问题分析通常比程序分析更难，因为分析员必须细心辨明不同的问题情境并找出可能导致问题的原因。试想一下，即便一般的交谈，人们有时也无法立刻搞清楚问题的情境和产生问题的原因。例如，当汽车发动机不能启动时，很多人错误地认为问题就是电池没电了，但真实的问题情境是转动点火钥匙时汽车发动机不启动，导致这一问题的原因可能是电池电量不足。在实践中，分析员因为并不了解待分析的工作，所以在和业务主题专家合作时更应该小心分辨相关情况。

表6.3　解决问题分析样例

任务名称： 解决实验室测试结果问题

岗位名称：实验室技术员	岗位编码：AP133	工作领域：产品测试
问题情境	可能的原因	纠正措施
A. 不同批次的测试结果差异值不在 −0.04~0.04 范围内	• 探针未完全浸入测试溶液中 • 探针未完全清洁干净 • 样本批次不同	确保探针接触测试容器的底部 检验探针贴膜，必要时重新清洁 联系主管确认批次是否匹配
B. 测试结果始终超出上限	• 测试仪器计数器默认没有复位至零	将仪器计数器复位至初始位置
C. 测试结果在规格范围内，但样品不符合目视检查要求	• 测试容器被污染 • 样本温度不在规定范围内 • 批次生产要求发生变化但未下达通知	按照以下步骤进行除菌清洁： 1. 确认使用正确的放置容器 2. 去除当前样品 3. 确定污染源头 4. 重新装填溶液 5. 复位测试仪器计数器 加热或冷却样本，达到温度要求 联系生产主管，确认批次

如表6.4所示,在检验分析中分析员应该集中精力检查各个检验节点。无论检验节点是某个具体的物理位置还是正在开展中的某个流程,分析员都要检查每一个步骤,并判断该检验节点是否达标。在任务分析中,检验分析相对比较容易记录。分析员只需询问业务主题专家在每个节点如何判断产出达到质量要求即可。

检验本身也是人们最常做的工作任务之一,但表达的方式多种多样。我们可以对实物或正在开展的流程进行检验。当查看账单、确保金额是否准确时,就是一种检验。当审查产品的最终报告或设计时,也是一种检验。当检查产出零件是否满足客户需求时,还是一种检验。当主管旁听客户服务代表为客户提供服务时,这仍然是一种检验。

表6.4　检验分析样例

任务名称: 检验汽车油箱盖组装

检验节点	检验步骤	检验指标
A. 零件 / 网面冲洗	1. 将冲洗模板放置在网面上,衬套孔中嵌入插销 2. 将冲洗模板的下边缘放在零件上,网面边缘下压 3. 将冲洗模板 A 沿零件滑动 注意:在手指处,抬起模板部分上的网 4. 将冲洗模板 B 沿零件滑动 注意:在手指处,抬起齐平部分上的网	• 冲洗模板的较低一侧始终接触零件 • 冲洗模板的较高一侧不接触零件
B. 零件边缘 / 网身间隙	1. 在零件边缘和网身之间放置测隙规,然后沿外边缘滑动 2. 将测隙规完全滑动到外边缘	• 测隙规的转动部分嵌在网身与零件之间 • 测隙规不转动的部分不嵌在网身与零件之间
C. 零件边缘抛光	1. 将零件正面朝下放置在检验台上 2. 对零件边缘部分进行目视检查 3. 用手指触摸零件边缘	• 边缘的表面必须光滑 • 边缘的表面必须没有任何毛刺或金属碎片

如表6.5所示,在决策分析中,分析员应该专注于明确决策情境,了解不同的情境,然后为不同的决策情境选择不同的行为。作为任务中的

一种行为模式，决策可能是最难分析的了。首先，在实践中，决策本身常常与解决问题相混淆，这让业务主题专家很难区分两者。

有一种区分决策和解决问题的方法，即观察任务发生的时间。解决问题通常发生在我们完成其他任务之后。例如，很多时候问题都会因为某些事情不能如期完成而产生，最简单的例子是，当人们开手机时发现手机没反应，这就是出现了问题。这时，人们就会着急去查找手机没反应的原因。由于问题常常是在某些行动后才产生的，因此我们可以将解决问题分析理解为后端分析。

相比之下，决策通常发生在最开始时，用于指导未来行动的方向。例如，我们在最开始时必须根据一系列影响因素来决定购买哪一款手机，包括内存大小、屏幕大小和预算。这时，人们会根据可参考的条件和选项来决定采取何种行动。由于这一切都发生在我们采取行动之前，因此我们可以将决策分析理解为前端分析。

表6.5　决策分析样例

任务名称：选择涂装卡车车架的涂料添加剂

如果需要以下容量的涂料	并且	则使用的涂料添加剂剂量
A. 2.25 加仑固体涂料	● 不使用其他颜色 ● 使用其他颜色	● 99 盎司 1586 活性剂和 4 盎司 398 硬化剂 ● 80 盎司 1586 活性剂和 4 盎司 398 硬化剂
B. 2.35 加仑金属涂料	● 不使用其他颜色 ● 使用其他颜色	● 99 盎司 1386 活性剂和 8 盎司 398 硬化剂 ● 80 盎司 1386 活性剂和 8 盎司 398 硬化剂
C. 2.5 加仑固体涂料	● 不使用其他颜色 ● 使用其他颜色	● 110 盎司 1586 活性剂和 6 盎司 398 硬化剂 ● 100 盎司 1586 活性剂和 6 盎司 398 硬化剂
D. 2.5 加仑金属涂料	● 不使用其他颜色 ● 使用其他颜色	● 110 盎司 1386 活性剂和 6 盎司 398 硬化剂 ● 100 盎司 1386 活性剂和 6 盎司 398 硬化剂

如表6.6所示，在调整与修改分析中，分析员应专注于某个对象或某个正在开展的活动需要改进的方面、调整需要采取的步骤，以及每次调整或修改的结果。任务的这一行为模式相对来说更加简单，分析员只需询问业务主题专家如何进行调整即可。

　　"调整"这个词听起来似乎更适合用于形容对设备或类似实物做出的改动。一般情况下，设备上都会有用于调整的按钮或设置方式，但分析员要做到的是理解每个调整行为的实际作用。因此，分析员应该搞清楚每个调整节点，以及每个调整节点的相关信息。分析员要意识到调整分析的目的不是单纯地复制专家的行为，其真正目的是记录调整带来的变化。例如，某个工作任务的任务说明可能是这样的：调整3D打印机上的灯丝对正，以确保满足产品的生产规格要求。

　　"修改"看起来更适合用来形容如计划、设计和报告，以及正在进行某些活动，如演讲等。在修改分析中，分析员需要识别修改节点，也可称之为修改类别。例如，每周质量报告会根据其他团队成员的反馈进行修改。修改的内容包括数字的准确性、陈述的清晰度、建议的有效性等。在分析修改的行为模式时，应该包括对修改操作的具体描述，以确保对修改不同类别信息的理解。

　　无论是用"调整"还是"修改"，这一行为模式的目的都是相同的，即，对某事采取行动，呈现出改进的效果。

表6.6　调整与修改分析样例

任务名称：调整螺栓机

调整	目的	如何操作
A. 轴体量规	• 调整切割的长度	• 顺时针旋转——增加轴体长度 • 逆时针旋转——缩短轴体长度
B. 进给旋钮	• 调整进料辊进程	• 顺时针旋转——减少行程 • 逆时针旋转——增加行程
C. 备用	• 调整弹头进入模具的深度	• 顺时针旋转——弹头进入模具更深 • 逆时针旋转——弹头远离模具
D. 摇臂进程	• 通过凸轮固定帽的高度调整进程	• 顺时针旋转——增加摇臂进程 • 逆时针旋转——减少摇臂进程

　　如表6.7所示，在管理工作流程分析中，分析员应该关注工作流程的步骤、任何关于流程步骤的附加信息，以及执行步骤的人员。关于这种

任务行为模式，我想增加一些说明。如前所述，这一任务行为模式关注的是，人们要负责完成某个工作流程且这一要求已成为他们工作中的一部分，即人们发现他们的工作中有任务要求他们完成某个流程。

表 6.7 管理工作流程分析样例

任务名称： 管理维护报告的存档

步骤	说明	参与员工
1. 确认计算机活动的执行情况	收集以下已完成活动的相关报告、图纸和文件： • 日常维护 • 预防性维修 • 内部项目 • 承包项目 • 修改岗位 • 问题纠正	• 区域主管 • 维修主管 • 维修规划部人员
2. 通过图纸和文件审查报告	验证以下预防性维修活动： • 维护手册中规定的活动 • 根据预防性维修计划开展的活动 • 根据工作指令进行的活动 • 完成工作报告并提交给维修规划部 对于内部项目及承包项目，确保以下事项： • 收集项目完工后的项目文件 • 更新图纸	• 维修规划部主管 • 区域主管 • 首席工程师 • 团队队长
3. 核实图纸的准确性	检查所有可获得的图纸终稿，确保： • 图纸终稿与执行的工作相匹配 • 所有的反馈都在图纸上进行了更新 • 活动严格按照标准执行 • 备用零件已到位	• 承包商工程师 • 团队队长 • 维修规划部主管

让我们参考这样一个情境，汽车装配厂的生产主管负责的工作中包括以下任务：准备每周缺失零件库存报告。显然，生产主管自己并不能单独完成这项工作，除了他自己，很多不同职能（如组装、库存及仓库）的员工都要提供这一任务所需的相关信息。尽管这项工作涉及很多人，但完成这项工作由生产主管负责。

在很多其他的情境中，管理工作流程都被视为一项任务。例如，某个岗位需要为客户提供设计服务，或维护服务，或额外服务，随着时间的推移，需要其他人参与其中，但负责这一流程的职责始终绑定在这一岗位上。

我们将在第十章讨论如何分析工作流程，即所有组织经常会有的通过跨职能条线进行投入到产出的一系列步骤。正如我们将要讨论的那样，工作流程分析主要用于记录对某个工作流程做出贡献的所有岗位，也会分析哪个岗位应该对某个特定的工作流程负有最大的责任。

最后，如表6.8所示，还有一种独特的任务分析行为模式，我们称之为安全任务分析。这种类型的分析中最典型的是程序的行为模式，先记录好所有的步骤，再增加执行每个步骤时的潜在危险，最后基于潜在危险提供防护措施。

表 6.8　安全任务分析样例

A 部分：更换磨损的斗式升降机皮带

步骤	潜在危险	防护措施
1. 准备安全工作区： a. 用标志、圆锥体或路障胶带设置路障区域 b. 锁定 / 标记电梯 c. 检查电源是否已关闭 d. 检查有无松动物品	●电击和烧伤 ●弧形闪光 / 爆炸 ●因皮带松动或皮带部分松动遭受撞击	a. 遵守批准的标志、圆锥体和路障胶带的接近距离 b. 遵循锁定 / 标记政策 c. 核实电力供应是一种额外的确认，即电源是关闭的 d. 松动的物品可能从皮带上掉下来
2. 松开斗式升降机取料	●升降机皮带中的夹点 ●滑面导致跌倒	●使用正确的工具来拧松螺栓 ●立足点保持平衡
3. 开启电梯侧检修门	●皮带零件 ●盐块	●拆卸电梯时，始终站在电梯旁边。拆除盖板时，确保头部或其他身体部位远离电梯井
4. 确定皮带是否断裂	●夹点 ●背部拉伤 ●被皮带击中 ●被盐块击中	●始终站在侧面或与电梯保持安全距离 ●使用拓展工具抓紧皮带 ●用刀将磨损的皮带切成可处理的碎片 ●使用安全的刀切割技巧 ●戴上防割手套 ●将皮带碎片放在推车上以便处理

工作任务分析的另一个独特用途是障碍分析。在实践中，障碍分析可用来记录工作任务中的工作行为、认知能力要求和身体状况要求，通过这些信息可以确定有某种残疾的人需要哪些合理的调整措施才能执行某些任务。1990年的《美国残疾人法案》第一章禁止雇员人数超过15人的私营雇主、州政府、地方政府以及工会在招聘中歧视就业能力合格的残疾人。此处合理的调整措施是指确保残疾人及其他人员完成某些工作任务所需的任务调整或工作环境调整。这种障碍分析往往与公共机构合作进行，其目的是确保所有合格的求职者都拥有就业机会。

3. 收集任务分析信息

由于任务分析的性质，分析员想要收集任务分析信息，几乎都要与业务主题专家直接接触。很多时候，分析员要观察业务主题专家工作或对业务主题专家进行深度访谈。如前所述，在本书探讨的各种工作分析技术中，任务分析是最精细的。但是，具体要细到什么地步才是合适的呢？有没有办法能确定什么样的颗粒度最好呢？

图6.1展现了程序分析颗粒度的问题。图中的横轴显示的是一个程序分析中的七个步骤，纵轴显示的是对每个步骤描述的精细程度，即描述的颗粒度。结果显示，在同一个工作任务的步骤描述中，某些步骤描述得较粗略，用词较少，而其他步骤相对描述得较详细，用词也较多。这个样例只是概念性的，主要用来引出结论：任务分析中具体要素记录的颗粒度是不同的，具体取决于后续使用相关信息的人以及工作的环境。

关于这一原理，有一个案例可与大家分享：一家大型卡车制造商曾经问我，对该公司俄亥俄州工厂进行的工作任务分析结果是否同样适用于其在西雅图的工厂。这两家工厂的工作任务说明基本一样。然而在实践中，我发现来自俄亥俄州工厂的工作分析文件因呈现了该州员工的特征和背景，与在西雅图的情况大不相同。最后，公司判断最有效的办法还是对每个地方的工厂都进行一次单独的工作任务分析。

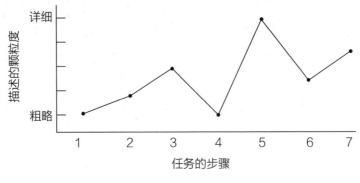

图 6.1   程序分析的颗粒度

获得利益攸关者的认可

我非常建议在进行工作分析项目时组建一个公共渠道，以确保所有利益攸关者都参与任务分析文件的审查，并获得相关人员的认可。此处的利益攸关者可能包括在职员工、主管、经理、质量负责人员和安全负责人员等。为了获得这些人的认可，分析员必须首先以任务分析模板为指导，整合原有的文稿，形成正式文件。然后将文件提交给所有利益攸关者，供他们审查。这样做的时候，为了确保任务分析的成果得到认可，分析员可向审查人员提四个问题：

（1）你觉得该任务分析项目的结果是否准确，有无任何错误？

（2）你认为该任务分析项目考虑是否全面，有无任何遗漏或不充分信息？

（3）你认为该任务分析项目的结果呈现是否清晰，是否遵循了既定的规则，在语法和编辑上是否会令人产生任何误导？

（4）总体来说，你认为该任务分析项目看起来是否有用？

只有在所有问题都得到肯定的回答后，这个任务分析才算正式完成并得到认可。在实践中，分析员发现任务分析报告可能需要2~3次修改，修改意见都是由利益攸关者提出的。只有在所有利益攸关者均认可更新的报告后，任务分析的结果才能获得许可。

在这个过程中，分析员可能会感到沮丧。有时，一些利益攸关者会在任务分析的某些方面与其他人有分歧。这时，最佳的做法是由分析员来识别分歧所在的方面，判断可能存在的问题。有时，业务主题专家可能没有时间进行审查，以致批复拖延。提前令业务主题专家做出承诺常常有助于解决这个问题。有的业务主题专家可能更喜欢与分析员面对面沟通，直接指导分析员修改文件。

无论在什么情况下，分析员都有责任获取利益攸关者对任务分析结果的认可。此处，我们要注意两点：第一，通过设计合理的、逻辑性强的任务分析结果报告，分析员可以帮助减少利益攸关者不必要的担心。出色的报告呈现形式可以消除一些潜在的误解。

第二，分析员应该认识到，每当业务主题专家就某件事产生分歧，发生分歧的点可能很小，但非常重要。在实践中，我们曾经发现有的利益攸关者觉得任务分析的信息整体质量非常低，因此很不满意。但在进一步的调查中我们发现，实际上任务分析信息中可能只有1~2点出现了分歧意见，而并非整个文件。从这个实践中我们得到的教训是，分析员应该在审查期间就存在分歧的方面与业务主题专家进行探讨，这样就能准确地消除后续会被他们认为需要修改的那些关键节点。

作者总结

任务分析是人力资源开发专家需要掌握的关键技能。很多人力资源开发项目都需要以任务分析的信息为基础。在一定程度上，比起其他的工作分析技术，人力资源开发专家最依赖的可能就是任务分析了。要想掌握任务分析技术，分析员需要辨别各种任务行为模式，否则就会陷入单纯记录程序和步骤、对不同任务行为模式毫无所知的境地。本章介绍了六种任务行为模式，并提供了对应的分析模板样例。

延伸思考

1. 为什么任务分析是人力资源开发实践的一个重要领域？

2. 你是否思考过工作任务中的行为可能存在着重复的、稳定的某种模式？

3. 解决问题和决策经常被混淆，很多人认为这两者是一样的，然而这两者之间其实有不小的差别。这两个任务的行为模式之间到底有哪些差别？

4. 请思考，如果与业务主题专家一起进行任务分析，你会遇到哪些挑战？

5. 任务分析要求分析员能够可视化地描述任务中的工作行为。你是否尝试过用可视化的方法去分析任务的行为模式，以此锻炼自己在这方面的能力？

参考文献

Arthur, M. B., Defillippi, R. J., & Lindsay, V. J. (2008). On being a knowledge worker. *Organizational Dynamics, 37*(4), 365–377.

Crandall, B., Klein, G., & Hoffman, R. (2006). *Working minds: A practitioner's guide to cognitive task analysis.* Boston: MIT Press.

Jacobs, R. L. (2017). Knowledge work and human resource development. *Human Resource Development Review, 16*(2), 176–202.

Jacobs, R. L., & Bu-Rahmah, M. (2012). Developing employee expertise through structured on-the-job training (S-OJT): An introduction to this training approach and the KNPC experience. *Industrial and Commercial Training, 44*(2), 75–84.

第七章

职业分析

我们来设想一个情境：一家全球电信设备制造商（提供移动通话服务的企业）的客户建议企业设立后台工程师这一职业并提供相关业务。为响应这一建议，该制造商的人力资源开发专家对这一职业进行了分析，并据此确定这一岗位为客户提供服务的要点。参与职业分析的业务主题专家是从不同的客户公司中选拔出来的。

项目收尾时，人力资源开发专家编写了一份报告，说明了这一职业的职责、任务、知识和技能、教育要求和所需证书，以及资源清单，包括技术文档、设备和软件。报告还包括对主要工作过程的分析，在这些工作过程中办公室工程师有可能参与。

该报告为理解这项工作在不同组织环境中的表现提供了基础。虽然报告比较全面，但也告知客户公司，除了职业分析，还需要对客户公司的情况进行进一步分析，如后续的职业分析和工作任务分析，以确保与客户公司自己的情况相关联。案例研究表明，任何时候，只要分析集中在一个以上的工作环境中，职业分析就是恰当的技术。

人们通常认为职业分析在本质上与岗位分析并无差别。这两者都经常使用DACUM分析法或类似技术来收集所需的信息，并且将业务主题专家作为信息的主要来源。在这些方面，职业分析确实仿佛与岗位分析完全一样，但实际上职业分析与岗位分析至少在三个方面有所不同。

首先，从逻辑上来讲，职业分析的对象是职业，比岗位的范围更广。职业是指不同工作环境中设置的一组相似的岗位，岗位则出现在某一个具体工作环境中。由此带来的结果就是，参与职业分析项目的业务主题专家往往有着不同的背景，来自不同的行业，代表某个职业在工作中方方面面的信息。

其次，职业分析通常需要比岗位分析收集更多的信息，如未来招聘前景的预测、从一个职业到其他职业的职业路径、职业教育和资格要求等。因此，职业分析通常比岗位分析提供更全面的工作情况。

最后，由于职业分析关注的焦点比岗位分析更多，因此职业分析的结果能得到更广泛的应用。事实上，本章和接下来的一章都是关于职业的。本书用两章来涵盖与这个工作分析技术相关的所有信息。职业分析可以用在以下几个方面：

- 中等和中等以上职业技术学校据此提供相关职业的学习课程。
- 行业协会和专业协会据此制定行业职业标准，指导从业资格认证和获取从业执照事宜。
- 技术工会据此提供特定的高技能职业带教项目。
- 企业据此组织各种员工发展和职业发展计划。
- 政府据此制定国家职业标准框架，为某些职业创建统一的标准及资料集。

无论如何使用职业分析产出的信息，其基本目的都没有改变，那就是使用职业分析有助于支持技能发展和增加机会就业。这些成果力求惠及广大的利益攸关者，包括个人求职者、企业和行业，以及社区。

因此，职业分析通常具有更广泛的社会焦点。读者应该注意到本章后面有一节专门关注了国家职业标准这个在全球范围内日益重要的主题。其实，如果不包括这一主题，对职业分析的探讨就是不完整的。

在实践中，确定职业的边界变得越来越困难，这可能仅仅是因为构成特定职业的数个岗位的工作性质发生了变化。以下三个案例可以说明职业及其中包含相关岗位之间的关系变化。

第一个例子是关于"医生助理"这个职业的。这个职业设立的目的是允许经过适当学习及培训的人员履行某些曾经仅由医生履行的职责。随着时间的流逝，医生助理这个职业越来越专业化，越来越专注于提供先进医疗服务。现在医生助理的专业领域包括精神科、皮肤科、急诊科等。

第二个例子是关于"石油工程师"这个职业的。通常，炼油厂会设立这一职业。这个职业也有越来越多的与之相关的专业岗位，包括控制室工程师、过程工程师和安全工程师等。随着石油产品数量的增加、质量安全标准的提高、先进生产技术的引进，其他相关的职业名称应运而生。总之，石油工程师这个职业变得越来越复杂，要求也越来越高，需要更多的专业知识和技能。

第三个例子是关于"网络工程师"这个职业的。在这一职业中出现了大量与网络安全相关的新岗位，如网络安全分析员。报告显示，相对于与该职业相关的其他工作，网络安全类工作增长最快。事实上，这些工作的增长和多样性可能需要一个新的职业名称，更好地描述这些新兴工作。毫无疑问，职业在组织和外部机构（如技术教育学校）中有着独特的作用。

职业分析的类型

在文献中可以很容易找到很多职业分析报告的例子。其中，很多是由专业组织发布的，它们使用职业分析来定义它们各自专业的组成部分（Balasa，2015；MacKenzie & O'Toole，2011）。在查阅了各种职业分析信息后，我们发现职业分析有三种基本用途，分别用于分析以下三类对象：

（1）职业整体情况。

（2）能力领域。

（3）必备知识和技能。

职业整体情况

职业分析最常用于分析某个职业的整体情况，即用职业分析记录在不同工作环境中一系列相似岗位的共性。值得注意的是，这种职业分析关注的重点之一就是确定"一系列相似岗位"。

这个短语暗示职业分析的对象是相关联的，这些岗位相对具有下列某些或全部特征：一样的基础知识体系，相同的必备条件，相同的一般实践环境，以及一些相同的职责和任务。从某种意义上说，职业是在更高、更抽象的层次上对某类特定岗位的理解。

职业分析报告如何呈现需要根据职业分析的预期用途来调整。一般来说，职业分析报告通常包含以下部分或全部信息：

- 文件名称，通常为职业名称。
- 在一系列报告中标识此报告的参考编号。
- 分析的级别，例如，分析针对的是该职业的新人，有经验的员工还是专家员工。
- 职业概况。
- 该职业的相关工作。
- 对未来岗位空缺的预测。
- 从其他职业转到该职业的途径。

- 基于分析生成任职资格结构，提供所需培训项目的参加顺序。
- 根据任职资格结构可获取的证书、执照或类似资质文件等信息。
- 职业学习所需的先决知识和技能。
- 本职业高效员工的潜在特征，包括人际交往能力和其他个人能力假设。
- 将该职业的培训信息与其他职业进行交叉对照。
- 基于知识的学习成果和每项学习成果的绩效标准。
- 与职业相关的能力领域，通常以职责和任务的形式呈现。
- 不同工作环境下的薪资范围。

我们鼓励读者自行上网搜索，找到职业分析和每份文件中提供的信息。很容易猜测，这份信息列表提供的职业角度非常全面，可以用于各种专业人士。

能力领域

专注于跨职业的特定能力领域通常可以提供更具战略性的职业视角。鉴于这一点，使用这种比较有限的方法来分析职业似乎也有一些好处。一方面，我们可以从中获悉未来的培训和教育项目中应该强调哪些能力领域。另一方面，这样做可以减少对很多培训项目所需的相同信息，进而提高项目的效率。分析能力领域还能增加学员职业的灵活度，学员可以借此意识到各种职业之间的联系，然后针对多个职业进行学习，以便选择最适合自己的职业。最后，关注能力领域是建立标准的基础，职业框架需要根据能力领域的变化来进一步调整和优化。

正如将在下一章中讨论的那样，很多国家，如英国，已经对相当多的技术职业建立了国家职业标准，这些标准是基于相关职业的能力领域分析而形成的。职业框架是基于标准建立的。框架为人们提供了一个路线图，让人们获悉要胜任某个职业自己需要发展的能力领域。

能力领域与很多不同的职业相联系是有好处的。与此同时，也有明显的缺点，其中最突出的是，当寻求分析几个相关职业的能力领域时，能力与其中一种职业之间的具体相关性必然有所降低。也就是说，分析的职业数量越多，减少能力应用环境的风险就越大。教育工作者和人力资源专家在设计基于某项能力的培训项目时有责任解决这一问题。

一般来说，职业分析报告通常包含以下部分或全部信息：

- 能力领域，通常体现为岗位职责或任务说明。
- 在一系列报告中标识此报告的参考编号。
- 职权范围概述，为所涉工作提供背景。
- 必备知识和技能，包括其他领域的能力。
- 知识层面的学习成果。
- 构成主管领域的相关职业。
- 各种职业所属的职业集群或业务部门。
- 说明这一主管领域与其他领域之间关系的框架能力，以及获得该领域能力的途径。
- 关于资格结构是否导致某种证书或许可证的认证信息。
- 对今后选择这一职业进行指导。
- 技术术语和缩略语。

必备知识和技能

最后一种职业分析主要用于分析人们在从事一种或多种职业时所需的特定领域的必备知识和技能。这方面的分析报告在本质上比较通用，但会引来一些见多识广的读者的质疑：这种报告真的是职业分析生成的，还是随意地提供了一些相关人员可能感兴趣的信息？此处我们需要明确的一点是，此类报告应该在文中阐明报告的信息对于理解某个职业所能起到的作用。这样的报告通用性太强，一般都会与不止一个职业有关。

这种职业分析报告也没有固定格式，结果的重点放在必备知识和技能上。大多数报告包含了与往期职业分析报告中相同的信息。

进行职业分析

表7.1中列出了进行职业分析的一般流程。正如第三章所述，职业分析流程是基于工作分析流程演化而来的。下面介绍了职业分析流程的每个阶段，并对其中包含的具体步骤进行了说明。

表 7.1 职业分析流程

1. 制订职业分析计划
   a. 确定职业分析的目标
   b. 确定使用哪种职业分析技术
   c. 创建概念验证的原型

2. 选择信息的来源和收集方法
   a. 选择信息的来源
   b. 选择信息的收集方法

3. 进行职业分析
   a. 查阅所选职业分析技术的流程
   b. 实施所选职业分析技术

4. 编写职业分析报告
   a. 编写报告初稿
   b. 审查报告
   c. 编写报告终稿

1. 制订职业分析计划

职业分析流程的第一个阶段是制订职业分析计划。在这一阶段中，需要考虑三个方面的要素：

a. 确定职业分析的目标。在职业分析中，目标说明需要强调分析的重心是放在整个职业上，还是一系列相关职业的某个能力领域。明确分析的重心和焦点是项目最开始就必须关注的问题。以下是两种不同重心的目标说明样例：

- 分析电信客户服务行业不同组织环境中"后台工程师"这一职业的结构，并据此建立一套职业标准，开发一个职业培训项目。
- 分析电信客户服务行业内多种职业需具备的"管理网络变化"这一能力领域的结构，并据此为涉及的职业开发一个通用培训项目。

我们需要注意，这些目标说明的举例是有联系的，这里是为了显示职业分析技术在组织环境中的不同用法。在这两个样例中，第一个目标说明关注的是整个职业，因为此处分析的对象出现在各种不同的工作环境和设置中；第二个目标说明则关注的是存在于相关岗位和工作环境中的具体能力领域。

b. 确定使用哪种职业分析技术。基于分析的目的，我们还要考虑采用哪种职业分析技术。例如，除了使用职业分析技术，可能还存在一些实例，在这些实例中，关键事件技术也可能适用。

这种技术在分析某个能力领域而非整个职业时特别有用，而且没有对与能力领域有关的职业进行过系统的分析。关键事件技术是一种特别适合分析知识型工作任务的技术。

c. 创建概念验证的原型。鉴于职业分析所提供的资料在实践中有很多用途，概念验证在这种情况下相关性极强。创建概念验证将有助于确保分析的重心不变，因为验证的模型已搭建完成。例如，概念验证中可以包括分析信息后续应用时的呈现格式。

利益攸关方可以就格式在实现职业分析的预期目标方面提出可用性意见。此外，概念验证将显示如何利用这些信息来开发某些学术课程或培训项目。这是一种展示最终产品呈现形式的方法，可让所有利益攸关者进行审查。

2. 选择信息的来源和收集方法

职业分析流程的下一个阶段是选择信息的来源，尤其是谁将担任业务主题专家，以及信息的收集方法。

如上所述，很多职业分析的主要信息均来自具有各种背景的业务主题专家。根据职业分析的不同范围，信息来源可能包括报告就业预测，过往职业分析，如O*NET信息，以及业务方领导者提供的信息等。

如前所述，DACUM分析法常被视为职业分析的主要方法。在实际应用中，这种分析法具有足够的灵活性，适用于不同的提示问题，即我们与业务主题专家最开始讨论的问题。例如，业务主题专家在开始使用DACUM分析法进行岗位分析时的提示问题可能是：我们在此记录某个岗位的组成部分。从逻辑上讲，使用DACUM分析法进行职业分析时的提示问题一般是：我们在此记录这一职业的各个组成部分。

3. 进行职业分析

如上所述，职业分析通常需要收集比岗位分析更广泛的信息。因此，分析员应该仔细规划所使用的技术的顺序。一般来说，分析员最好先从各种印刷资料开始收集信息，这是了解某个职业或某个能力领域最常用的方法。DACUM分析法应该是最后使用的信息收集方法之一。

4. 编写职业分析报告

大多数职业分析都会要求几方不同的利益攸关者审查报告初稿。分析员对识别评审者、为评审者提供反馈表格、响应评审者反馈等过程进行管理是很重要的。本质上，报告应该以一种便于信息使用的方式呈现。

值得注意的是，这类报告还可能包括概念验证的部分，以便呈现相关信息如何应用于实践。但这方面往往被忽视，所以容易给人造成"信息就是最重要的结果"这种印象。由于涉及众多利益攸关者，职业分析报告往往要经过专业的制作和印刷。

作者总结

职业分析是一项越来越重要的工作分析技术，组织和政府机构经常使用这一技术。在了解职业分析时要注意区分岗位和职业。如前所述，职业指的是在不同工作环境中的一系列相似工作岗位的总称。

与岗位分析相比，职业分析往往是一个更长、更复杂的过程，因为职业分析报告中涵盖的信息比岗位分析要多得多。职业分析通常需要由专门的项目团队来负责。

延伸思考

1. 你能区分岗位和职业吗？你或许能根据个人的过往经验来区分这两个概念。

2. 确定职业分析的类型是否有助于你更好地理解与职业分析相关的文章？

3. 在进行职业分析时，你希望担任什么角色，是分析员、劳动力市场预测师，还是程序执行员？

4. 你认为职业分析对个人选择职业有什么样的影响？你认为这些信息对个人和就业是否有指导作用？

5. 在工作不断变化的情况下，你认为进行职业分析时遇到的主要挑战是什么？

参考文献

Balasa, D. A. (2015, July–August). Occupational analyses: Why such studies are important for examination and curriculum development. *CMA Today,* pp. 5–7.

MacKenzie, L., & O'Toole, G. (Eds.). (2011). *Occupational analysis in practice.* San Francisco, CA: John Wiley.

第八章

国家职业标准

读者可能已经注意到，第七章介绍职业分析的过程中多次提到了国家职业标准。国家职业标准是针对个人在担任某个可出现在不同工作环境中的职业时所需完成的工作内容而制定的地方性或国家性规定。国家职业标准还规定了个人为了获得某一职业从业资格应具备的背景知识和技能。每条国家职业标准都会定义某个职业或某个跨职业的能力领域。国家职业标准一般有以下用途：

- 政府机构和教育机构可据此预测就业重点和趋势。
- 企业可据此比较其内部对某个岗位的工作期望与职业标准。
- 企业可据此设计培训和教育项目。
- 人力资源部门的员工可据此开发岗位说明，以便在招聘和选拔时使用。
- 求职者可据此进行职业选择和了解不同职业对受教育程度的要求。

鉴于国家职业标准在全球的重要性，本章将单独深入讨论这一主题。在研究文献和各种政府网站上都可以很容易地找到国家职业标准

（NOS）的例子。从逻辑上讲，地区和国家政府令这些信息便于获取，是因为他们希望民众能利用这些信息来选择自己的职业。在很大程度上，国家职业标准属于公共资源，所有国家都希望民众尽可能地多使用相关信息。

　　美国大多数人力资源开发专家对此类文件和国家职业标准的概念的理解相对有限。与其他国家相比，美国的国家职业标准并没有得到普及。事实上，一些人力资源开发专家可能根本就没有听说过。表8.1对比了岗位标准和职业标准的若干项对人力资源开发专家来说具有重要意义的要素。很多人力资源开发专家通常更熟悉岗位标准，并将其作为主要参考框架。由于国家职业标准中提供的是职业标准，因此本章的重点会放在对职业标准更广泛的理解上。

表8.1　职业标准和岗位标准对比

	岗位标准	职业标准
定义	通过岗位分析，生成对某个特定工作环境中具体岗位的理解	通过职业分析，生成对各种工作环境中某类相似岗位的理解
组成部分	<ul><li>岗位说明</li><li>职责</li><li>任务</li><li>任务构成</li><li>其他信息</li></ul>	<ul><li>必备知识与技能</li><li>价值观</li><li>态度</li><li>职责</li><li>任务</li><li>其他信息</li></ul>
如何使用	<ul><li>设计人力资源开发项目</li><li>指导课程开发</li></ul>	<ul><li>指导课程开发</li><li>为行业提供参考</li><li>为雇主提供参考</li><li>为求职者提供参考</li><li>平衡劳动力市场</li></ul>
如何判断有效性	这一标准是否准确地阐明了在某个组织环境中某个具体岗位需要完成的工作内容	这一标准是不是雇主对这一职业的共同认知
成功标准	<ul><li>绩效评价量表</li></ul>	<ul><li>认知测试</li><li>绩效评价量表</li></ul>

人力资源开发专家必须充分了解本国的职业标准体系，而且这些信息已经成为他们专业实践中极其重要的一部分。例如，韩国的人力资源开发专家，无论是受雇于小公司还是大公司，他们在为公司员工设计培训项目时都会参考韩国国家能力标准。如本章后面所说，韩国国家能力标准是一个国家数据库，其中包含了经一系列职业分析研究得出的超过500个职业的职业标准。

很多亚洲国家（包括马来西亚、新加坡和泰国）、大多数欧洲国家，以及澳大利亚和新西兰的人力资源开发专家也有过同样的经历。这些国家都拥有完善的劳动力发展系统，包括对国家职业标准的使用，这在一定程度上影响了人力资源开发的实践。因此，了解国家职业标准才能更好地理解职业分析的广泛应用范畴。

历史背景

国家职业标准是一个相对新兴的现象。20世纪70年代和80年代，大多数国家为了更好地匹配求职者和雇主需求建立了本国的国家职业标准。今天，国家职业标准已经成为一种全球现象，也成为各国的国家劳动力发展体系中的一部分。

表8.2列出了使用国家职业标准的部分国家或地区及其各自的劳动力发展工作。关于国家职业标准及其使用的信息有多种来源：咨询公司、政府机构、非政府组织和学术文献。在讨论这部分的内容时，参考当时的历史背景也是很有必要的。

多个世纪以来，直到最近，人们都依靠自身来获得进入劳动力市场的必要技能。个人接受技术培训的主要方式是学徒制。例如，从中世纪开始，欧洲早期的学徒制要求年轻人自己去找一个公认的某个职业的专家，如家具制造工、铁匠、画家或钟表匠等，并跟着这些师傅学习一段时间。

表 8.2　拥有国家职业标准的部分国家或地区

- 英国：国家资格框架（RQF）
- 德国：国家职业标准（NOS）
- 南非：国家资格框架（SANQF）
- 苏格兰：苏格兰学分和资格框架（SCQF）
- 澳大利亚：澳大利亚资历框架（AQF）
- 新西兰：新西兰资格框架（NZQF）
- 韩国：国家能力标准（NCS）
- 新加坡：劳动力技能资格（WSQ）
- 东盟：旅游行业能力标准
- 荷兰：国家 ICT 能力

　　师傅可以拒绝或接受这种请求，并要求学徒为此支付费用。在中国，继孔子之后，学徒制就成为手工匠人培养的主要途径，至今已有一千多年的历史。今天，传统的学徒制在艺术和传统医学领域仍然存在。在美国早期的历史中，当时的学徒制都是遵循欧洲的模式，因为当时的美国人已经很熟悉欧洲采用的模式了。

　　事实上，有趣的是，美国革命的英雄之一保罗·里维尔实际上是一个成就颇丰的银匠，他在13岁时就开始当学徒，入了这一行。据推测，他依靠自己的双手和才能制作了灯笼，而这些灯笼后来被用作英国军队抵达波士顿时的信号。

　　总体来说，在20世纪初的工业时代，各个国家开始努力实施本国的教育制度，以培养国民在工作中所需的技能。在美国，1917年的《史密斯·休斯法案》将职业教育作为一个全国性的问题提出，该法案为职业教育提供联邦资金，在每个州建立独立的教育机构，监督各种针对青年的职业技术培训。今天，几乎所有的职业高中都起源于这一重要的立法。即便如此，直到20世纪50年代，美国和其他大多数国家一样，除了为职业教育和技术学校提供资金，并没有制定任何与技能发展有关的国家政策。

　　在20世纪50年代，新的全球化经济形势促使很多国家开始重新考虑如何最好地培养和保持一支成熟的劳动力队伍，而不能再让人们自己来决定自己未来的就业。仅靠职业学校并不能提供足够数量的具有高级技能的人员。当时的社会面临着以下几个关键问题：

- 在第二次世界大战的破坏之后，全球仍然需要重建和工业化，在很多国家需要更多具有专门技能的人。
- 正如彼得·德鲁克在1957年首次观察到的那样，工作的性质开始从体力和重复性工作转变为知识型工作。
- 人们越来越意识到，失业，尤其是青年的失业，是一个值得关注的社会问题，公共和私营部门应该共同合作，为满足共同的利益寻找解决方案。

经济学家在20世纪60年代提出了人力资本这个术语，以体现薪酬和教育之间的关系。也就是说，受教育的水平越高，人们赚钱的能力就越强，这对个人和整个社会都有利。今天，人力资本发展的理论仍然支持使用国家职业标准。为了应对社会需求和技术进步，很多新的职业开始出现，特别是在医疗保健、管理、工程和计算机科学等领域。事实上，今天很多专门的职业，如人力资源开发，都可以追溯到第二次世界大战后要解决对应的社会问题上。当时面临的每一项问题都需要一套专门的知识和技能来解决，进而演化为新的职业。

在这种情况下，很多政策的制定者、商业领袖和教育家开始意识到，要应对未来的挑战，就需要一个作用更加明确的国家性劳动力发展系统。当考虑到所谓的中间职业时，这一看法似乎非常正确。所谓中间职业，指的是那些非管理性质，需要提前掌握一套必备知识和技能才能成功胜任的，以技术为基础的职业。随着国家劳动力发展体系的出现，人们又发现国家还需要一个职业标准体系。因此，职业标准成为国家劳动力发展体系的一个核心要素。正是在这种背景下，出现了我们今天所谓的"国家职业标准"。

目前，全球出现了两大影响深远的国家劳动力发展体系：

- 德国双元制职业教育体系。
- 英国国家职业任职资格体系。

德国双元制职业教育体系

德国双元制职业教育体系（简称德国体系）最早是通过1969年的《国家培训法》实施的。在此之前，德国的职场学习大多由各个行业协会管理，他们负责监督和管理所有职业。事实上，德语国家，包括德国、奥地利、瑞士，都拥有一套具有500多年历史的、完善的学徒制。德语国家对工匠师傅的作用和认可进行了充分的记录。事实上，如果没有学徒制的存在，欧洲不太可能从1490年前后就广泛采用活字印刷术。正是由于学徒们向印刷大师学习一段时间后自行出去实践应用，才得以成功推广这一当时的新兴技术。

德国双元制的立法基本上正式确定了其持续至今的从学习到工作的一体制度。此外，该立法在全国范围内正式确定了行业协会、地方商会和雇主之间的社会协议，共同为进入劳动力市场的人提供服务。作为全国性的项目，德国体系还对其他相关领域进行了调整，包括改革K-12教育系统，管理每个职业的从业人数，并首次系统地记录了各个职业的构成。

英国国家职业任职资格体系

英国（英格兰、威尔士、北爱尔兰和苏格兰）国家职业任职资格体系（简称英国体系）于1984—1987年首次实施。该体系通常被称为国家职业资格，但现在这一体系已被更改为国家资格框架。值得注意的是，随着1979年撒切尔夫人当选为首相，英国开始了从政府控制的计划经济向市场经济转变的痛苦过程。可想而知的是，随着失业人数的急剧攀升，20世纪80年代的英国以煤炭、钢铁和造船业的多次罢工活动而闻名。在这一情况下，英国体系得以建立，这也是国家为了解决巨大的经济变化带来的社会问题而做出的努力。

英国体系引入了职业框架这一术语，将职业标准的概念扩展到整个国家教育事业中。也就是说，从幼儿园到高等教育，所有级别的学校都具有统一的结构和配套标准。广为人知的O level和A level指的就是人们在学校教育结束时可能获得的教育证书。

今天，全球大多数国家的职业体系要么借鉴了德国体系，要么借鉴了英国体系。德国体系引起了很多国家的兴趣，因为这一体系主张将学术与实际工作经验相结合，这一概念给人的印象非常深刻。甚至在20世纪90年代威廉·克林顿担任总统期间，美国的教育政策制定者也实施了以德国体系为基础的学校—工作接轨计划。但采用德国体系的国家会遇到三个问题：

第一，德国体系需要不同的社会伙伴——商业、教育业以及商会、行会之间达成合作协议，有时这些协议不符合各方的最佳利益。例如，当企业招收学徒时，会产生很多费用，而学徒可能在学习期结束时决定离开这家企业，甚至到竞争对手公司工作。这种情况经常在金融业内发生。

无论如何，除德语国家外，大多数国家的主要利益攸关者之间没有社会合作的历史，这使得德国体系在各个方面都难以实施。另外，与此相关的是对职业准入的严苛管理。年轻人有时很难在某一职业中"追寻自己的梦想"，仅仅是因为国家认定该职业的就业市场已经饱和，无法吸收更多的求职者。

第二，人们通常认为德国体系特别复杂，而且不够灵活。也就是说，当其他国家考虑采用德国体系时，它们认为所有的组成部分都应该包括在内，而且一切都需要时间来计划和实施。例如，大约20年前，有人向我讲了一个故事，是关于网络管理员这一岗位的。雇主们被告知，政府官员需要近五年的时间来分析这个岗位，公布标准，并建立学徒制。但在同一时期的美国，很多人，甚至青少年，都在自学成为一名网络管理员，没有什么正式的指导。而当软件发生变化时，会发生什么呢？

第三，因为语言问题过去我们对德国体系的了解比较有限。直到最近，德国指导国家劳动力政策制定的联邦职业教育和培训研究所（BIBB）发布的大多数文件使用的都是德语。现在，随着与很多类似的全球研究和发展组织的合作，BIBB越来越多的报告都有德文和英文版本。然而，大多数核心文件，如描述职业标准的确切文件，仍然只有德语版本。

相对来说，英国体系比德国体系在全球范围内对其他国家政策的影响更大，这主要有两个原因。一是英国体系已经被英联邦的大多数成员采用，或者极大地影响了它们的劳动力发展政策。因此，这些国家中的大多数都制定了自己独特的制度，如澳大利亚、新西兰、新加坡和马来西亚，这些制度本身已经很有名。

英国体系的总体影响不容低估。事实上，已经有过咨询业帮助发展中国家和近发达国家采用英国体系的历史了。几乎所有的中东阿拉伯国家、包括南非在内的非洲国家以及很多亚洲国家都在英国体系的基础上建立了自己的国家职业标准体系，尽管很多国家也使用"双元制"这一术语，但其体系的底层框架仍然是按照英国体系来设计的。例如，虽然科威特和沙特阿拉伯从未是英国的殖民地，但它们将英国体系作为其教育和劳动力发展体系的基准。

二是英国体系可以更快地适用于大多数说英语的国家，或者以英语为主要第二语言的国家，如阿拉伯国家和马来西亚等。英语作为全球商业语言的盛行，以及以英语出版的大量相关著作，使得获取和分享有关英国体系的信息更加容易。

　　除了德国和英国的国家劳动力发展体系，还有几个国家也采用了混合式体系，即从两个国家的体系中都汲取了一部分内容。例如，韩国人力资源发展局的政府政策制定者已经开始使用"双元制"一词来描述其国家劳动力发展体系。与其他大多数国家相比，韩国已经发展了一个混合式体系，这个体系从美国的教育体系、英国的国家职业标准和德国的双元制中都汲取了部分元素。

　　简而言之，韩国已经借鉴美国的体系，创建了一个大范围的社区学院和中学后技术教育体系。而通过借鉴英国体系，韩国从2002年开始建立了国家能力标准。此外，韩国还实施了一项税收补偿计划，类似于很多国家用来激励公司为其员工提供培训的做法。从德国体系来看，韩国已经要求公司招收学徒，特别是大公司内的技术岗位，如LG、三星和现代起亚。韩国采用的这种方法已成为很多国家效仿的基准，如中东和非洲的几个国家。

日本和美国

　　在这次针对国家职业标准历史的讨论中，暂未提到的是日本和美国的情况。就某些方面而言，日本和美国的体系其实是由本国自行创建的。出于不同原因，这两个国家都没有全国性的职业标准体系，而是典型地依赖着来自行业协会、私营企业（如微软认证）和教育机构（如社区学院、工会和专业协会）拼凑而成的标准。在日本，大多数职业培训发生在中学后的相关机构中，如社区学院和技术学校。中学往往更注重学术科目。日本现在面临的一个全国性的问题就是，很多18岁的年轻人都不具备可就业的技能。从本质上讲，日本的教育和劳动力培训系统根本没有起到树立全球基准的作用。很少有其他国家的代表团访问日本，研究其国家劳动力发展体系。

造成这一现象的部分原因是，日本迄今为止仍然盛行着终身就业传统，这一传统会从更长远的角度准备劳动力。很多职业都是通过工作中的加班进行学习的。也就是说，很多人在学校或大学时就被雇用，雇员需要长期为同一家公司服务。显然，过去十年的经济事件考验了这一假设，导致一些教育官员开始研究增加劳动力灵活性的其他选项。

如前所述，人们普遍认为，美国之所以没有正式的国家劳动力发展体系，主要是因为其独特的国家文化和政治制度。大多数关于劳动力发展的规划都由各个州来管理，而不是联邦政府。在这方面的最主要国家立法是美国劳工部就业和培训管理局的《劳动力创新和机会法》（WIOPA），该法为各州提供资金，用于支持区域和社区经济和劳动力发展的某些活动。

虽然美国没有国家职业标准体系，但确实存在一些职业标准。这些职业标准是由各种相关实体组织而非某个区域或国家政府机构来建立的。例如，全国工程和测量考试委员会是一个独立的非营利组织，该组织为若干不同工程专业的执业工程师制定了从业标准和相关测试。拥有该组织提供的资质证书就是企业雇用工程师时参考的一个重要标准。

在美国，最接近国家职业标准的是著名的O*NET。在第二章中已经介绍过，O*NET是进行工作分析时的主要信息来源。O*NET最初在1938年大萧条时期由劳工部建立，对千余种职业进行了全面的描述，在当时用作工人就业时的参考指南。

后来，O*NET出版了一本非常厚的书，就像百科全书一样，书中列出了所有的职业及每种职业的附加信息，被称为《职业词典》。该词典大约每五年更新一次，并分发到每个地方的公共图书馆供公众使用。实际上，很多人会在图书馆使用这本书来寻找自己感兴趣的工作。可惜的是，这本书除了目录外没有搜索功能，也没有办法将信息与当地教育机会联系起来。

《职业词典》的网络版于1997年首次推出，由于其使用方便和信息丰富，现在全球的教育工作者、人力资源从业者和政府官员都在使用。起源于印刷版的描述每个职业的格式在网络版中得到了延续。该格式不一定符合其他职业资源所使用的格式。

O*NET的影响力已经大到不能不提的地步了。全球几乎所有经理人都知道这个资源，并且每天都在使用它来确定职位名称，撰写职位描述，以及明确工作期望。例如，有一次，本人在沙特阿拉伯东部达曼省的一家石化公司做咨询时发现，O*NET经常因不同的需要而出现在该公司人力资源部门每个员工的电脑桌面上。O*NET也常常是任何工作或职业研究的起点。例如，全球很多技术和职业学校的教育工作者都会在课程规划中使用O*NET，如中国。

最后说一下美国的职业标准。军事部门在历史上就以其完善的技能发展系统而闻名。事实上，很多人进入军队是为了习得相关技能，这些技能对他们从军生涯结束后的工作和生活有益。最近，美国军队——最引人注目的是美国海军，已经为入伍军人的很多工作岗位制定了相应的职业标准体系。这些文件相当全面，主要针对技术性职业。这些标准看起来更像国家职业资格，主要用于军人的培训和晋升。

基于对职业信息标准化的兴趣，国际劳工组织最初在1957年建立了《国际标准职业分类》（ISCO），用于维护各类职业的统计信息，当时职业共有10个分类。现在，该分类系统正在扩大，旨在为那些尚未制定本国职业分类法的国家提供一个职业的分类模式。

制定国家职业标准

第七章介绍了职业分析的一般流程，包括四个阶段。由于国家职业标准的国家级影响力，因此，国家职业标准的制定需要扩展原先的流程，所需的工作量也比有限的职业分析更大。此处将介绍一种经过改编的国家资格框架式国家职业标准制定方法。大多数国家职业标准的制定都会遵循与之类似的流程。该流程一般包含如下阶段：

（1）对要分析的行业、行业中的职业及能力领域进行研究。

（2）审查该职业或能力领域现有的参考文献。

（3）收集有关该职业或能力领域的信息，通常使用DACUM分析法作为收集信息的主要方法。

（4）按照获批的格式编写国家职业标准的草案。

（5）寻找利益攸关者和信息未来的使用者，请他们针对国家职业标准的草案给出反馈。

（6）开发概念验证原型，以便说明信息在实践中的应用方式。

（7）通过某种方式对职业或能力领域进行持续扫描，以确保信息在一段时间内是最新的。

（8）建立一个宣传国家职业标准的管理体系，促进潜在用户对这一体系的了解。

（9）针对国家职业标准的准确性、有用性和影响进行后续研究和评估。

（10）公开发布国家职业标准，供用户参考。

从这一阶段的清单中不难推测，国家职业标准的建立往往是一项漫长且费精力的工作，需要相关专家的参与，以便梳理预期结果。当然，由于这种项目产出的结果非常重要，因此更大的投入也能令人接受。从其字面意义上看，国家能力标准可能会影响整个国家各类人的行动和决定，所以在一开始就不能出现错误。

韩国国家能力标准是在韩国就业和劳动部人力资源发展局的领导下制定的，是国家能力标准的一个优秀例子。国家能力标准是一个基于对所有职业分析的较大的职业标准数据库。韩国人力资源发展局提供广泛的劳动力发展政策，为教育机构、组织和个人求职者提供服务。韩国国家能力标准成立于2002年，从那时起，韩国人力资源开发服务和韩国国家能力标准就已成为很多国家参考的范本。

韩国国家能力标准中涉及的每个职业标准都具有以下基本要素：

- 职业名称。职业的一般名称，包括尽可能多的职业实例。
- 行业。该职业所在行业的名称。
- 职业。这些是将包括在分析中的相关职业的清单。
- 能力单元。这些是基于职业分析的、与职业相关的广泛的结果合集。

韩国国家能力标准有很多用途。社区学院可以利用这些信息来设计课程，确定个别课程的名称，甚至根据这些信息来准备课程。各组织可以利用这些信息来了解与相关职业有关的各项工作内容。求职者个人可以利用这些信息作为职业选择的依据，并确定如何为进入该职业做最好的准备。

图8.1为韩国国家能力标准的逻辑模型，显示了如何在社区学院的环境中使用这一国家能力标准来开发课程。该图是一个概念验证的例子，显示了广泛的行业信息是如何逐步缩小范围，从而被用于开发课程的学习主题的过程的。

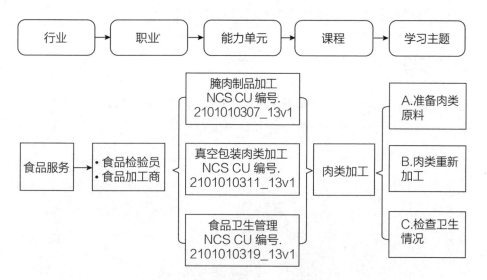

图 8.1 韩国国家能力标准结构示例

如前所述，国家职业标准的预期目标是培养求职者的就业技能，确保这些技能与雇主的需求相匹配。除此之外，国家职业标准还有一些其他目标。例如，从社会角度来看，国家职业介绍可为社会各阶层提供更公平的就业机会。也就是说，通过国家职业介绍，所有人不论自身的情况如何，都有可能选择某个职业，获得比预想中较好的工资保障。因此，在就业的可及性和工资水平方面，国家职业标准有明确的社会效益，这些成果对于保持任何社区的经济健康都是非常可取的。

同时，国家职业标准影响着管理实践和期望，这表明国家职业标准有助于解决公司内部的技能差距问题。本书的大多数读者可能都知道很多研究报告已经对重要职业中产生的全球技能差距提出了警告。从个人角度来看，大多数读者可能也曾听说过或经历过这样的情况：劳动力市场中能胜任某个岗位的人才很稀缺。因此，国家职业标准可从战略上促进人才进入技能缺口较大的职业。

最后，国家职业标准有助于影响教育改革，特别是当整个体系成为更高层级的国家教育资格框架的一部分时。这时，国家职业标准往往能提升教育机构对其教育事业成果的担责程度。此外，这种担责程度还便于对不同国家的国家职业标准体系进行对比研究。

作者总结

毫无疑问，国家能力标准已经为那些投入资源设计和实施此类系统的国家带来了很多好处。据报道，仅在英国，在过去的25年里，英国体系成功确保了培训和教育项目输送了经济发展所需的足够数量的人才。事实上，据估计，英国三分之一的劳动力都拥有英国体系的某种资格认证。近200万人已经完成或参加了学徒计划，还不包括那些参加各种培训和教育计划的人。

在英国和其他一些国家中，某些项目不仅提供了某一职业的具体知识和技能，还注重为准备进入某一职业的人培养相关的就业技能。很多雇主认为，这种技能培养对成功同样重要，特别是对于刚步入劳动力市场的新人。

此类就业技能的课程涉及的主题包括自我管理、解决问题、与他人合作、与他人有效沟通，以及对全球经济和商业问题的基本理解。因此，国家能力标准通常提供一套更全面的方案，重点是帮助个人为进入劳动力市场做准备，以满足雇主的需求。

鉴于国家职业标准的崇高目标，人们都希望这一标准得到民众的接受。但目前，国家职业标准的应用至少面临着四个需要关注的问题。

国家监督系统需要大量资源来获得所有利益攸关者的初步接受，设计具体的支持性立法和政策，获得必要的预算资源，招聘行政和专业人员，开发信息通信系统，并保持与利益攸关者的关系。这个清单甚至还不包括进行实际职业分析研究所需的资源。不用说，很多国家都表示希望实施这样的系统，但一旦发现需要那么多资源，实际去建立这种系统就会面临艰巨的挑战和诸多的限制。很多政策制定者面临的问题，特别是发展中国家面临的问题，都要衡量相对巨大的投入，这么做能否实现足够的社会效益。

进行校招的企业是国家职业标准的目标受众之一。来自国家能力标准的信息可用于设计各种各样的员工发展计划。在实践中，虽然各方组织一般会支持职业分析，但很多雇主在标准建立后对于是否应用这些标准犹豫不决。因此，各方组织对国家职业标准的接受程度往往不尽如人意。企业的管理者对此有两方面的担忧。首先，管理者可能会对这些信息在其具体工作环境中的相关性提出疑问，特别是在那些工作内容可能不稳定且经常变化的情况下。其次，很多组织的工作内容根本不知道如何使用国家职业标准的信息来设计培训项目。也就是说，国家职业标准没有提供任何样例来告知企业如何实际使用国家职业标准中的信息。

正是由于这个原因，每个工作分析技术的过程中都包含了概念验证的内容。

同样，教育机构也是主要受众之一。在同样的意义上，很多教育机构可能不会像预期的那样使用来自国家职业标准的信息，但这些信息本就该用来指导基于职业的教育规划和实施。在实践中，很多教育工作者承认国家职业标准在国外的重要性，但他们很难在更详细的课程计划层面上实际调整使用这些信息。此外，教育机构为其邻近地区的雇主服务，这些信息可能与这些雇主需求关联不大。

最后一个值得关注的问题集中在国家职业标准的基本哲学观点上。例如，在很多国家，甚至是那些拥有良好声誉的国家监督系统的国家，如澳大利亚和南非，人们对国家监督系统是否真的符合民主、开放社会的价值表示担忧。的确，国家职业介绍可为人们提供进入某一特定职业的可靠手段，尤其有利于年轻人就职。但同时，国家职业标准似乎也提前决定了个人的命运，使其未来选择某个职业，但这个职业在未来的机会可能有限。从某种角度出发，国家职业介绍也是一种双元制社会的塑造：通过国家职业标准来培养某些职业的从事人员，并安排那些完成大学教育的人最终选择这一职业。

延伸思考

1. 在阅读本章之前，你是否熟悉国家职业标准这一概念？

2. 对于国家职业标准是保障劳动力准备度最有效的方式这一观点，你有多认可？

3. 你是否相信为社会各行各业中的相关职业建立一套统一的国家标准是可行的？

4. 你认为为所有的职业都制定一套职业标准可能吗？

5. 对于国家职业体系会创造一个两级劳动力社会这一观点，你认为准确度有多高？

参考文献

Drucker, P. (1957). *Landmarks of tomorrow*. New York: Harper.

第九章

关键事件法

除了管理者，很多人力资源开发专家可能想知道如何分析那些以认知作为主要工作内容的工作任务，即那些主要通过使用批判性思维来完成任务的工作。工作分析是否真的可以用来记录人脑中发生的事情？很多人都认为，工作分析技术更适合分析那些本质较为简单且可观察的工作，这也是过去大多数工作分析技术的应用场景。

正如本书所指出的，现在的工作已经发生了巨大变化，工作变得更加复杂，对从事工作的人的要求也更高了。因此，工作分析技术也应对这种工作变化给予反馈。

设想一下，生产经理想要制订一个新的生产计划，以满足客户对快速交货的期望。在这种情况下，这个工作任务的任务说明就是，制订一个加急产品生产计划，显然这个任务非常复杂。从逻辑上讲，这个工作任务输出的结果应该是已完成的生产计划。那么，分析这个工作任务和类似工作任务最好采用哪种方法呢？

本章讨论的关键事件法由工业心理学领域著名的、受人尊敬的研究者和顾问约翰·弗拉纳根在20世纪50年代首次提出。现在，关键事件法已经成为记录某些复杂的以知识为基础的工作单元的重要方法之一。

有些人可能很难把思考当作一种工作形式，因为思考不能被轻易观察到。这几乎让人联想起一些关于大学教授工作的笑话，笑话他们的工作就是坐在办公室里思考。事实上，任何有用的人（包括大学教授）都需要在思考之后采取果断行动，他们的行动是由思考来决定的。因此，了解知识型工作任务的本质就是了解此类人在行动之前的想法。现在几乎所有工作都需要人们进行更多的思考，包括很多一线工作，而不仅仅是高层管理者和专家才需要在工作中思考。关键事件法的独特之处就在于，这种方法适用于分析那些包含关键性思考和行动的工作情境。

关键事件法概述

如前所述，关键事件法是由约翰·弗拉纳根于1954年在《心理学通报》杂志上发表的一篇文章中首次提出的，文章的题目就是《关键事件法》。对于一些人力资源开发专家来说，这篇文章只是早期想法的参考，当时甚至还不存在所谓的"人力资源开发领域"。对于其他人以及本文作者来说，这不仅仅是一篇常为人引用的文章。事实上，这篇文章对这种非常有用的研究方法进行了严谨的学术研究，而这种研究方法也很适合作为工作分析技术来使用。因此，这篇文章代表了人力资源开发研究和实践共同发挥作用的一种模式。也就是说，文章既对关键事件法这一技术的使用进行了研究，也研究了这一技术试图解决的组织实际问题。文章中紧密结合了完善的研究和有效的实践。今天的人力资源开发专家在探讨如何更紧密地连接人力资源开发的学术研究与实践时，仍然会受到这篇文章的启发，因为它是真正实现学术研究与实践融合这一目标的典范。

关于关键事件法的反战历程，这里有一个鼓舞人心的故事。该技术最初是为了解决与第二次世界大战期间军事飞行训练有关的问题而开发的。陆军空军的心理学家约翰·弗拉纳根首先进行了一些研究，调查飞行员和机组成员的有效和无效行为，作为空勤人员选拔和分级的一部分。当时，太多的飞行员在训练中犯了关键的错误，常常引发灾难性的后果。军方认为，也许是训练中没有强调正确的信息，因此他们需要确定训练中应该包括哪些额外的内容。

1944年，弗拉纳根和他的同事进行了一些研究，调查战斗领导力的组成部分。也就是说，一个有效的军官在战场上的领导素质究竟是什么？研究人员采访了大量的战斗老兵，以收集这一特定领导活动的有效行为和无效行为的具体事件。在分析了几千个个体事件后，研究人员终于能够确定战斗领导力的各种行为类别。

战争结束后，弗拉纳根和他的同事成立了美国研究所，他们利用关键事件法进行了更多的研究，继续关注飞行员的关键行为，包括军人和平民。正是在这一时期，因为这些信息对飞行员的选拔、培训和评估都有影响，所以这些研究特别将关键事件法确定为工作分析的一种形式。这些研究中的每一项都收集了几百到几千个单独的关键事件，或者说是小故事。这就是关键事件法被描述为让主题专家"告诉我一个故事"的原因。

1950年，弗拉纳根为通用汽车公司的德克瑞美部门进行了一系列研究，根据从主管那里收集到的关键事件，为小时工开发了一种绩效评级工具。在这些研究之后，出现了大量关于关键事件法的公开文章和博士论文，这些文章和论文涉及各种职业的问题。这些研究表明，关键事件法不仅可以专注军事和飞行训练情况，也可以专注日常民用工作。

自20世纪50年代初以来，关键事件法已经成为研究和开发中最广泛使用的方法之一。这种技术有一种常识性的吸引力，因为信息直接来自那些有任务经验的人。而且，每个人都喜欢讲述和听取经历过代表性关键事件的知情者的真实故事。例如，我曾经就使用关键事件法来研究邮局环境中主管的有效人际行为。我从有经验的主管那里收集关键事件，这些主管因与下属相处融洽而闻名（Jacobs，1986）。从关键事件中我对行为进行了归类，并将之作为培训项目设计的基础，并提供相关内容，制作了一系列用于培训项目的视频。

此外，我还为俄亥俄州公务员协会（代表俄亥俄州雇员的工会）进行了一项未发表的研究，旨在了解那些使用学费援助资金参加大学课程的员工所使用的有效学习方法。对于很多员工来说，这是他们多年来第一次回到正式的课堂环境中，管理者担心回归的学生能不能留出时间和空间来阅读资料，完成作业，并准备考试。这一切对很多人来说都是新的挑战。

关键事件访谈的提示问题：告诉我，作为一个学生，你有哪些有效的学习经历？我们收集了几百个关键事件，并确定了事件的基本维度。这些维度将作为未来意识培养培训项目的一部分，帮助学员更好地为未来的学习和课程做准备。以下是我研究期间收集的一些关键事件的例子。

- 在第一门课程中，我需要写一篇短文。起初我毫无头绪，后来我与教授交谈，他给了我一些大致的想法。这帮助我专注于此后的作业，我开始收集与之相关的所有材料。在这之后，我觉得更有动力去完成论文。结果，我的论文得了10分。我觉得自己做得很不错。

- 做一次课堂演讲，这是期末小组项目的一部分。我觉得作为一个学生我是成功的。我的小组处于劣势，因为我们只有两个同学，而其他小组有三到四个同学。但是，我们两个人合作得很好，我们保持联系，尽管我们都有家庭和全职工作。我们不仅在这个项目中获得了"A"，而且教授还问我们，她是否可以把我们的演讲作为未来课程的案例。

- 我决定在家里找个安静的地方学习，所以我在家里布置了一个只属于我的角落。我拉上窗帘，这样我就拥有了一个私密空间，不受其他人的影响，还有一张小桌子和椅子。我可以躲在我的小角落里，做我想做的事。我想孩子们应该对我的奉献精神印象深刻。

- 有一个学期，实际上是我上大学的第一个学期，我报名了一门生物课程。上课的第一天，我得知这门课程实际上是医学院的预备课程，带有淘汰性质，而且难度很大。我有机会从这门课程中脱身，选修一门更容易的课程，以满足通识课程要求。但我知道，如果这么做的话，即使我的成绩再高，我也会对自己感到失望，因为我选择了更容易的课程。我是班上仅有的三个非生物学专业的学生之一，成绩还可以。现在，我总是为自己坚持了这门课程并迎接了这个挑战而感到自豪。

文献显示，关键事件法已用于分析大量的工作和职业，如学校校长、牙医、急诊室护士、警察、消防员、经理和主管等。人们还发现，关键事件法对于分析一线人员和其他专家的某些行为特别有用，因为他们必须在压力下立即做出对结果有巨大影响的决策。

目前，我在伊利诺伊大学的两个学生正在使用关键事件法做博士论文。其中，一项研究是调查韩国某些专家的学习策略，另一项研究是研究人力资源开发专家的某些决策行为。这些研究有望为理解专家行为和人力资源开发管理做出贡献，同时也将继续扩大这一方法的使用范围。很快，这些研究就会完成并发布。

关键事件法所依据的原则是：收集关于某项活动的真实故事，这些故事可能带来了有效结果或无效结果，能够提供关于该活动的整体见解。例如，一家区域性家具公司期望内部的区域经理能执行以下任务：教练商店经理，教练他们提高商店的财务业绩。为了记录这个教练任务的内容，分析员可能考虑用两种基本方法来收集信息。

（1）直接询问有经验的区域经理，他们在教练商店经理时使用的流程步骤。

（2）请有经验的区域经理介绍他们在教练商店经理时有效或无效的具体事件。

乍一看，这两种方法似乎没有什么区别。但其实这两者寻找信息的方法差别很大。第一种方法可能被认为是一种演绎法，因为被采访的区域经理实际上只是讲述了他们在教练商店经理时的做法，或者他们认为自己做了什么。

第二种方法可能被认为是一种归纳法，因为被采访的区域经理不是在提供他们的意见，而是在讲述真实的故事，从这些故事中可以得出意义。正是从这些故事的潜在意义中，我们能获得区域经理的真实教练过程。

在对这样的任务进行分析时，有人会问：这两种方法的真正区别是什么？毕竟，得到的信息可能看起来是一样的。使用第一种方法并没有什么根本性的错误，但涉及关键事件法的第二种方法在收集信息方面有以下这些独特的优势。

- 这些信息是以管理者的实际教练行为为基础的，而不是他们对自己所做事情的看法。
- 这些信息表明了对教练的洞察力，而这些洞察力在其他情况下是不会被发现的。
- 这些信息是基于有效和无效的教练行为的使用。
- 这些信息作为第一层数据，分析者和其他人可能会使用其他方法和来源来发现更多关于教练过程的信息。

- 这些信息可以有多种用途，因为这些事件可以用来分析手头任务的组成部分，为培训目的开发基于实践的情境，并构建评估主管在工作中的教练行为的工具。

关键事件法似乎最适合用于记录具有某些属性的知识型任务。第一，任务应该有一个不可观察的方面（思考）和一个可观察的方面（行为），且任务具有的这些属性是大多数基于知识的工作任务所共有的，但令其本质区别于其他任务的原因在于思考方面的不同。例如，当主管遇到问题时，必须先经过解决问题的思考，然后才能决定采取何种行动。

第二，任务应该有不同的前因，这意味着引发某个工作任务的原因是多种多样的，无法总被我们提前预测到。正是由于这个原因，关键事件法被用来分析一些职业的决策过程，如警察，他们需要决策在什么情况下使用致命的武力；以及急诊室医生，他们在面对病人的生命威胁时突然需要做出决策。

第三，从相关意义上说，关键事件法应该被用于那些一旦犯错就会产生重要后果的任务。1983年的电影《太空英雄》中有很多情节，该影片根据汤姆·沃尔夫1979年的同名著作改编，讲述了水星计划宇航员所遇到的危险。影片形象地说明了试飞员面临具体的不确定的危险情况（如飞行中失去动力）时如何应对，有时会造成灾难性的后果。

错误导致的后果也不总是攸关生死，但大部分都性质严重，如未能满足客户的质量要求，超过预测的提案成本等。这些都是没有正确执行任务导致的严重后果。

第四，某些工作任务在行为层面上可能没有一套规定的已知行为，但这些行为也可以形成独特的行为集合。也就是说，人们采取的行为可能是个性化的。事实上，对专家行为的研究表明，这些人花在思考问题上的时间比在行为上的时间要多得多。因此，关键事件法还常常用来确定隐藏在行为背后的思考所遵循的原则，而不一定只是行为本身。

使用关键事件法

使用关键事件法非常简单。粗略地说，这一技术似乎只是要求某些人讲述自身的经历，然后记录好他们所说的内容即可。因此，很多研究都声称使用了关键事件法，但仔细观察后，人们不禁要问，这种技术究竟是如何使用的，结果又是如何得出的。显然，关键事件法所涉及的内容远远超过了单纯的访谈。事实上，获得关键事件并不是使用该技术的最终目标。无论何种情况下，使用关键事件法都是为了从一系列事件中获得更深层次的意义和洞见。

下面总结了使用关键事件法来分析工作任务的流程。此处提醒一下，这一流程是一个大型工作分析流程的一部分，通过对这一流程的反思，可以发现其中的数个决策关键点。

1. 计划使用关键事件法

在计划使用关键事件法时，最重要的是明确具体的任务是什么，以及明确如何使用分析所得的信息。了解这些信息对于以后构建访谈的提示问题至关重要。

如上所述，关键事件法最适合用于分析基于知识的任务。可以说，关键事件法是认知任务分析的一个例子。以下是一些适合关键事件法的任务的例子。

- 解决库存中缺失零件的位置问题。
- 向管理层介绍每周的销售总额。
- 对一名下属员工进行绩效评估。

2. 选择业务主题专家

在使用关键事件法时，选择业务主题专家是一个特别重要的因素。

在大多数情况下，业务主题专家的角色是相对于其他员工的经验水平来说的。在某些情况下，有些人虽然被认为是业务主题专家，但实际上，他们只在该岗位上工作过几个月。所以，这些人很可能是有经验的员工，但实际上不是专家。

相比之下，关键事件法要求业务主题专家在工作任务方面有丰富的经验，无论是在时间长度上还是在参与深度上。重要的是要记住，选择业务主题专家时不仅要基于其对工作任务的了解程度，还要考虑其对工作的反思能力及基于经验讲故事的能力。只有当业务主题专家有丰富的经验时才能做到有故事可讲。比起其他的工作分析技术，关键事件法更加看重这方面的因素。

在大多数情况下，我们很难就业务主题专家的数量提出建议。最重要的一点是，要有足够多的业务主题专家，提供足够多的事件，以供后续分析。根据经验，大多数业务主题专家通常可以提供六到八个事件。业务主题专家的数量将影响后续生成的预期事件数量。关于理想的事件数量同样没有既定的规则。这个数字通常取决于业务主题专家的参与度和事后的分析程度。从实践经验上看，原则上，事件数量应该是能代表工作任务不同完成方式的关键事件的总数量。如果需要一个准确的数字，根据经验，关键事件的最低数量可能是36个。

大多数关于定性研究方法的文献中都提到过，当主题完全重叠时，会出现饱和的情况，这时候增加更多的反馈者也不一定有用。此外，还有一个"循环"概念，即相同的事件会重新出现。总体来说，如果可能的话，我们应该访谈10~12个业务主题专家。同样，在这方面没有规定，只有一般原则。较少的业务主题专家可能也足够，但这取决于他们的经验是否丰富，他们是否可以从中生成关键事件。业务主题专家的数量可以被看作使用关键事件法的一个有限因素。大多数使用关键事件法的分析本身不是研究，所以首要目标是信息的相关性，而不是方法的严谨性。

3. 收集关键事件

收集关键事件是使用这种方法的核心。访谈可以对业务主题专家小组进行，类似于焦点小组的设置，也可以一对一地进行。在实践中，一对一的访谈更受欢迎，因为这样可让个人在不被他人评论干扰的情况下提供自身经验。另外，小团体中可能会产生一种更温馨的气氛，这有助于唤起业务主题专家对过往的记忆。在访谈之前，我们有必要告知业务主题专家访谈的目的，并建议他们在实际访谈之前，先思考提示问题。例如，我们可以提前将下面的提示问题发给业务主题专家。

我们需要您的意见，为未来的管理者制订一个培训计划，内容是如何向下属提供业绩反馈。我们需要您参与两到三次会议，总共需要大约三个小时的时间。为做好会议准备，我们希望您反思你向员工提供工作表现反馈的经历，想一想您记忆中最突出的具体环节。我们将特别询问这些情况，不管会议的结果是好的，还是不那么好的。我们对这两种情况都感兴趣。提前感谢您抽出时间来参加访谈。

访谈开始时的提示问题特别重要，因为它确立了兴趣的界限。在实践中，我们建议分析员一开始就帮助业务主题专家对所分析的情况产生一个心理暗示。这对于减少对分析重点的任何混淆都是很重要的。在某些情况下，可以播放一个视频来加强对情况的理解。分析员可以利用这些视频作为跳板，回忆与这种情况有关的具体事件。例如，可以建议使用以下语句。

我想让您想一想，您在哪些情况下向下属提供了关于他们工作表现的反馈。作为一名经理，我知道您已经做过很多次。您还记得您最后一次进行这样的会议是什么时候吗？告诉我那个情况。根据您的所有经验，回想一下您向下属提供反馈的所有时间，您能告诉我在这些会议中的一些情况吗？

在实践中，大多数业务主题专家一开始都很难想到具体的故事，很可能需要分析员进行一些探究。一些业务主题专家甚至一开始就表示，他们真的想不出什么特别的情况，但往往在想起第一个故事之后，他们就能想起更多。让业务主题专家讲故事有点像使用一个老式水泵——你知道他们的表面下藏着信息，只需要唤醒业务主题专家的一部分记忆，其他的信息就随之而来了。通常我们会得到比业务主题专家最初的设想中更多的故事。

在整个访谈过程中，分析员应该对业务主题专家所说的内容进行记录。可以对访谈进行适当的录音，但只有在得到业务主题专家允许后才能进行。录音可以丰富事件的背景，如果不录音的话，我们可能会缺少相关信息。访谈结束后，分析员可以开始编辑和整理收集到的事件。编辑是为了删除不相干的信息，而不是影响或改变故事本身的内容。

格式化呈现事件，因为所有的事件都应该具有平行结构。从某种意义上来说，通过指定事件的格式，分析员将人为结构强加给事件，有可能忽略业务主题专家发言的自发性。

格式化为分析员提供了一个收集信息的模板，以提醒分析员应该收集哪些信息，以及应该在哪些方面探寻更多的信息。格式化还能确保分析结果的可靠性，因为分析的故事或多或少都有相同的结构。在实践中，收集关键事件时的格式包括以下四个部分：

- 背景。这些信息是关于事件的背景的。事件发生在哪里？后续行为发生在什么样的场合？是否有问题需要解决？需要做出的决定是什么？需要遵循的程序是什么？还有谁参与其中？还有哪些信息可以加深对情况的理解？背景是下一步回应的准备工作。

- 回应。这些信息是对业务主题专家对背景的理解、想法和行为的丰富描述。这些信息是令关键事件区别于其他事件，被视为"重要"且令业务主题专家印象深刻的原因。

- 结果。这些信息是业务主题专家对背景做出回应后所发生的事情。结果可以从不同的角度来汇报。业务主题专家如何看待相关结果？其他人如何看待相关结果？

● 反思。格式的最后一部分，通常整合在结果中，但也可独立列出。这些信息是在得到相应结果后，随着时间的过去和额外的审视，业务主题专家的感受和思考。

以下是一个包含四部分格式的关键事件举例：

作为区域经理，我安排了与每个商店经理的月度绩效审查，我事先了解到这些会议可能进行得不会那么顺利。我们提高了大件家具的销售目标，只有少数的商店达成了目标。当我与商店经理见面时，我格外小心，尽量理解他们的处境，因为我知道，当我们讨论他们为什么没有达成销售目标时，他们中的很多人会立即采取防御措施。我很高兴那次我采取了柔和的方法，因为我后来了解到这其中有部分原因跟我们的广告传单和延迟交货有关。后来，一些商店经理也说，他们害怕跟我开会，但他们表示非常欣赏我的会议方式。这确实缓解了紧张的气氛。

如前所述，使用标准格式有助于指导分析员，使其更容易在下一阶段对关键事件进行必要的分析。值得重申的是，有时在收集关键事件方面存在困难，分析员要确保业务主题专家专注于讲述故事，并在对方讲述故事的时候收集自己需要的所有信息。关键事件法的目的是获取真实的故事，而不是记录分析员自己对事件的看法或意见。

4. 从事件中推导出基本行为

如前所述，事件本身并不是关键事件法的最终的理想产出。事件只是原始数据，我们可以从中获得更深层次的意义和洞见。因此，关键事件表面下的信息才是对分析最有价值的。在工作分析的背景下，关键事件法被用来推导出存在于任务陈述中的潜在行为。

诚然，对关键事件进行集体分析以寻找其深层含义或组成部分并不是一个非常精确的过程。一些分析员更喜欢使用定性数据分析的计算机软件程序，特别是在有大量事件需要分析的时候。大多数软件程序都具有将词频列表、某种程度的文本解释、类似想法集的编码和视觉映射功能。这些功能通常用于第一阶段的组成部分识别。

根据经验，此处行之有效的方法仍然是归纳法——分析员简单地阅读和审查每个事件，开始了解事件中的特定信息，然后看看该事件中的内容与其他事件的内容之间是否有联系。分析员审查事件，然后确认其他相似事件，从中逐渐形成初步的事件分组。这就要求分析员即兴提出假设，并说明不同事件内容之间的相似点。

以这种方式进行分析，可能需要将每个事件写在或印在3英寸×5英寸（约8厘米×13厘米）的索引卡上，并将卡片摊开在地板或大桌面上，或者贴在墙上。这样一来，分析员就可以很容易地审查每一个事件，然后将这些事件移到临时分组中。每个分组都应该有足够数量的事件，以便呈现完整的分析及思考。每个分组中的事件数量应该是差不多的。

为了达成某种共识，最好有一个以上的分析员参与这一过程。分析员可以一起工作，也可以单独工作。当一起工作时，分析员可以在分析过程中讨论事件的含义，并寻求共同点。当单独工作时，分析员可以在各自完成自己的分组后，比较各自的事件分组方式，随后就此展开讨论，达成某种程度上的共识。

从实践来看，分析员一起或单独审查事件似乎并不重要。事实上，当一起进行分析时，分析员能有更多的机会讨论并明确彼此对事件的看法。此外，一旦完成事件分组，分析员就要邀请一个或多个业务主题专家来审查事件的分组，并确认分组的意义和合理性。最后也是最重要的一点，我们要通过相对可靠的方式来提取有意义的信息，因此所有信息都需要锚定相应的事件。

一旦分组得到了完善，即每一个分组看起来都很完整，并且与其他分组相互排斥，分析员就可以生成一个标签或主题，代表事件分组的本质。如前所述，从工作分析的角度来看，分配标签就类似于分析一个工作任务中的个人行为组成部分。除了标签的分配，每个分组也应该在操作上加以定义，即对标签的具体意义增加一个说明。

下面的例子显示了从本章前面介绍的任务分析中得出的任务组成部分和操作定义的标签。

任务名称：教练商店经理，指导他们如何提高商店的财务业绩。

任务组成部分：

A. 遵循教练的流程。在教练过程中，区域经理应遵循一个流程，指导他们如何教练商店经理。

B. 注意商店经理的反应。在教练过程中，区域经理应注意来自商店经理的口头和非口头信息。

C. 在恰当的环境中开会。区域经理应确定有利于教练商店经理的会议地点。

D. 用数据来支持评论。区域经理应注意根据实际的财务数据来支持所有的评论，而不是根据自身看法或道听途说。

E. 教练后提供后续服务。在教练结束后，区域经理应向商店经理发送后续信息，说明讨论的内容和需要采取行动的项目。

根据以上信息，我们要基于任务组成要素来制定标准化的教练流程，供管理者使用。通过对关键事件的分析，我们可以得出五个任务组成要素，这些要素可形成标准化教练流程，还将成为未来管理培训项目的培训内容。

5. 编写最终报告

使用关键事件法的最后阶段是准备最终报告。根据经验，首先应该准备一个草案，并由各利益攸关者，包括业务主题专家、高级管理层和人力资源部门等进行审查。根据经验，最终报告应包括以下部分：

- 标题页。

- 执行摘要。
- 业务问题的简要说明。
- 简要描述如何收集关键事件。
- 关键事件的代表性样例。
- 结果介绍，包括任务说明、任务的行为部分和操作定义。
- 关于如何收集信息的说明。

作者总结

自20世纪50年代引入关键事件法以来，这一技术得到了研究人员和从业人员的广泛关注。它具有足够的灵活性，可用于多种不同的目的。从工作分析的角度来看，关键事件法是用于分析基于知识的工作任务组成要素的一种可靠方法。第一章已经深入讨论了知识型任务，其指的是员工在行动前需要思考的工作单元。关键事件法可能不适合分析所有的知识型任务。但这一技术提供的信息与其他的工作分析技术提供的信息很不一样。

延伸思考

1. 你是否理解关键事件法的独特之处，它要求分析员识别故事或事件，而非业务主题专家的意见？

2. 关键事件法的重点在于收集关键事件并识别事件的共性。你以前是否尝试过从一组信息中推导出相关信息，在这个过程中你遇到了哪些问题？

3. 利用关键事件法来分析你现在或过去完成过的工作任务，这么做是否合适？

4. 你认为与业务主题专家进行关键事件访谈，促使他们从过往经验中回忆一些关键事件的相关细节有多难?

5. 你知道关键事件法与对业务主题专家进行结构化访谈之间的区别吗? 你将如何继续促使业务主题专家记起过去的事件?

参考文献

Jacobs, R. L. (1986). Use of the critical incident technique to analyze the interpersonal skill requirements of supervisors. *Journal of Industrial Teacher Education,23*(2), 56–61.

第十章

工作流程分析

当下，也许再也没有比工作流程更能影响管理实践的理论了。管理者现在敏锐地意识到，真正决定组织运行模式的就是工作流程。正如第一章所述，工作流程被定义为随着时间的推移而发生的一系列人类行为和基于技术的事件，这些事件往往跨越职能界限，涉及不同的人群，能够将投入转化为产出。

质量管理主题的研究者和作者在20世纪70年代末80年代初首次开始讨论工作流程的重要性。例如，高德拉特和考克斯（2004）的《目标》一书非常受欢迎，通过引人入胜的故事，介绍了工作流程的基本原则。

人力资源开发文献中对工作流程的研究主要来自吉尔里·拉姆勒和艾伦·布拉奇的《绩效改进：消除管理组织图中的空白地带》一书。该书于1990年首次出版，随后在1995年和2012年进行了修订。简而言之，该书提出应将组织视为复杂系统，所有组织都有三个系统层次：组织、流程和工作执行者。每一个层次都可以通过其目标、设计和管理来理解。由此产生的变量可组合成一个九宫格，现在常被人力资源开发专家和管理者用来规划组织系统和诊断绩效问题。

这九个单元的核心关注点就是工作流程。作者指出，工作流程是组织中最容易出现绩效问题，但也是最能改进组织绩效的方面。因此，如果人力资源部门的专家真的希望提高组织绩效，而不是简单地对此给予支持，就应该对这个方面有更严谨的认识。

在实践中，本书有助于把人力资源开发的实践推动到一个更具战略性的主动状态，而不是传统上的被动状态。即便如此，很多人力资源开发专家仍然怀疑是否应把工作流程作为其工作实践中的一部分，因为他们想要把更多的精力放在设计和提供培训项目上。而且，乍一看，比起人力资源开发或人力资源部门，大多数时候组织中的质量或工程部门的部门经理会更关心工作流程。无论如何，很多人力资源部门的专家现在已经面临着类似的挑战，因此也需要扩大相应的工作范畴。

值得注意的是，快速浏览相关文献后，我们会发现人力资源开发文献中对"流程"一词存在很多不同的用法。在提到绩效改进流程、学员学习流程和培训设计流程时，我们都使用了流程。为了确保清晰和避免混淆，本章将使用"工作流程"这一更完整的术语。如上所述，工作流程是一系列可产出实际结果的工作事件。

工作流程

如前所述，工作流程的重点是员工及组织内各职能部门如何完成一系列工作事件。也就是说，重点在于理解如何通过协调不同的工作事件来取得业务结果，此处不仅仅包括员工个人的工作行为。由于工作流程涉及不止一个人、一个小组或一个职能部门，组织中几乎所有人都是多个工作流程中的一部分，因此每个人都为实现预期的结果做出了贡献，而贡献的方式是制造我们所谓的生产量。生产量是工作流程中出现的结果，不是流程结束时最后的产出。

我们可以通过工作流程的名称，来描述工作流程的内容，以进一步理解其含义。例如，以下是不同组织中存在的工作流程的名称。

- 分布式物流订单执行流程（一家向企业客户运送工业零件的公司）。
- 病人入院信息收集流程（一家医疗诊所）。
- 门店财务业绩审查流程（一家区域性零售连锁店）。
- 企业客户宽带服务销售流程（一家为企业而非普通居民提供宽带服务的公司）。
- 电信网络设计流程（一家制造和建设大型电信系统的公司）。
- 管理培训生选拔流程（一家全球性会计师事务所的一项人力资源流程）。

以上的每项说明都描述了某些特定组织内的重要工作流程。当然，这些组织中也存在很多其他的工作流程。本章后面将讨论如何识别和撰写这种工作流程名称。从逻辑上讲，人们可以设想一群人担任各自的职责，共同为实现所列举的每个工作流程的预期结果做出贡献。对于很多在全球经济中竞争的组织来说，理解和记录工作流程已经变得至关重要。那么，组织是如何认识到工作流程重要性的呢？

要回答这个问题，我们要了解大多数组织在过去几十年中经历的变化。早在20世纪70年代，质量管理文献中开始提出了对工作流程的重视。在美国，很多人逐渐发现自身的产品和服务在全球市场上没有竞争力。在过去的几十年里，如果只是说美国的企业和行业在管理实践方面成功进行了一场广泛的革命，以提高自身竞争力，这样的形容就太过轻描淡写了。

此处我们也许可以通过一个案例更好地理解组织在一段时间内面临的挑战。1980年是被很多人视为决定美国公司能否生存下去的关键年份，当时，有意购买紧凑型前轮驱动汽车的消费者可能会考虑购买本田思域或雪佛兰Citation。

那时候，尽管本田的品牌知名度相比雪佛兰要低，但消费者被思域的可爱造型所吸引。有些人俏皮地说思域看起来像网球鞋，此外，他们还盛赞这款汽车优秀的装配和加工质量、整体可靠性评级和汽油里程数。那一年本田思域的销售量相对较好，达到了14万辆。很多人认为这款车的市场前景很好，因为在消费者对这个新品牌还不熟悉的情况下，他们仍取得了不错的销售量。直到今天，本田思域仍然是本田的一款成功车型，在全球各地均有销售，而且因为该车型的几项改动零件实际上是由美国俄亥俄州中部的一个大型制造厂组装的，所以今天的本田思域仍然有70%的零件是美国制造的。

雪佛兰Citation在最开始时销售前景也很不错，但遗憾的是它最后的结局令人失望。尽管在当时是新推出的型号，雪佛兰Citation在1980年还是成为当年最畅销的汽车型号，销售量超过80万辆。在当时持续的石油危机背景下，很多消费者正在寻找一款小型汽车，这样的销售量无疑是一个成功的信号。然而，由于持续的质量问题和为解决工程和设计缺陷而进行的反复召回，1983年，雪佛兰Citation的销售量降至10万辆以下。到1985年，销售量甚至进一步下降，通用汽车的高管团队最终决定停止生产该车型。今天，几乎没有人记得雪佛兰曾经在1980年推出过一个名为Citation的很有前途的车型，也不清楚它后来在市场上的命运。尽管曾经风光一时，但最终未能取得成功。

某个汽车型号在市场上取得成功或失败的原因有很多。现在回想起来，质量显然是消费者的一个重要考虑因素，比单纯的成本更重要。Citation是一款比Civic稍大的汽车，销售价格低了1000多美元，这在当时是一笔不小的开支。思域满足了新兴的年轻专业人士的需求，他们认识到了质量和价值之间的长期关系。

该案例研究说明，要想在全球市场上具有竞争力，意味着美国的管理实践必须发生巨大变化。事实上，当时的管理实践，特别是美国的管理实践，不可能实现当时全球经济的三个关键目标，这些目标在今天仍然很重要：大批量生产、高质量和低成本。

同时，实现这些目标被很多管理者认为是几乎不可能的。质量管理文献中的诸多研究者和著名作者中包括爱德华兹·戴明（Demings，1986）、约瑟夫·朱兰（Joran，1992）、阿曼德·费根鲍姆（Feigenbaum，1991）和菲利浦·克劳士比（Crosby，1980）等人。

基于由日本工业工程师在1945年引入的丰田生产方式原则，每个人都对哪些管理实践是最关键的、哪些是最应该被改变的有着不同的看法（Liker & Meier，2006）。然而，所有参与质量运动的管理者都关注的一点是工作的安排，或组织中使用的工作流程。从这些管理者的工作中诞生了"流程管理"一词，即以工作流程而不是职能领域为重点进行管理，以及"流程改进"一词，即寻求改善工作流程的方法。现在，无可争议的是，工作流程已经成为大多数组织绩效改进的核心。

其他的背景信息可能也有助于理解这一点。在20世纪80年代，大多数组织都是在所谓的推动式生产系统的基础上安排工作的。也就是说，在安排工作时，强调的是大批量，根据市场对客户的需求进行估计，尽可能地多生产或多交付产品或服务，希望产品或服务能在正确的时间进入市场，让消费者满意。这种方法多年来运行良好，包括雪佛兰Citation的构思和生产方式也是这样的。也就是说，这种方法一直在发挥作用，直到消费者开始注意到其他一些品牌的汽车质量问题较少，价格也差不多。

与推动式生产系统相反的观点被称为拉动式生产系统。拉动式生产系统要求生产对市场的持续变化更加敏感。这种观点认为客户是善变的，组织应该根据消费者的需求对这些变化做出反应，同时在整个过程中保持高水平的质量。拉动式生产系统降低了成本，是因为消除了与推动式生产系统相关的很多浪费，并规定无论出现什么质量问题都应立即解决，避免了产品组装后的返工成本。

当时在日本生产的1980年款本田思域，基本上是采用拉动式生产系统进行设计和组装的，因此其质量和可靠性等级相对较高。本田思域在价格方面无法与Citation竞争，但它在综合价值方面很出色。

对于大多数美国企业来说，向拉动式生产系统转变需要对组织资源进行大规模调整，包括生产方式和服务方式。例如，在生产环境中，不能再将相同的设备组合在一起，如直接将所有的冲压机摆放成圆形，或整体排成一列。反之，需要将设备按照所谓的子装配线排列好，让一个员工团队合作生产出完整的产品，而不是批量复制某一个零部件。同样，在服务交付时，也不能再将类似的工作职位大量安排在一起，与其他内部客户划分开，如单独组成审计员团队。

所有规模的组织和行业现在都在使用从拉动式生产系统中衍生出来的质量管理原则。事实上，从中已经形成了一种常用的管理实践的技术，该技术几乎成为全球管理者的共同语言，并且似乎是唯一可能实现全球经济竞争中必需的三个关键目标的方法。

如前所述，质量管理原则的成功实施取决于对工作流程是否重视。今天，大多数组织都在有组织、有计划地提升自身质量。这往往需要组织系统地分析当前的工作流程，减少流程中的浪费和低效，且常常需要借助员工的帮助来识别流程中存在的问题，解决相关问题。今天，大多数组织记录工作流程都是为后续某些绩效改进提供信息支持。

分析和改进工作流程曾经被认为是制造或生产部门最感兴趣的活动。现在，工作流程已成为组织所有部门普遍关注的对象。例如，当一家金融服务公司向寻求商业贷款的客户快速提供反馈时，这种常见的情形就是在考验金融服务公司经理对精简工作流程重要性的理解，这样做很可能会带来竞争优势。而且，很多医疗服务组织，如医院和诊所，一直是这些原则最积极的采用者。

工作流程的类型

到目前为止，这一章前面的内容为理解工作流程的重要性提供了背景介绍。在实践中，每个组织都可能有很多不同的工作流程，在日常工作中甚至跨越了组织的职能边界。这些工作流程可能并不总是完全可见的，但存在于所有组织中。事实上，只有当重要的环节没有按计划进行时，这种流程的存在才会变得明显。然后，每个人都会意识到有些环节根本就没有做，或者在这个流程中某些环节做得还不够好。很多公司已经吸取了这个教训，他们在产品离开组织之前就支付了返工的费用，或者在产品进入市场之后就支付了召回的费用，以防不测。如何才能使组织中的所有工作流程变得合理呢？

表10.1总结了组织中经常发生的四种工作流程，并提供了从分析员的角度对每种工作流程的理解。了解每种工作流程及其含义有助于分析员了解工作流程的基本结构和分析工作流程时要注意的点。

表 10.1 工作流程的类型

类型	定义	分析建议
专有工作流程	专门支持组织内产品生产或服务交付的工作流程。这些工作流程能令组织区别于其他组织	分析员最好对相关流程的内容并不熟悉。但分析员要充分意识到所有工作流程都会遵循一些基本的活动模块，如输入、过程、输出，并以之指导对流程的分析
通用工作流程	很多组织中都会出现的工作流程，如销售、营销、合同签订和采购等。尽管这些工作流程发生在不同的组织，但在逻辑上有很多共同点	每个组织都可能具有一些独特的通用工作流程。此时，分析员应该从上一个通用工作流程中吸取经验，以其基本结构作为分析其他通用工作流程的指导
支持性工作流程	支持组织持续运作的工作流程，如人才的招聘、选拔、雇用甚至培训。同样，这些工作流程也发生在不同的组织，但基本不变，只有少部分调整	分析员应该从上一个支持性工作流程中吸取经验，从而了解支持性工作流程一般有哪些内容，并总结其基本结构。支持性工作流程一般是最容易分析的

类型	定义	分析建议
管理性工作流程	通常是最不明显的工作流程，但涉及规划、决策和管理。在这些工作流程中可能需要很多人相互合作，成为团队，才能实现最后的结果	管理性工作流程主要是明确某一人群是如何处理信息和利用信息的。有时，因为突发情况，管理性工作流程很难分析。但是，所有管理性工作都会遵循一套基本的阶段性工作流程

专有工作流程

从逻辑上讲，每个组织都有很多专门支持该组织使命的工作流程。也就是说，这些工作流程使得生产产品和提供服务成为可能，而这些产品和服务是本组织所特有的。这些工作流程使本组织有别于其他组织，而且往往是大多数绩效改进工作的重点。很多专有工作流程在性质上可能被认为是专有的，因为它们是组织知识产权的一部分，应该对其保密。

组织通常由很多专有工作流程组成，这些流程因组织的性质不同而不同。例如，电子制造公司的具体工作流程与IT服务咨询公司的工作流程在逻辑上就有所不同。每个组织的工作流程都是为了实现各自的任务。电子制造公司的工作流程产出了完整的产品，即电路板。IT服务咨询公司的工作流程的产出是向客户提供服务，即解决客户需求的IT服务。乍一看，这个例子中的两个工作流程似乎没有什么共同之处。然而，经过仔细研究，这两个专门工作流程至少有一个共同特征。

所有工作流程都有一个基于输入、过程和输出的系统理论要素的基本结构。也就是说，无论工作流程的内容如何，所有的工作流程都遵循这个基本的活动弧线：在工作流程开始时有一系列行动作为输入，然后为工作流程中的活动提供信息，在工作流程结束时产生结果。

有经验的分析员开始认识到这种基本结构的存在，在分析具体工作流程，特别是专有工作流程时，他们会牢记这一结构。分析员通常是不熟悉具体内容的，但他们对工作流程基本结构的理解几乎能在任何情况下帮助他们找到一个方便的起点，无论他们要分析什么。在这种情况下，如果是熟悉内容的分析员，那么对于他们来说没有任何专有工作流程是独特的。

通用工作流程

通用工作流程意味着很多组织存在着相同的活动，如那些在销售、营销、签约、采购和其他类似组织职能中的活动。从逻辑上讲，与这些职能相关的工作流程的性质在不同的组织中会有一定程度的不同。例如，家具零售店使用的销售流程与电信公司使用的销售流程有明显的不同，但这两个工作流程有充足的相似性，分析员有可能从中找出最基本的工作流程。

最常用的通用工作流程之一是客户服务。从事这项服务的组织数不胜数，从软件公司提供IT支持到天然气公司协助解决客户每月账单上存在的问题。虽然服务的性质不同，但善于观察的分析员会发现提供客户服务的工作流程的相似之处，从最初的问候到问题的识别，再到问题的解决。显然，在不同的情况下，一个工作流程中的信息向另一个工作流程转移的程度是不同的。但是，先分析组织的通用工作流程，可能有助于启动对其他组织类似流程的分析。

支持性工作流程

支持性工作流程同样出现在大多数组织中，其目的是维持组织的持续运作。支持性工作流程的例子包括招聘、选拔、雇用，甚至培训项目的设计和交付。

支持性工作流程通常是所有组织中最基本、最重要的活动。此类活动与产品生产或服务交付无关，但对组织运行来说至关重要。同样，各组织的支持性工作流程可能会有差异。但是，这些流程之间存在着充足的相似性，有利于分析员进行观察。例如，每个组织都会招聘新员工，所以大多数组织所使用的招聘工作流程在很多方面会很相似。或者，培训设计过程在总体上可能是相同的，但根据项目的预期性质——技术性或管理性的不同会有所不同。从逻辑上讲，基于组织不同的要求，组织的支持性工作流程一定存在差异。但是，分析员对某项工作流程的体验，如人才招聘或人才选拔的工作流程，往往能够为其后续的分析项目带来某种程度上的认知和启发。

管理性工作流程

与其他类型相比，管理性工作流程是最不明显的，因此，它们经常被忽视。事实上，很多分析员可能根本不认为它们是工作流程，因为它们与其他工作流程大不相同。在实践中，管理性工作流程往往更像管理者之间的会议或具体人员之间的讨论。然而，当人们为了制定规划、解决问题或做出决策，以及其他基于团体的活动而聚集在一起时，管理性工作流程是确实存在的。管理性工作流程代表了团体将采取什么行动来实现预期的结果。

管理性工作流程与通用工作流程类似，在所有组织中均会发生。只是现在，这种以目标为导向的团体活动会被认为是一种正式的工作流程，而且事实上应该对这种工作流程的组成部分进行分析。也许，最常见的管理性工作流程是当组织从事战略规划活动或制定指导性总体规划时。

这里介绍的四种工作流程总结自我自己的亲身经历。其他分析员可能会总结出不同的工作流程类型。无论如何，识别工作流程类型的基本目的是揭露流程的本质，令工作流程分析更加高效、更加有效，即令工作流程分析的耗时更少，准确性更高。分析员可基于过往经验和当下的新情况进行总结和归纳。

工作流程分析的步骤

本节介绍在人力资源开发实践中工作流程分析的步骤。如前所述，在大多数情况下，工作流程分析的目的是开展一些计划好的绩效改进活动。这些活动在组织中被称为纠正行动小组、绩效改进会议，甚至作为有组织的Kaizen活动的一部分。Kaizen在日语中意为"改善"，指一种特定的改进方法，现被全球很多组织采用。Kaizen的目的是持续地进行渐进式的改进，并要求大量员工参与。在Kaizen活动中，员工会检查某个具体问题，如为什么某个地区有异常高的产品缺陷率或交付延期现象，然后审查并找出如何改进业务结果的工作流程。

对单一工作流程进行分析是更广泛的工作流程分析中的一个子部分。下面总结了工作流程分析的每个步骤。

1. 确定工作流程的名称

工作流程分析中最重要的步骤就是第一步——确定工作流程到底是什么。确定工作流程的名称意味着我们要对工作流程进行详细的说明和定义，且要经过慎重思考。一个工作流程的说明应该包括四点：

- 工作流程的背景或焦点。
- 最能描述工作流程的持续活动的行为动词。
- 将工作流程与其他类似工作流程区分开的修饰词。
- 在结尾处使用"流程"一词，以澄清说明中描述的是一个工作流程，而不是一个任务或职责。

说明的措辞要慎重，包含以上这四点。很多时候，如果分析员没有在前面明确给出名称，利益攸关者就不可能清楚理解分析的焦点。通过工作流程的名称，我们可以界定工作流程的边界，明确流程的起点、终点及结果。

例如，请参考以下工作流程的名称：

- 应届毕业工程师技术销售招聘流程。
- 小企业IT光纤网络设计流程。
- 子装配生产区产品缺陷问题的解决流程。

这些工作流程名称都来自不同的组织，且都包含了我们提到的四点要素。在仔细审查这些名称后，我们能从中看出流程的产出结果：一份为技术销售招聘的应届毕业工程师名单，一份介绍小企业网络设计的文件，以及某个子装配生产区不再出现产品缺陷问题。重要的是，在名称和说明中要明确指出工作流程的结果。

对工作流程的另一种看法是，工作流程都是在组织的内部开始和结束的，这也是大部分人对工作流程的认知。然而，我们发现现在有更复杂的情况，工作流程的起点可能是组织外部的供应商，终点则是组织外部的客户。例如，专项供应商产品仓库补货流程。这句话表明，该流程实际上是从供应商采取行动开始，以组织仓库中得到补货产品结束的。工作流程延伸到组织外的情况已经越来越普遍了。

2. 确定工作流程分析的呈现形式

工作流程至少可以通过三种形式来呈现。我们需要根据后续如何应用相关信息来决定使用哪一种呈现形式。

文字。图10.1和图10.2中显示了最常见的工作流程呈现形式。在图10.1中，工作流程是通过文字描述的，形成了步骤清单。图10.2是培训手册中的一页。在文字形式中，信息是以详细的、按顺序排列的形式呈现的。应该注意的是，步骤的呈现也有推荐使用的形式。也就是说，鉴于工作流程涉及从供应商到客户的交接，每个步骤都应尽可能地按照同样的形式来写。

1. 客户向客户服务代表下订单。

2. 客户服务代表在客户信息系统中输入订单。

3. 客户服务代表检查订单信息是否准确。

4. 客户信息系统确定哪些物品是否有库存。

5. 客户服务代表通知客户库存状况。

   对于库存不足的物品：

   （1）客户服务代表通知客户。

   （2）客户服务代表向供应商发出补货订单。

   对于有库存的物品，进入下一步。

6. 客户服务代表与客户信息系统确认订单。

7. 客户信息系统将订单信息发送给会计员。

8. 客户信息系统将订单信息发送给发货员。

9. 客户信息系统从库存中扣除订单物品。

10. 发货员从仓库提取订单。

11. 发货员将订单打包。

12. 发货员对照订单信息，检查物品信息。

13. 发货员检查物品包装，确保打包符合要求。

图 10.1   分布式物流订单执行流程

　　每个步骤都从命名供应商或发起行动的人开始，接着是描述行为动词，然后是谁来接收这些行动的结果。这种方法看起来很复杂，但在完成后，最终的文件中可呈现出非常清晰的流程，也更容易为人理解。同样，我们的目标是在呈现信息时清晰和简单，但又不失内容的复杂性。

　　泳道图。图10.3呈现了一个管理性工作流程。泳道图没有文本的明显细节，但提供了工作流程的整体概览，显示了工作流程在不同时间和不同职能领域的各种行动。"泳道图"这一术语在质量管理文献中被普遍采用，是体现工作流程跨越正式职能边界的一种视觉说明方法。这样的边界类似于人们在游泳池中经常见到的浮动绳索。这个样例结合了步骤清单和泳道图。

?	如 DSR 不理解这一工作流程会发生什么? (不理解销售订单的意思是,不遵守相关流程会带来严重问题。)
?	会对整个系统造成什么影响? (失去客户。)
?	会对客户造成什么影响? (不再购买有线电视服务。)

某些系统使用的销售订单处理流程的具体步骤可能略有不同,一般情况下,所有系统都遵照以下步骤:

(培训师需要检查每个步骤。)

销售订单处理流程

1. DSR 帮助客户完成销售订单填写。
2. DSR 将销售订单发给销售管理员。
3. 销售管理员检查销售订单:
   - 确保订单信息正确。
   - 确认客户的位置是否可安装相关服务。
   - 如需要,查询客户的信用度。
   - 记录特殊的安装要求。
4. 销售管理员根据 DSR 向客户收取的费用出具收据。
5. 销售管理员将销售订单发给客户服务代表。
6. 客户服务代表为客户创建 / 重启账户。
7. 呼叫中心代表(或自动呼叫)联系客户,确认次日安装。
8. 安装主管将订单发给安装工人。
9. 安装工人到客户家安装有线电视。
10. 客户在安装单及设备负责协议上签名。
11. 安装工人将安装单及客户同意书发给客户服务代表。
12. 客户服务代表录入完整的订单信息。
13. 客户获得 Wamer 有线电视服务。

(学员需要填写学员手册第 92~93 页中的销售订单处理流程。)

图 10.2 客户销售订单处理流程

财务管理流程

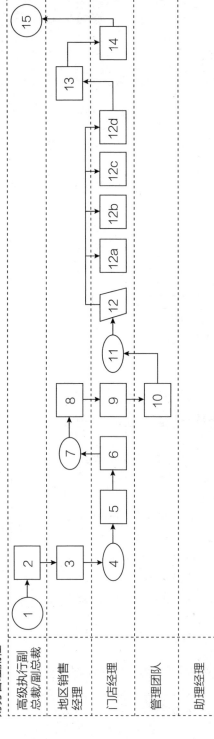

1. 公司制定年财务目标

2. 高级执行副总裁／副总裁将财务目标发给地区销售经理

3. 地区销售经理将财务目标发给门店经理

4. 门店经理查看财务目标

5. 门店经理修改财务目标

6. 门店经理将经修改的财务目标提交至地区销售经理审核

7. 地区销售经理查看修改的财务目标

8. 地区销售经理将经修改的财务目标提交至高级执行副总裁／副总裁审核

9. 门店经理收到管理团队提供的月预算及财务目标

10. 管理团队通知销售办公室、仓库相关预算及财务目标

11. 门店经理检查日报告或周报告，确定门店是否能达成财务目标，具体参考以下指标：

● 销售额
● 薪资预算
● 月利润
● 客流量
● 可控支出

12. 门店经理解决相关问题，达成财务目标

12a. 调整工作安排

12b. 使用最佳实践

12c. 关键任务辅导

12d. 调整库存

13. 地方销售经理对门店经理进行月度审核

14. 门店经理告知管理团队目前月财务目标的达成情况

15. 高级执行副总裁／副总裁将财务损益表发送给门店经理

图 10.3　泳道图步骤样例

在实践中，由于其可视化强，泳道图对于想确定当前工作流程中绩效问题（如瓶颈或浪费行为）的小团队来说特别有用。然后，团队可据此重新安排、增加或删除某些步骤，最终生成能取得理想成果的代表性工作流程步骤。通常我们会先撰写文本，确保所有信息是完整的之后，再将信息转变为泳道图。

视觉呈现。 如图10.4所示，视觉呈现提供的细节最少，但它往往最吸引人，也最容易理解。视觉呈现可以显示为简单的线图，也可以显示为有更多细节的复杂视觉图。视觉呈现在工作流程的总结方面很有用，即在整体意义上实际发生了什么，并能提供足够的解释信息。图10.4中的例子通过箭头显示了在工作区生产一个零件的流程，从显示器的左上角开始，有一块未成形的金属片，然后以U形前进，直到完成的零件从左下角退出工作流程。

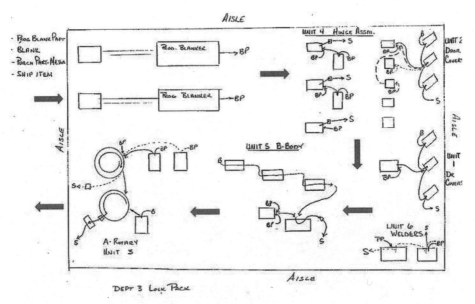

图 10.4　油箱门生产流程视觉呈现样例

视觉呈现常被用于新员工入职培训，在培训中，员工能通过这种呈现来初步体验工作区域。本书的以下部分包括讨论如何将视觉呈现作为结构化在岗培训计划的一部分，或者作为业绩指南供参考。

3. 进行工作流程分析

工作流程分析在很多方面与岗位分析或职业分析很相似。分析员确定信息的来源（很可能是对工作分析有贡献的个人），以及收集信息的方法（很可能是通过小组访谈、个人访谈或观察）。

很多分析员感兴趣的是工作流程分析时可能使用的推荐符号。在实践中，图10.5介绍了这些符号及其各自的含义，这在制定泳道图时特别有用。这些符号可对应以下要素：行动，决策，解决问题，检验、修改、调整，自动输入。

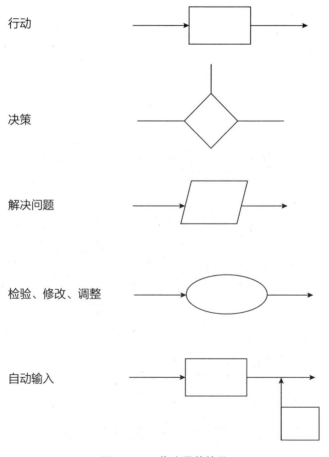

图 10.5　工作流程的符号

值得注意的是，现在很多工作流程都会吸收从工作流程之外的行动中自动输入的信息，这些通常来自信息技术提供的信息，我们将之作为工作流程分析中的自动输入。此外，工作流程分析的箭头表示关系的方向，即步骤的起点和步骤的终点。换种说法，就是：哪一方来提供，哪一方来接收。

4. 使用工作流程分析产出的信息

如前所述，工作流程分析常常被视作绩效改进流程的一部分，这可能是由人力资源开发专家、经理或质量人员促成的。记录工作流程分析的意义在于回顾当前的情况，并确定如何最好地解决一个反复出现的、阻碍实现预期结果的问题。

因此，工作流程分析往往旨在征求他人对于工作流程改进措施的建议，或者寻求他人对工作方式变更计划的反馈。以下是审查工作流程分析时经常涉及的一些问题。

- 返工——人们必须在工作流程结束时纠正一些东西。
- 错误——在工作流程中的某些点上出现的错误。
- 瓶颈——在工作流程的特定部分出现的工作堆积。
- 差异——工作流程中不同小组之间的差异，工作流程的周期。
- 闲置——由于工作流程中某些工作没有正常开展而造成停工。
- 客户投诉——对产出错误的反馈。
- 员工抱怨——对工作方式的反馈。
- 冲突——小组、主管、轮班之间的分歧。

例如，一家骨科设备制造商的客户对某些定制产品的周转时间表示担忧。对当前工作流程的分析表明，有些产品需要送到其他的地点来完成其中的一个关键定制步骤。这个步骤导致产品的生产时间至少增加了一个星期，因此延长了病人收到加急产品所需的时间。

因此，团队成员决定在当前设施内建立一个产品加急定制站，这样一来就能根据需要快速执行本来要在另一个地点进行的关键定制步骤。为了确保每个人都能理解理想工作流程的意义，人力资源开发专家帮助团队成员制定了理想工作流程。这个工作流程分析中有一个决策点，用来决定该产品是否需要加急处理，或者可送至另外地点的工厂加工。理想工作流程中的每一步都被清晰地记录下来，并报给了管理层和质量人员，征求他们的意见和批准。

作者总结

本章指出工作流程现在已经成为很多人力资源开发专家的关注点。此外，本章还介绍了工作流程分析的相关知识和技能。在组织中，很多人力资源开发实践经常与质量改进相脱节。人力资源开发专家虽然宣称绩效改进是他们的目标之一，但在实践中，他们常常只是有限地参与那些对绩效结果有巨大影响的活动。正如本章所讨论的，这一问题的一部分原因在于，很多人力资源开发专家并不了解工作流程，也不具备对工作流程进行分析的能力。

更多参与组织的质量改进工作似乎是很多人力资源开发专家的一个理想目标。在实践中，从人力资源开发专家的角度来看待工作流程，往往比从工业工程师甚至质量人员的角度更能满足组织的需要。从人力资源开发专家的角度来看待工作流程有助于组织自始至终牢记获取相关信息的目的和用途。人力资源开发实践往往能有效地连接终端用户的视角。

延伸思考

1. 你是否思考过把理解工作流程视为自身的一项工作职责？
2. 工作流程与执行其中某个任务的人员之间有什么关系？

3. 你能识别你当前所在的组织或过去服务的组织所使用的工作流程的类型吗？你认为这些工作流程是否符合本章给出的定义？

4. 你认为工作流程的呈现形式中哪一种能最好地为利益攸关者改进其工作流程提供帮助？

5. 你是否赞同"在实施绩效改进过程中工作流程是组织最需要重点关注的方面"这一观点？

参考文献

Crosby, P. (1980). *Quality is free: The art of making quality certain.* New York: Signet.

Demings, W. E. (1986). *Out of the crisis.* Boston: Massachusetts Institute of Technology, Center for Advanced Engineering Study.

Feigenbaum, A. V. (1991). *Total quality control* (3rd ed.). New York: McGraw-Hill.

Goldratt, E. M., & Cox, J. (2004). *The goal.* New York: Routledge.

Juran, M. (1992). *Juran on quality by design: The new steps for planning quality into goods and services.* New York: The Free Press.

Liker, J. K., & Meier, D. (2006). *The Toyota way fieldbook: A practical guide for implementing Toyota's 4Ps.* New York: McGraw-Hill.

第十一章

能力

接下来的两章将分别介绍能力以及如何进行能力分析，能力分析是主要用于诊断及呈现能力的工作分析技术。能力包含的信息量较多，因此本书分成两章来介绍，以便更充分全面地探讨与这一概念有关的各个主题。读者应该注意的是，接下来的内容与前几章的内容在理念上会有较大区别。

前面介绍工作分析技术的所有章节都专注于解决工作分析的第一个问题：人们在做什么样的工作？也就是说，那些工作分析技术的重点在工作本身，而非完成工作的人。对工作进行分析适用于大量的组织场景，也是人力资源开发工作分析实践时主要的应用场景。

我们现在需要解决的是工作分析的第二个问题：工作出色的人有哪些特质？了解员工在工作情境中的特质有着越来越多的意义。首先，这个问题与组织的长远战略规划紧密相关，关系到我们判断什么类型的人才才是组织未来最需要的。由于现在很多组织变化的速度越来越快，除了要求员工具备某些岗位需要的知识和技能，世界各地大多数管理者还开始问一些非常基本的执行工作的人的特质的问题。因此，对人的特质进行分析，即能力分析也逐渐成为工作分析时的一个重要方面。

如第一章中所述，工作分析的两个基本问题都有着非常重要的意义，而与大多数讨论工作分析这一主题的著作不同，本书希望把这两方的视角结合起来。因为组织的需要，所以人力资源开发专家必须掌握一系列工作分析技术的知识和技能，其中就包括解决这两个基本问题的相关技术。我们也发现，企业内部越来越多的人力资源开发专家可能使用"人才发展管理者"或"人才管理管理者"这样的头衔，其实这也是企业关注个人特质的表现。

要明确的一点是，我们应该始终在特定岗位的背景下考量"能力"，而非脱离背景单纯考虑个人的特质。现在流行的一些测评和诊断工具，如克利夫顿优势识别器（Buckingham & Clifton，2001）等，都是一些个人性格特质的诊断工具，此类工具诊断的特质一般不以特定的岗位或组织环境为背景。因此，这些工具在工作分析中的价值比较有限，更适合供人们为某些个人原因来获取相关信息。

在"能力"的持续争议中，有一个问题是如何准确地定义"能力"，特别是我们还发现"胜任力"一词在很多文献中的含义不尽相同。有些文献对此比较包容，认为"胜任力"应当包含与某一岗位相关的所有知识和技能。也有些文献认为"胜任力"和"能力"的含义都是一样的。还有些文献把"能力"与"组织核心竞争力"画等号。除此之外，有些文献则将"能力本位教学"一词与"能力"联系起来。

此处我想澄清一下，本书所说的"能力"指的是成功胜任某一特定工作岗位的个人具备的特质。能力不应该通过工作分析来确定，而应该通过能力分析来确定，后续将在下一章（第十二章）讨论能力分析。岗位分析和能力分析的结果是完全不同的。

能力与胜任力的含义并不相同，尽管对很多人来说，它们似乎很相似，甚至是一样的。事实上，能力是指一个人在某一特定领域的相对能力水平，例如，这个人是新手、能手、有经验的能手、专家或大师（Jacobs，2003）。应该注意，能力和胜任力这两个词不会被错误地认为是同义词。

能力不应该与普拉哈拉德和哈默尔（1990）最初提出的组织的核心能力相混淆。核心能力是指组织在不断发展和创新其产品和服务时可用的多种资源。事实上，一个组织甚至可以将其员工的专业知识和技能作为一种核心能力。基于能力的教学与能力这一术语的理论视角完全不同，后者最初来自掌握学习理论，具有行为理论视角。简而言之，基于能力的教学要求培训目标、培训内容和培训评估的一致性。

在人力资源开发的文献中，有很多关于如何定义其众多术语的不同观点，而能力这个术语无疑是一个最好的例子，人们可以在其中找到非常多的定义。遗憾的是，文献中提出的很多定义都没有考虑到该术语更广泛的背景。例如，定义一个术语在逻辑上如何与其他术语的定义相匹配。很多时候，定义都是孤立于相关术语而提出的。下面两章对能力的定义，可能比其他作者提出的定义更窄。如前所述，如果一个术语的定义没有与相关术语保持一致，而且没有一个明确的、具体的实践参照物来支持其拟议的含义，那么定义这个术语就没有什么意义。

能力的背景

表11.1简要总结了工作分析的两个主要组成部分之间的重点差异：对工作的关注和对完成工作的人的关注。该总结显示，关注人是指那些被认为是在特定岗位中取得成功的关键特质，如个性特质。能力主要用于组织中的专业、管理和执行层面的个人。岗位是个人为组织进行贡献的方式。例如，担任管理岗位的人通常通过监督和指导他人的工作来做出贡献。担任此类角色的人实际上有不同的工作头衔和责任领域，如营销

管理者、信息技术服务管理者、客户服务管理者等。岗位是对从事类似工作的人员要承担的广泛责任的理解。

表 11.1 工作分析的两个主要组成部分的对比

	关注工作	关注完成工作的人
目标	记录工作行为及其他信息	确定出色完成工作的人所具备的个性和特质
假设	如果了解工作，就能设计出让任何人学了都能掌握相关知识并取得工作成果的培训项目	如果了解最适合某些工作的人是什么样的，就能帮助人们培养相关方面的特质，从而获得成功
背景	起源于工业时代对工作任务和流程的记录，基于工业心理学发展而来，拥有较长历史	在近期兴起的，基于人格心理学发展而来，更关注员工成功所需的特质

现在，鉴于知识型工作的出现，了解人的能力至关重要。如前所述，工作持续朝着更复杂的方向变化，这就要求组织做好准备，系统地应对变化，确保员工拥有高水平的知识和技能来完成自身工作。这一要求本身也不是静态的，会随着工作的变化而变化。事实上，从长远来看，拥有特定领域的知识和技能可能不如拥有成功完成工作的特点重要。

能力最早出现在20世纪60年代的管理文献中，从那时起，学术界和大众对能力的兴趣以及能力的重要性都在不断增加。能力的出现主要是因为人们对过度依赖智力测试来选择管理者和执行者这一现象的担忧，当时工作分析的重点过于局限，无法提供关于最佳管理者和执行者的有用信息。一些对工作环境感兴趣的学者开始思考，是否应该把关注的重点从工作本身转移到员工个体及其特质上。

这些心理学家中最突出的一位是著名的心理学教授大卫·麦克利兰。1963年，麦克利兰成立了麦克伯咨询公司，旨在将他关于人格和动机的想法付诸实践。在当时的学者中，连接研究与实际应用是一种独特的现象。麦克利兰负责提出了能力的原始概念，他将其定义为一个人在特定工作、角色、文化或组织中表现出的所有特质。

从麦克利兰的角度来看，能力可以从广泛的来源中习得，包括个人的知识和技能、动机以及人格特质。人格特质似乎是能力的主要组成部分。他不想让能力看起来与本书之前提到过的职责过于相似。相反，他认为能力是定义个人生活的，而非其所做工作的。

1973年，麦克利兰发表了一篇特别有影响力的文章《测试能力，别测试"智力"》。在这篇文章中，他以强烈的措辞表达了他对通过智商测试进行人才选拔这一措施的失望之情。他在文章中略带隐喻地指出，如果你要雇用一个负责挖沟的人，那么他的智商是90还是110并不重要，最重要的是，他会不会用铁锹。这篇文章提出了关于人的表现的观点，即使在今天也应该被认为是人力资源开发领域的基本原则的一部分，并且与托马斯·吉尔伯特（2007）一起，对该领域概念的研究带来了重大影响。

在他最后发表的研究文章中，麦克利兰（1998）提出了一项名为"通过行为事件访谈识别能力"的研究。在这篇继续影响能力文献的文章中，麦克利兰报告了使用行为事件访谈法（他从关键事件法中改编而来）来识别12种管理能力。在进行这项研究时，麦克利兰特意使用了行为事件访谈法，对个别管理者进行访谈，以揭示每个管理者在从事每项能力时的想法、感受和行动，而不考虑手头的任务。

后来，麦克利兰早年间的同事、凯斯西储大学教授理查德·博亚特兹在他重要的一本书（《有能力的管理者》）中进一步完善了能力的概念。（1982年）博亚特兹对来自12个组织的2000名管理者进行了一项惊人的大规模研究，旨在找出管理者的基本能力。

博亚特兹提出，既然能力是人的基本架构，既然这些架构被视为能力，那么，如果有适当的发展机会，个人可能会获得与之相关的行为，这似乎是合乎逻辑的。博亚特兹提出了一些管理者的个人特质：

- 团队导向。

- 对他人敏感。

- 建立信任。

这些构架共同构成了一个能力模型。麦克利兰和其他对能力感兴趣的心理学家都以人格心理学为其研究的基础，但如前所述，人格特质可能只是构成能力的方面之一。一般来说，人格心理学是心理学的一个分支，它既研究人与人之间的差异，也研究人与人之间的相同之处。人格可以被定义为，影响人们在各种生活环境中如何思考、行动、反应和感受的内在特质。人格也影响着人们对自己的看法，或他们的自我认知。人格心理学的出现是由于人们需要更系统地了解自己这个独特的个体。

毋庸置疑，自古以来，对人格的理解一直让科学家、艺术家、作家和普通人着迷。在艺术领域，也许没有比16世纪初的著名剧作家威廉·莎士比亚更有洞察力的人了，他对变幻莫测的人格有着深刻的见解。历史上还有谁比莎士比亚在1605年创作的悲剧《李尔王》更清晰地呈现出一个人陷入疯狂的原因吗？

很早以来，管理者也一直感到困惑。我们可以想象，在中世纪的时候，贸易大师们在试图衡量一个求学的年轻学徒的潜力时面对的窘境。肯定有不少师傅提出了以下问题：我怎么知道这个人是否能够最终成为行业大师？与今天的管理者类似，工匠大师有兴趣找到不仅能学习手艺，而且能继承手艺所代表的文化的学徒。否则，对新手的投资将是对资源的浪费。

目前存在几种人格心理学的理论观点，包括精神分析、行为主义、社会认知和人本主义。每种观点都以不同的方式促进了我们对人及其行为的理解。与能力最相关的是来自人格心理学的特质理论视角。

高尔顿·奥尔波特被认为是人格特质识别领域的先驱者，他开创性的工作一直影响着我们对能力的理解（Allport，1968）。作为20世纪初期和中期哈佛大学的教员，奥尔波特的研究方向与另一位对特质感兴趣的著名的格式塔心理学家西格蒙德·弗洛伊德不同。总体来说，弗洛伊德试图通过与个人的密切接触来了解他们的特质，他可能从中揭示出他们过去经历的意义，以此来解释他们今天的行为。

相反，奥尔波特更注重识别那些当下存在的特质，这些特质可能普遍适用于几乎所有的人。从这个角度出发，奥尔波特专注的是识别那些在我们的一生中或多或少都会存在的人格特质的类型。奥尔波特与其同事一同确定了人的个性中包含的三类特质。

首要特质是一个人可能拥有的最广泛的一组特质，它们倾向于主导和塑造一个人在生活的大部分方面的基本行为。奥尔波特用"首要"一词来表示这些特质是一个人的最主要的特质。事实上，首要特质经常被认为是人的特质中最核心的部分。

首要特质在一个人的一生中不可能有太大的变化，这可能是因为某个有影响力的人或者早期教育带来的结果，可能还需要在后天得到充分的发挥和表现。首要特质是一个人之所以作为人的基本构成中的一部分。例如，一个孩子经过他母亲的不断教导，学会了诚实。然后，孩子开始将这个特质在后天发挥出来，直到青春期和成年期，然后将它概括为更广泛的成熟观点。在这方面，诚实可以被认为是一个核心人格特质的例子。

核心特质与首要特质不同，它是奥尔波特理论中所有人类都拥有的特质。核心特质在本质上也是广泛的，但与首要特质相比，核心特质在指导人们的日常行为方面更为直接。从某些方面来说，核心特质构成了一个人个性的基础，可以被他人观察到。例如，核心特质的一些例子包括诚实、善于交际、坚忍不拔和焦虑等。核心特质可能在某种程度上与首要特质重叠，但核心特质最常被用来描述一个人给他人带来的整体观感，更加全面。例如，我们可以说某个人是诚实的、友好的或善良的。

　　奥尔波特认为，人们通常拥有5~10个核心特质。一个人身上存在的特质的数量以及这些特质可以被测量的程度因人而异。考虑一下，如何用一个人格量表来要求很多人对自己的社交能力进行评分，从总是社交到很少社交。

　　最后，奥尔波特确定了次要特质，这些特质只有在某些情况下才会出现，例如，当一个人表示喜欢做某种行为时。从日常意义上讲，次要特质是经常出现在别人面前的最明显的特质，尽管它们在有些情况下可能并不总是一致。例如，有些人在游览游乐园时喜欢坐过山车，并特意寻找这种刺激的体验，而有些人对过山车感到恐惧，完全避免这种体验。所以寻求刺激可能被认为是一个次要特质，这需要视环境而定。

　　同样，一个组织的管理者可能被认为具有自我导向的次要特质，因为他在没有被告知的情况下，自己解决了一个麻烦的质量状况。但是，在另一个需要注意的问题情况下，该管理者可能不会从事同样的自我导向的问题解决行为。次要特质似乎比首要特质或核心特质更依赖于环境的影响。

　　次要特质对于理解能力尤为重要，因为它们似乎是奥尔波特所确定的人格特质中最具可塑性和可改变性的特质。也就是说，次要特质可能会在一些系统性的干预措施的基础上得到发展或增强。如果次要特质对组织和岗位有价值的话，是否可以设计一个培训项目或人才发展项目来提高自我指导能力？

　　奥尔波特提出的关于人格类型的讨论，提供了理解能力的大背景。如前所述，奥尔波特的观点似乎比较适合用来理解能力，因为它确定了一种与能力或多或少相匹配的特质类型。在理解奥尔波特的工作时，至少有三个问题需要考虑。

　　第一，尽管奥尔波特的理论有很大的影响力，并且符合我们的逻辑，但他的研究并没有根据经验进行验证。也就是说，他没有进行过任何研究来证实这一特质结构是有效的。这些都是他的推论。因此，在能力应用时，我们应该谨慎地确定能力是否真的如预期的那样以次级特质为基础。如何明确阐述各种特质，并将这些信息嵌入当下的工作环境中，似乎是一个持续存在的问题。

第二，与前述问题相关的是一个基本问题，即次要特质是否可以在个人身上得到改变或发展。一些观察家简单地认为，人们是什么样的就是什么样的，外界因素无法影响他们的个性本质。假设至少有一些人格特质是可以改变的，这就意味着能力是可以被人使用的。

第三，奥尔波特和很多近期的作者并没有完全区分特质和状态，前者被认为是稳定的，后者则被认为是过渡性的。对于那些对能力衡量和评价感兴趣的人来说，稳定性是一个关键问题。他们会问：如果特质是动态变化的，那我们应该如何去测量和评价？

在实践中，能力的意义在于，因为可被学习和改变，稳定性可能达不到预期。因此，相比之下，组织对个人性格特质的概念更感兴趣。例如，迈尔斯·布里格斯人格类型量表（MBTI，Myers，1995），一项很多组织会使用的知名人格类型量表，通常在心理学家卡尔·荣格的工作基础上该量表能帮助员工在判断自身人格类型属于16种组合中的哪一种或哪几种。像这样的工具主要是用来帮助个人更好地了解自己。

总之，能力的出现是源于人们想更多地了解完成工作的人，而不是工作本身。能力似乎提供了更多关于哪类人在特定工作环境中最成功的洞察力，这些信息对组织来说是非常有益的。对很多组织来说，能力也包括人格构造和其他相关的个人特质。能力的重要性引发了这样一个问题：对于组织的成功来说，哪种能力更重要——员工是应该简单地拥有完成工作的知识和技能，还是应该拥有适当的性格和特质？问题的每一方的支持者都可以从自己的角度提出令人信服的论点。如前所述，本书的观点基于社会和组织的实际需要。没有理由一定要重视问题的一方而不是另一方，因为根据要解决的问题，每一方都可能是合适的。

能力的应用

在实践中，现在很多组织会出于不同的原因去使用能力的相关信息，包括招聘和选拔、晋升、绩效管理、人力资源规划和员工发展。

招聘和选拔

在招聘信息中涵盖能力需求信息，这些信息是工作要求的一部分。这样可确保组织招聘的新员工具备其未来岗位所需的性格特质。

晋升

确定个人是否具备更高级岗位所需的能力。由此，组织可以将能力作为潜在的人才考核指标，个人也可以通过习得相关能力来为未来的晋升做准备。

绩效管理

将习得相关能力确立为个人的目标。个人可以确定获得能力的方式，并将其作为个人发展计划的一部分。

人力资源规划

确定未来可能需要员工具备的能力。组织可以将能力作为战略规划的一部分。

员工发展

设计项目，帮助员工习得相关能力。组织令员工习得相关能力成为可能，员工也可以在想要改善自身当前工作或希望未来得到晋升机会时参与相关项目，这是能力发展的本质，可用于构建员工岗位胜任项目。

从逻辑上讲，人力资源部门专家应负责主导能力发展项目设计。正如第十七章所说，这些项目通常更注重体验式学习活动、反思和反馈，以此来促进变革。在实践中，这些员工发展项目的挑战是如何将最合适的体验式学习活动与能力进行匹配。

这种项目的内容不是固定的。相反，项目中通常会给出一系列具有挑战性的情境，学员需要自行应对，这一过程会被其他人观察。在活动结束后，观察者会提供结构化反馈。

因此，习得能力基本上来自提升对能力的认知，他人对挑战情境中学员表现的反馈，学员对能力给自身带来意义的反思，以及最后学员做出改变的承诺。

今天，相当多的作者持续关注能力，因为能力与具体岗位息息相关，如人力资源（如Ulrich，Younger & Brockbank，2012），特别是领导力（如Donahue，2018）。关于领导力相关能力的书籍和文章继续在组织中引起广泛关注。

此外，全球有大量管理咨询公司以提供能力集或能力库的形式为企业客户提供振奋人心的服务，客户可以从能力库中选择出最匹配其实际情况的能力。这些管理咨询公司还提供进一步的服务，帮助客户从操作上定义能力，并在客户组织的背景下描述行为指标。

随着对能力的分类，能力的应用情境正在逐步扩大。例如，现在的组织经常会进行能力诊断。通用能力一般适用于组织中几乎所有级别的主管、管理者和执行级别的员工。例如：

a. 成就导向

b. 分析性思维

c. 概念性思维

d. 客户服务导向

e. 发展他人

f. 灵活性

g. 影响他人

h. 寻求信息

i. 自我指导

j. 对他人敏感

领导力通常只适用于那些担任指导他人工作的员工，例如：

a. 分析问题的情况

b. 决策

c. 管理执行

d. 适应新情况

职能能力通常适用于组织中担任特定岗位角色的员工，例如：

a. 业务流程知识

b. 系统思考

c. 管理变革

d. 劳动法

e. 源头质量

f. 安全法规

即使是对这些清单进行最粗略的审查，也会发现现在的能力通常包括个性特质（成就导向）、知识和技能领域（项目管理）以及重要信息集（安全法规）的混合。难怪能力的含义——最初主要是指基于个性特质的能力，让很多管理者和人力资源开发专家感到困惑。

在实践中，现在组织中使用的很多所谓的能力可以被解释为代表性职责，甚至是工作的先决条件。在最初的想法中，麦克利兰试图在提出能力概念时令其具有包容性。这种包容性使得后来的作者对这个概念进行了越来越多的补充，以至于能力的界限变得特别模糊，任何特定的能力在另一种情况下都可能被视为一种工作职责或任务。正是由于这个原因，在这次讨论中，能力的含义保持了相对狭窄的范围。

最著名的早期案例之一是马自达汽车公司在1985年对能力的应用。当时，马自达决定与福特一起在密歇根州的弗拉特罗克开设一家新工厂，该工厂位于福特的密歇根铸造中心所在地。这家新工厂将从1987年开始生产两款中型汽车，这两款汽车被称为马自达626和福特探界者。

马自达认为，在实施新的工作方法的背景下，企业不能在不了解员工及其能力的情况下直接从现有的劳动力中去雇用员工。新的工作方法要求员工具有团队合作精神，而不是像过去那样独立完成工作任务。因此，马自达对新工厂的工作和任务进行了大量分析，明确了新工厂工作所需的员工能力，其中最突出的就是团队合作能力。

因此，马自达实施了一系列角色扮演练习和文件筐测试，以确定求职者是否具备某些特定能力。在员工参与这些活动时，会有人观察他们并进行评分，公司最后在雇用时会参考这些信息。

该案例是第一个展示如何在一线员工而不是管理者身上运用能力分析的案例。值得注意的是，福特和马自达之间合资创建的这家工厂一直持续到2012年。后来，福特接管了该工厂，并进行了重大改装。该工厂后来用于生产福特Fusion。

作者总结

读者可能没有意识到理解能力的另一个突出方面，那就是，根据能力可以生成某一特定岗位中最成功或最高效员工的行为模型。前几章介绍了如何分析具体工作岗位，对应的分析重心是记录最佳实践的工作内容，但最佳实践通常发生在具体的人身上，而这个人拥有的知识和技能正好是学员学习的起点。

如下一章将讨论的，这种差异对如何识别和描述能力有实际意义。很多组织正是因为对自身组织环境中哪些是有效行为并不确定，从而导致对外部信息来源的依赖，并且始终坚信这些外部信息来源能够转化并融入自身组织环境中。

延伸思考

1. 能力分析可以解决工作分析中的第二个组成部分带来的问题。你是否同意理解完成工作的人的特质而非工作本身也有助于我们分析工作呢?

2. 你是否认为确实存在某些特质,这些特质能令拥有它们的人比没有它们的人工作得更加出色?

3. 你认为个性特质可以通过员工发展计划来改变吗?

4. 很多组织投入了大量的资源来确定其组织所需要的能力。你认为这种投资是明智的吗? 这样做是否能帮助组织提高生产力、降低离职率,并帮助员工获得可晋升的机会?

5. 从你自己的工作经验来看,你能否识别你的同事有哪些特质上的差异? 你是否觉得这些差异会影响他们的工作效率?

参考文献

Allport, G. W. (1968). *The person in psychology.* Boston: Beacon Press.

Boyatzis, R. (1982). *The competent manager: A model for effective performance.* New York: John Wiley.

Buckingham, M., & Clifton, D. O. (2001). *Now discover your strengths.* New York: The Free Press.

Donahue, D. E. (2018). *Building leadership competence: A competency-based approach to building leadership ability.* State College, PA: Centrestar Learning.

Gilbert, T. (2007). *Human competence: Engineering worthy performance.* San Francisco, CA: Pfeiffer.

Jacobs, R. L. (2003). *Structured on-the-job training: Unleashing employee expertise in the workplace*. San Francisco, CA: Berrett-Koehler Publishers.

McClellan, D. (1998). Identifying competencies with behavioral-events interviews. *Psychological Science, 9*(5), 331–338.

Myers, I. B. (1995). *Gifts differing: Understanding personality type*. Mountain View, CA: Davies-Black Publishing.

Prahalad, C. K., & Hamel, G. (1990). The core competence of the organization. *Harvard Business Review, 68*(3), 79–91.

Ulrich, D., Younger, J., Brockbank, W., & Ulrich, M. (2012, July). HR talent and the new HR competencies. *Strategic HR Review, 11*(4), 217–222.

第十二章

能力分析

　　本章将讨论如何进行能力分析。重点是利用能力分析来确定哪些能力对胜任某一岗位的工作最关键，然后据此开发一个能力模型，详细描述所确定的能力。能力模型包括每个能力的操作定义、行为指标，并能够呈现不同能力之间的关系。能力模型是能力分析的结果。能力分析也可用于确定整个组织的核心能力或特定职能的能力，但这些通常需要不同的分析过程。

　　大多数人力资源开发专家在能力分析方面的经验很有限。即便如此，很多人力资源开发专家现在已经越来越多地参与到组织的人才管理计划中，其中能力起到了关键的促进作用。人才管理通常涉及一系列广泛活动的协调，包括招聘、选拔、发展和晋升（Arp，2014）。在很多情况下，管理者意识到这样一系列活动需要对组织的使命宣言进行批判性的分析，从而制订与组织的劳动力管理有关的详细计划。毋庸置疑，人才管理已经成为决定很多组织的战略性人力资源政策的主要影响因素。

如前所述，能力起到了关键的促进作用，因为它们几乎为所有与人才管理有关的活动提供了基础。

很多人力资源管理部门的专业人员可能对能力有一定的认识，但是否有实际进行能力分析的经验则是另外一回事了。由于能力分析的复杂性，很多组织只能从咨询公司获取这项服务。鉴于很多组织对能力的持续关注，人力资源开发部门的专业人员有必要掌握实际使用这种工作分析技术的知识和技能。至少对这一过程有所了解，往往能使个人为组织做出与众不同的潜在贡献。

毫不奇怪的是，"能力分析"这个词本身也被用来表示与人力资源开发实践有关的其他含义。例如，一些参考文献用能力分析来指在组织范围内确定关键岗位当前和未来必备知识和技能差距的做法。通过这样的方式，能力分析似乎接近于培训需求评估的过程。同样，本书所使用的术语在其他地方可能有多种含义，但这里所介绍的含义力求在所介绍的其他术语之间以及在人力资源开发实践的背景下做到逻辑通顺、前后一致。

能力分析中的问题

很多管理者被能力的应用所吸引，因为他们觉得能力分析背后的理论令人信服。正如第十一章所介绍的那样，能力可以用来实现一些不同的目的，其中最突出的是将其作为员工发展项目设计的基础，使员工能够习得与相关岗位所需能力对应的特质。人们认为，一旦个人具备了这些特征，他们在工作中就会更加成功，从而提高组织的效率。

从逻辑上讲，在能力使用之前，无论目的是什么，都必须首先确定和了解这些能力。在能力分析的过程中，总会出现一些事先预料到的问题。否则，使用能力的有效性将在很大程度上受到阻碍。有很多组织在进行能力分析时投入了大量的资源，但后来才发现有一些东西阻碍了能力的使用，而这些东西本来是可以避免的。下面介绍了在进行能力分析时经常出现的四个值得关注的问题。

高层管理者的参与

能力是以某一岗位的成功员工的特质为基础而提炼的。显然，这些人应该参与到能力分析流程中，如果他们在组织中确实存在的话。让广泛的利益攸关者参与到能力分析流程中，是确保成功的关键。但是，到底谁是利益攸关者？他们是否只是直接参与能力分析流程的个人，例如，在岗位中作为业务主题专家的成功员工？他们是岗位员工的直接管理者吗？

与其他工作分析技术相比，能力分析更需要广泛的利益攸关者的承诺和参与，特别是组织的高层管理者。让高层管理者参与其中尤为关键，原因有两个。第一，由于能力是从组织战略的角度出发的，高层管理者将能够提供他们对能力的看法，同时牢记组织的使命和愿景。第二，从实际意义上讲，以后使用能力需要分配资源，高层管理者应该参与到使用能力的决策中。

在实践中，这意味着人力资源开发专家应该准备好与高层管理者进行一对一的访谈，如公司办公室的人力资源副总裁、待分析岗位所在职能部门的主管，甚至公司总裁。在识别和描述能力时，应加入高层管理者的意见。如前所述，其他的工作分析技术都不需要达到这种程度的高层管理者参与。经验表明，即使从高层管理者得到的信息不一定与从其他渠道收集到的信息有区别，但仅仅是他们参与了这一过程这个事实就能帮助我们更容易获取他们后续对相关问题的反馈和支持。

与使命宣言的关系

在确定一个岗位的能力时，利益攸关者往往会忽略组织的使命宣言。也就是说，利益攸关者会选择那些看起来符合他们自己对岗位看法的能力，而不考虑其他因素。在某些情况下，他们所选择的能力实际上会与组织的使命宣言不一致或不能完全支持组织的使命宣言。

例如，一家相对较大的区域性银行试图分析其零售部门分行经理具有的能力。这些能力被认为有助于识别那些有资格从高级出纳员晋升为助理经理，以及从助理经理晋升为零售经理的人才。对银行来说，个人的晋升是一个关键的决定。这些能力也将被用来指导其内部企业大学的未来的人才培养工作。

为了应对市场竞争压力，银行的高层管理者决定修改其使命宣言，以此来加强对客户服务重要性的强调。担任各分行经理职务的员工敏锐地意识到了客户服务的重要性，因为他们每天都在与客户打交道。因此，之前分析中总结出的一项能力，即客户导向，现在被认为未能充分强调使命中所要求的那种客户服务的重要性。

因此，这项能力被重新命名为"服务客户"，并且同步对其操作定义和行为指标进行了修改。该案例不仅说明了能力需要反映出组织的使命宣言，而且需要确保所有高层管理者都参与到了这个过程中。

与岗位工作期望的关系

还有一项最常见的难题可能是协调能力与具体岗位工作期望之间的关系。由于能力通常是基于具体岗位来梳理的，工作期望可能在某些方面与能力有所冲突。在实践中，当人们意识到这两组信息之间脱节时，能力的有效性就会立刻受到质疑。

例如，一家大型IT咨询公司试图分析其全球客户服务项目经理的能力。这样一来，该公司就可以将相关能力作为识别潜在项目经理的指标，以便未来员工的发展和晋升。其中一项能力是对他人保持敏感，这通常被认为是很多管理岗位都需要具备的能力。

对于某些项目经理来说，在承担巨大压力下，为客户完成项目里程碑是其岗位工作期望中的一部分，但同时，他们又被要求具备一种特质，即对他人保持敏感。显然，这项能力与项目经理的工作期望之间就出现了脱节的情况。对他人保持敏感是管理者值得称赞的特质之一。但是，在软件设计和开发的咨询公司所处的动荡商业环境中，项目经理有时需要与后台软件工程师进行有力且重点明确的探讨，而这时候，对他人保持敏感往往不如完成项目更重要。这也难怪在参加员工发展项目时，一些项目经理对此提出了质疑：他们如何在既定的预算内实现具有挑战性的项目目标，又能表现出对他人保持敏感的特质？

对变化的期望

如前所述，很多组织花费了大量的资源来识别和使用能力。通常情况下，在首次员工发展项目后，组织会有一种成功完成整个周期的满足感。接下来发生的事情往往让很多管理者和人力资源开发专家感到困惑，即尽管第一个周期取得了成功，但岗位或组织的某些方面意外地发生了变化，影响了对能力特质的要求。

当然，根据第一次项目实施的反馈意见来修改员工发展项目非常正常。这里指的是当组织的某些方面发生了变化，例如，合并或收购、创建新的文化、修改组织任务、新的客户需求、新的产品或服务、修改工作要求、改变工作方法，这时，我们就会对当初梳理好的能力有所质疑。因为能力对组织的变化特别敏感。

问题不在于对变化的恐惧，因为在今天不确定的环境中，这种变化是不可避免的。相反，问题在于如何管理变化的期望，并在能力分析时牢记这一点，而不是按部就班地推动项目，暗中期待这些能力要求能维持很长一段时间。如何避免只聚焦于某一组能力，转而灵活地考量能力未来的变化，是很多人力资源开发专家需要重视的问题。问题的一部分是，很多组织依靠咨询公司的服务来提供能力供组织使用，而没有同时向客户组织提供关于如何自己进行必要改变的知识和技能。而且，变化发生的时候往往没有任何预先警示。

例如，一家中等规模的地区银行正在通过能力培养来帮助所有管理者发展自身能力。然后，正如金融服务行业常见的那样，该银行被一家更大的区域性银行收购，后者有自己的一套能力标准和培养管理者的方法。

事实上，很多投入使用的能力模型需要进行大量的修改。例如，被收购的小银行希望其管理者具有企业家的特质，提升其响应客户需求的能力。据了解，这家银行的管理者甚至在营业时间结束之后还为客户提供服务。例如，为即将出发去海外出差的老客户在海外能正常使用信用卡提供支持。一旦这家小银行被收购，管理者现在更有义务遵循既定的规则和政策，因此，响应客户需求的定义和行为锚点在其含义上已经变得大不相同。

在分析和使用能力方面，有很多潜在的问题。根据经验，前面讨论的四个问题往往可以提前预知。总而言之，这些问题集中在参与、与其他信息集的关系、预期变化的发生以及能够对其做出反应。

能力分析流程

如前所述，在能力分析时，很多组织只是决定与专门从事这一领域工作的外部咨询公司签订合同，然后按照咨询公司建议的流程开展项目。咨询公司通常会根据他们在其他组织的经验和文献，收集大量的能力数据库。有些人把这个数据库称为能力词典或能力库。

由于很多岗位在根本上的相似性，能力被认为是最具有跨组织环境的可转移性的事物。例如，中层管理者的能力很可能是相同的，但我们能预想到来自不同行业的不同企业的中层管理者之间会存在一些差异。然而，这些人的工作方式还有很多共同之处。咨询公司提供的信息可能被认为是专有的，客户只有在获得许可的情况下才会使用。

　　请外部咨询公司进行能力分析有这么做的益处，特别是在提高整个项目的效率上。如前所述，外部咨询公司通常有一套既定的能力库，否则就需要在组织中产生。客户组织能够审查该能力库，并选择那些看起来最适合客户组织使用的能力。

　　不完全依赖外部咨询公司来做能力分析也有益处，组织应该在内部至少对部分能力进行分析。首先，对组织来说，参与能力分析流程本身就有价值。能力分析流程要求对组织的性质和最适合在其中工作的个人类型提出基本问题。尽管可能是无意义的，但能力分析往往会给利益攸关者带来思考和讨论的时间，因为他们开始意识到能力是组织的反映。很少有管理者有时间以这种方式来思考组织。

　　此外，正如之前所讨论的，在组织内部进行至少部分能力分析也会提高组织的能力，这在信息更新时可能很重要，而信息更新是不可避免的。在不对外部咨询公司提出批评的情况下，大多数外部咨询公司会坚持由自己来开展项目，而且不一定愿意把他们的知识和技能传授给客户，方便客户后续使用。一般来说，与外部咨询公司合作多次后，客户可能会从外部咨询公司拿到一个可用产品，但客户没办法学会自己怎么做能力分析。客户组织内部应该储备相应的人才和能力，以便在外部咨询公司的工作结束后，能够正常使用相关信息。

　　因此，进行能力分析的组织考虑以下建议：

- 聘请外部咨询公司帮助使该流程对组织来说不那么烦琐，特别是在确定所选岗位的原始能力方面。
- 在与外部咨询公司的协议中规定，作为项目的一部分，客户组织的员工将与顾问一起工作，以此来帮助组织建立同样的能力。
- 参与建立能力模型，特别是涉及操作定义和每个能力的行为指标的部分。

- 最后，向顾问提出，与顾问共同确定能力分析流程的步骤，以便响应组织的具体需求。

这些建议的前提是，组织拥有愿意并能够积极参与这一流程的员工。下面将讨论进行能力分析的建议阶段。

1. 组建一个混合式项目团队

在决定使用能力后，建议组建一个由内部工作人员和适当的外部顾问组成的项目团队。建议包括以下团队成员：

- 人力资源部门经理。
- 人力资源部门代表。
- 一个或多个任职于该岗位的员工。
- 一个或多个监督该岗位工作的管理者。
- 一个了解组织使命和愿景的高层管理者。
- 另一个了解该岗位或能力未来用途的管理者或员工。

建议任命一个小组长，人力资源部门经理是担任这一职务的合适人选。项目的利益攸关者包括很多人，也可能包括公司领导和部门经理。

2. 确定岗位的名称

项目团队的第一项工作是为项目重点分析的岗位确定名称。在决定能力分析结果的应用之后，团队成员可能会对岗位的名称有一些看法。但是，在分析开始之前，我们仍需要更精准地确定岗位的名称，达成团队共识。此处要提醒的一点是，岗位要能代表一些不同的工作头衔，之所以把这些工作头衔都放在一起，是因为此类工作对组织带来贡献的方式有共同之处。

例如，组织内可能有一些人负责主导几个不同职能的项目，如IT、营销和生产。因此，"项目管理"就是此处建议使用的岗位名称。

下面列举了一些岗位的名称：

- 人力资源管理。
- 中层管理。
- 项目管理。
- 一线监督。
- 产品领导。
- 服务领导。
- 质量领导。
- 安全领导。

为岗位确定名称后，建议生成一份正式的说明，具体介绍岗位的名称、岗位的职责，以及岗位的战略重要性，说明这个岗位应成为项目重点分析对象的理由。这一信息应分发给项目所有利益攸关者。

3. 识别能力

这是该流程中的一个关键步骤。能力可以通过以下来源和方法来确定：

- 查阅文献中报告组织能力使用情况的文章和案例研究。
- 在互联网上搜索由咨询公司和其他组织提供的能力库。
- 在一对一访谈、小组访谈，甚至修改版的发展课程（DACUM）技术的基础上，生成一套原始的能力。DACUM分析法适用于此目的。

在每一种情况下，信息均来自高层管理者、经理和在职者。以下是一些用于收集数据的提示问题。

请思考_____这一岗位，可能整个组织内部很多工作都涉及这一岗位。请想一想你所认识的任职这一岗位表现最优秀的人。你脑海中有这个人吗？现在告诉我这个人的个性特点是什么？我对他在工作中所做的事情不感兴趣。我希望了解关于这个人的一些特点和特质。你能告诉我是哪些特点使他成功吗？

通过这些信息来源和分析方法，我们最终可以生成一个潜在能力列表，以备后续审查。所有能力的呈现形式要一致，以便在审查时方便理解。能力不是岗位职责或工作任务，所以没有必要参照这两者的呈现形式，必须使用动词加宾语的形式。相反，能力通常代表一种结构或一个抽象的概念。因此，每项能力说明应代表一个确切的想法，通常带有某种行为导向，并且含义完整。以下列举了一些能力名称：

- 提供高质量服务。

- 对他人敏感。

- 关注客户需求。

- 在团队环境中解决问题。

- 领导他人。

- 适应项目变化。

- 同事间交际。

- 管理下级的自信。

有时，能力的名称会存在模糊不清或者不够完整等问题，如适应性、网络或影响力。很明显，这样的名称解读起来太宽泛了，会导致在实践中很难应用这些能力。

4. 挑选能力

从生成的能力列表中，利益攸关者应该帮助挑选出最能体现岗位需求的能力，最好控制在5~8个能力。在实践中，不太可能超过8个能力。如要设计员工发展项目的话，8个能力已经太多了。挑选能力时建议参考以下标准：

- 利益攸关者之间是否对此达成了共识？

- 利益攸关者能否设想有人实际使用这一能力的情境？

- 各个能力之间是否互斥？

- 这些能力组合起来是不是系统的、全面的？

- 是否有任何遗漏的想法或不充分的地方？

让利益攸关者选择能力可以在团队中进行，例如，把每个能力名称放在一张3英寸×5英寸的卡片上，然后让团队成员按顺序排列。根据经验，利益攸关者一般可以对排序达成共识。

另一种方法是使用线上调研工具，这样就能收集地理位置不同的人群的意见。利益攸关者可以直接对各个能力进行排序，也可以从以下几个方面对各个能力进行评分：

- 该能力的重要性有多大？
- 使用该能力的频率有多高？
- 能观察到这一能力的机会有多少？

5. 编写操作定义

在实践中，这一步骤可能发生在选择能力之后，也可能同时发生。当利益攸关者审查能力列表并选择最重要的能力时，操作定义会对此提供帮助。在这里，操作定义是指在特定的背景下，理解某件事情的一种商定的方式。从这个意义上说，能力的操作定义是很重要的，因为它们澄清了每个人的能力的含义，这样就不会对其含义产生误解。

操作定义的初稿应该由最熟悉该流程的几位人员来完成。没有必要让每个利益攸关者都参与进来。以下是一些推荐的编写操作定义的标准。

- 操作定义应结合相关文献的回顾、案例研究和咨询公司提供的信息。
- 操作定义最终应以组织为背景，这可能导致报告中的定义会与其他来源中的定义有所差异。
- 每个操作定义对应一个能力，且需与其他定义之间具有明确的界限。
- 操作定义应该按照相似的格式来编写，呈现的结构尽可能一样。
- 操作定义应该解释能力的含义，而不是简单地重复能力的名称。
- 操作定义应该清楚地传达使用能力的目的，如可能有人对此进行快速审查，提供反馈，最终将作为员工发展项目的一部分得到应用。

以下是一些能力及其操作定义的样例：

- 对他人敏感——能够通过语言沟通或非语言沟通，感知他人可能对某种情况的反应。
- 提供高质量服务——能够预测客户需求的服务，并以超出他们期望的方式满足客户需求。
- 关注客户需求——能够在与客户互动时，了解他们的情况应优先于简单解释我们的服务。
- 在团队环境中解决问题——能够按照设计好的流程来解决生产问题，让所有团队成员都参与进来，而不是单独行动。

6. 生成行为指标

这一步有时被认为是能力分析流程中最重要的部分。到这一步之前，我们只能通过能力的名称和操作定义来理解这个能力。此处我们需要的是一套与之前信息不同的行为指标，以结合实践的方式为相关能力提供行为锚点。

有些研究将这一部分称为能力层级，有些将其称为绩效指标，还有些将其称为行为锚点。本书在这里使用的术语是"行为指标"，因为这一表达与其含义最为契合。不管怎么说，这些说法或多或少都在描述同样一类信息。例如，表12.1是一个能力——"成就导向"及其能力层级的样例，这里的能力是成就导向，具有三个与之相关的能力层级。

表 12.1　能力及能力层级样例

能力项：成就导向
操作定义：表现出寻求完成重要成就的行为
能力层级：
第三级：为实现预期的结果而承担一定明确的风险
第二级：确立目标往往超出预期
第一级：寻求更有效的工作方法，以完成相同的目标

乍一看，由于每一级都有对应的编号，人们可能认为这些数字具有某种意义。例如，这些数字可能代表了各个层级能力的复杂程度，或者在某种程度上代表了人在该岗位中表现出来的这个能力也有高有低。此外，研究中对于如何生成这部分信息缺乏相关指导和建议，除了说明这部分信息必要性强，对于如何呈现和内容的编排方式，业内并未达成共识。

遗憾的是，人力资源开发专家自己往往也不确定应该如何生成这部分信息，应该使用何种格式，以及最终要如何去使用。根据实践经验，我们可以参考以下意见。

经验丰富的从业者群体常常讨论，采用哪种方法能够最好地呈现能力层级，但他们似乎从未得出任何明确的结论。实际上，最重要的还是要明确这些信息后续到底是用来干什么的。鉴于此，我们又回到了系统理论的基本原则上，即以终为始。也就是说，专家首先决定后续如何使用能力层级的相关信息来达成项目目标，然后以此为依据去设计能力层级的呈现形式。

在大多数情况下，能力层级用来作为员工发展项目的参考和输入，也被用作员工绩效评估工具中涉及的值域，即所谓的行为锚点等级评价法（BARS）。

在实践中，我们常用的关键事件法是第九章讨论的关键事件法修改后的版本，使用的目的是为了梳理能力层级。相关信息都是从经验丰富的人员或观察过该岗位工作的人员那里收集的。根据关键事件法，我们分析能力层级时会使用如下表达：

关于_____这一能力。你知道我们是如何为担任_____岗位的人定义这一能力的吗？让我简单地解释一下这个定义，以便你清楚地了解这个问题。关于这个能力，请告诉我你在工作中是否做过显示这个能力的工作，或者观察别人做过一些显示这个能力的工作？

我们可以根据访谈对象对这一问题的回答分析其含义，然后整合成不同的行为组。能力层级就来自这些不同的行为组。在实践中，访谈对象回忆起的行为数量是有限的。在关键事件访谈中，可能涉及一个以上的能力水平。

在实践中，我建议目标至少要确定三个能力层级，虽然可以分出更多的层级，但这么做不一定有必要。此外，根据能力的性质，我们可以灵活地调整能力层级的呈现形式。

- 每个层级描述的是彼此完全不相关的行为，因为只是提供了支撑某能力的行为实例而已。以下是这些行为的样例：

  能力：领导他人。

  行为层级：授权他人做决定，通过诚信待人获得他人信任，鼓励他人成功。

- 每个层级描述的行为相互关联，因为描述的是整个流程或其中的某几个部分。以下是这些行为的样例：

  能力：在团队环境中解决问题。

  行为层级：收集有关问题的信息，让其他人参与确定原因，确定问题的替代解决方案。

- 每个层级描述一些因为发生在同样工作环境中，所以彼此相关的行为。以下是这些行为的样例：

  能力：能够适应项目的变化。

  行为层级：对客户提供的信息做出反应，确定行动方案，制订最新的项目计划。

在生成行为指标时我们会遇到一个问题，即有些指标本质上可被视为某种独立的能力，而不是某种行为。在实践中，出现这种情况可能是因为在开始分析时就忽略了某个能力。这种情况下，我们需要修改行为指标，以确保它描述的是支撑该能力的具体行为。

7. 建立能力模型

在这种情况下，能力模型是体现与能力相关的各种信息，以及能力之间关系的可视化呈现形式。能力模型可以用多种方式来表示。读者在互联网上搜索就能发现各种各样的能力模型。图12.1所示的是一个简单的项目经理岗位的能力模型。

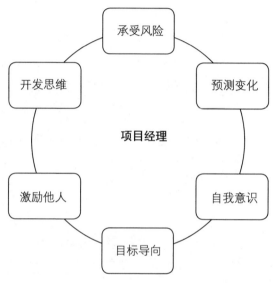

图 12.1　项目经理岗位的能力模型样例

作者总结

本章介绍了能力分析的过程，现在回想起来可能觉得比较复杂。能力分析通常包括至少三个主要的数据收集周期。

（1）识别和选择能力。

（2）确认操作定义。

（3）确定支持每个能力的各种行为指标。

在同时考量到所有涉及的利益攸关者的情况下，如何管理能力分析流程可能是我们面临的另一个挑战。

很多组织会开展漫长的能力分析，并意识到，同样的信息在某种程度上是事先就能凭直觉感知到的。也就是说，在考虑管理岗位角色的能力时，我们事先就能预测到解决问题将是该岗位的一种能力，这十分合理。如前所述，能力分析流程的最终价值往往是过程本身。也就是说，这个过程迫使利益攸关者深入思考组织的性质，并真正沉浸到组织的意义中。

近来一些组织中出现了一种趋势，即扩大能力的含义，令其超出了能力的原意。我们分析能力的目的是描述某个岗位中成功员工的特质。越来越多的组织也确定了技术能力这一类别，在实践中，这似乎更像对工作的组成部分的关注，而不是对人的关注。显然，各组织可以自行决定如何定义能力分析，以满足自身的需求。但组织必须确保管理者和人力资源开发专家明确组织相关决策将带来的影响。

延伸思考

1. 你对能力分析流程的初步想法是什么？这一流程看起来符合逻辑吗？看起来实用吗？

2. 能力分析可采用不同的数据收集方法。你能想象自己承担并管理这样一个复杂的流程吗？

3. 能力分析流程的结果往往被认为是常识性的信息而遭到否定。尽管有这种担忧，但进行能力分析的好处是什么？对组织来说有什么好处？对管理者来说有什么好处？

4. 能力的有效性取决于确定能力的操作定义和行为指标。你认为在实践中确定这些信息会有多大难度？

5. 能力分析流程的代表性产出是能力模型。能力模型对个人和组织有什么益处？

参考文献

Arp, F. (2014). Emerging giants, aspiring multinationals and foreign executives: Leapfrogging, capability building, and competing with developed country multinationals. *Human Resource Management,* 53, 851–876.

第三部分

工作分析信息的应用

本书的第三部分将说明在实践中如何使用从工作分析中获得的信息。本部分介绍的都是与人力资源开发实践相关性最强的几个应用方向。

第十三章

工作任务说明及培训设计

让我们试想一个情境，在完成工作分析之后，组织希望对工作分析梳理出来的具体工作任务进行再次分析。在实际情况中，人力资源开发专家想要知道如何利用工作分析产出的信息来设计一个培训项目。各种学习资源都能为培训项目的设计，尤其是线下课程的设计提供重要的参考。这类学习资源大多都会介绍一般的培训流程，并传授某些重点方面的相关技巧。其中，我们最常用的培训设计流程是ADDIE模型，包括分析、设计、开发、实施和评估。

但是仔细观察后我们发现，包括ADDIE模型在内的这些相关研究中，很少提及如何使用工作分析产出的信息来设计培训项目这一问题。我们可能想问：如果忽略工作分析提供的信息的话，这些培训项目对人力资源开发而言究竟有什么真正的价值？

如前所述，很少有研究提及如何在工作分析的基础上设计培训项目。但"系统化课程和教学设计"（SCID）（Norton & Moser，2007）和"支持绩效系统的培训设计"（Swanson & Holton，2009）都是我们在查无所获时值得注意的。之所以大家不关注这方面，部分原因是很多人仍然存在"工作分析只适合分析相对简单、程序性和技术性工作"的误解。我们发现，还有不少的培训设计相关课程或工作坊已经或仍在将一些简单任务（如何制作花生酱三明治、组装手电筒或建造纸飞机等）作为工作分析的案例。因此，很多人会认为靠工作分析设计的培训内容都是相对简单的，不太值得去关注。

正如本书所讨论的那样，尽管工作仍然在分析工作行为方面很有用，但由于现在的工作已变得更加知识型，很多工作行为都伴随着批判性思考，因此对工作任务和任务分析的理解应当远远超过这些过于简单的且不再具代表性的例子。

本章不会探讨整个培训设计的流程要怎么做，这样的话题可能得再写一本书才能说清楚。反之，本章只会提及培训项目设计中最重要的两个方面：将工作任务说明改编为培训目标；识别工作任务中的知识要素（知识要素常常是胜任某个工作任务的必备条件，也是胜任某项工作任务所需学习的内容）。

将任务说明改编为培训目标

在以培训设计为主题的相关文献中，没有比"确定培训目标"更能引起讨论的话题了。至此，我们先回顾一下之前的内容，培训目标指的是在培训设计流程最开始的阶段撰写的，用于描述学员训后学习结果期望的说明。培训目标的价值在于它告诉了学员他们的学习期望是什么。当然，对培训的设计者来说，培训目标的价值体现在它能用于规划整个培训的流程。培训目标设计需要遵循"以终为始"的系统性思维。

大多数文献都会区分知识导向的培训目标和绩效导向的培训目标。知识导向的培训目标通常与罗伯特·加涅提出的辨别、具体概念和抽象概念三个层次相关，加涅将知识技能视为五种主要的学习结果之一。大多数人力资源开发专家在设计培训项目时都会按照知识导向的培训目标的两部分格式去撰写培训目标。

此处，我们需要关注的是如何将任务说明改编为绩效导向的培训目标，同时令培训目标为设计培训项目发挥作用。这些目标通常被认为是预期培训目标，也是对学员在一个培训单元结束时将达成的情况的描述。如此一来，任务分析信息在培训中开始发挥作用。请参考以下列出的来自"电信工程师"岗位职责的几个工作任务说明：

a. 检查互联网协议网络组件。

b. 编写互联网协议网络检查报告。

c. 制订互联网协议网络的预防性维护计划。

d. 实施互联网协议网络的预防性维护计划。

以上每个工作任务说明都指代了一个独立的复杂的工作单元，完成每个任务可能都需要几天甚至更多的时间。这些任务对于确保使用移动电话的客户持续获得宽带服务，不因硬件或软件问题而中断网络来说非常重要。而为新聘电信工程师设计的培训项目中就包括了以上所有的任务。

图13.1是将任务说明改编为培训目标的样例，改编只需要增加两个要素：情况说明及标准说明。如前所述，培训目标能够帮助学员了解培训单元（如一节课或一系列课程）结束后自己能学到什么，能做什么。根据培训目标，我们可以获得培训项目具体需要达到的赋能目标，明确要达成培训目标时培训项目具体要获得哪些产出。从某种意义上说，培训的赋能目标是达成培训目标的前提。

罗伯特·梅格（1997）在其经典著作《准备教学目标》一书中提到过教学目标的格式，我们前面提供的培训目标格式与他提出的格式是一致的。在将任务说明改编为培训目标时需遵循以下原则：

任务名称

解决主管及其下属之间的冲突

培训目标

提供 10 个主管及其下属冲突的情境案例，每名学员需要说明如何应对每个冲突情境。
学员提供的解决方案需要遵循以下指标：

a. 包括 ABC 冲突解决法中的所有步骤。

b. 达成双赢的结果。

c. 符合公司政策要求。

d. 对双方的工作绩效不造成负面影响。

培训赋能目标

a. 能够理解什么是冲突。

b. 能够区分冲突情境和非冲突情境。

c. 能够定义什么是主管及其下属之间的冲突情境。

d. 能够理解 ABC 冲突解决法中的组成部分。

e. 提供一些工作情境，学员能够辨别哪些是主管及其下属之间冲突的情境，哪些不是。

f. 提供一些主管及其下属之间冲突的情境，学员能够针对各种情境选择合适的 ABC 冲突解决法。

图 13.1 将任务说明改编为培训目标的样例

- 每个任务说明都可被视为一个培训目标。即在学习一定量的培训内容后，学员期望达到的目标。

- 任务说明能够提供培训目标中需要的行为要素。

- 需要额外增加的两个要素是：说明学员接受测试时的情况；行为合格的标准，即完成某些行为所用的时长、行动的准确度及产出的数量等是否达标。

- 培训目标中的标准部分对应的是培训结束后的预期绩效，而非员工在有过相关任务经验后的预期绩效。培训结束时使用的标准不可能直接等同于岗位的工作期望。

将任务说明改编为培训目标具有非常重要的象征意义，因为这是工作分析信息发挥作用的第一步。从这一步开始，工作分析信息通过改编为培训目标而有了意义。如果不使用的话，工作分析本身实际上并没有任何价值。

识别工作任务中的知识要素

鉴于培训目标是根据工作任务说明而改编的，后续我们可能遇到一个常见的问题：如何识别工作任务中所需的知识要素？很多人力资源开发专家本能地相信，知识要素是组成工作任务的一部分，但不清楚应该如何识别这一信息。

事实上，从工作任务中梳理出的知识要素就是学员达成培训目标所需的知识和技能。从某种意义上来说，培训目标能够确保设计者以终为始地进行设计，即提前确认好学员在培训后能够做到什么，然后再确定要实现培训目标应该为学员赋能哪些内容。

请参考下面这个根据工作任务说明改编的培训目标：

通过后台电信系统的操作模拟器，根据供应商技术规范手册和本地开发检查报告，学员将检查互联网协议网络组件，并达到以下标准：

a. 在一小时内完成检查。

b. 正确地识别并命名各个检查节点。

c. 审查各个检查节点并进行评级，评级分为可行、不可行、不确定。

d. 在各个检查节点提供评级反馈。

根据这一目标，我们可以提出问题：在实现以上培训目标之前，学员必须先学习哪些知识和技能？这一问题的答案可能归结到要学习以下概念上：

- 电信。
- 电信系统。
- 后台电信系统。
- 互联网协议。
- 互联网协议网络。
- 互联网协议网络检查。

根据学员需要掌握的知识和技能，培训赋能目标中可以纳入对这些概念的学习，培训项目中也可增加对应的学习内容。图13.2给出了一个与该案例无关的简要样例，我们可通过概念分析来确定每个概念要对应学习的内容。概念分析针对每个概念生成其操作定义、固定属性、可变属性、案例及案例与可变属性之间关系的研究方法。如前所述，这些信息属于培训项目设计中的知识要素。

概念：椅子
定义：一种人可以用来坐的家具。

A. 核心属性	**案例 1**：木制校园用椅
1. 能提供让一人坐下的空间	**属性**：A1、B1a、B2a、B3b
B. 可变属性	
1. 腿的数量	**案例 2**：鸡蛋椅
a. 四腿	**属性**：A1、B1e、B2b、B3a
b. 三腿	
c. 两腿	**案例 1**：沙发
d. 单腿	**属性**：非 A1
e. 无腿	
2. 是否有扶手	**案例 2**：吊床
a. 有扶手	**属性**：非 A1
b. 无扶手	
3. 靠背的尺寸	**案例 3**：酒吧椅
a. 高	**属性**：非 B3
b. 中	
c. 低	

图 13.2　概念分析样例

作者总结

本章介绍了培训设计的基于工作任务说明演变而来的两个重点方面。第一个是将任务说明改编为培训目标，很多人力资源开发专家在实践中还没有过类似经验。从单纯的任务说明改编为培训目标，这是工作分析信息发挥作用的第一步。第二个是根据培训目标，我们还可以确定达成目标所需的知识和技能，大部分是相关的概念和原则。在培训中，学习概念和原则的价值并不仅仅是需要学习这些信息本身。学习的价值还来自我们能认识到这些概念和原则对开展工作任务也是必需的。

延伸思考

1. 你在撰写培训目标方面有什么经验？你是否思考过我们应该将工作期望改编为培训目标？

2. 你认为本章建议采用的培训目标编写方法有什么意义？你认为这种方法是否可以解决很多培训项目迁移率低的问题？

3. 培训目标是学员在接受一整套培训后要达成的目标。在这种情况下，培训赋能目标的作用是什么？

4. 本章提出，培训项目的知识要素实际上是完成对应工作任务的必备条件。你认为对于培训项目设计而言，这一观点是否合理？

参考文献

Mager, R. F. (1997). *Preparing instructional objectives: A critical tool in the development of effective instruction* (3rd ed.). Atlanta, GA: The Center for Effective Performance.

Norton, R. E., & Moser, J. (2007). *SCID handbook* (7th ed.). Columbus, OH: Center on Education and Training for Employment, The Ohio State University.

Swanson, R. A., & Holton, E. F. (2009). *Foundations of human resource development.*San Francisco, CA: Berrett-Koehler Publishers, Inc.

第十四章

结构化在岗培训模块

结构化在岗培训（S-OJT）是指在实际工作环境或与实际工作环境相似的环境中，由有经验的员工对新手进行经设计的工作单元培训的过程。在岗培训是唯一经过设计的，在实际工作环境中实施且有培训师直接参与的培训方法。

一般情况下，组织中发生的大多数在岗培训都是非结构化的培训。也就是说，学员通过自己的一系列试验和试错，在没有任何指导的情况下观看别人执行任务，或者由一个可能不具备相应资格或未做好培训准备的人员进行培训。研究表明，非结构化的在岗培训耗时长，效果比结构化在岗培训低。如果在岗培训的工作任务对组织来说非常重要，投资结构化在岗培训是非常有意义的。

也许没有任何一种培训方法能像结构化在岗培训那样依赖于任务分析产出的信息。任务分析为培训提供培训内容，这也是结构化在岗培训模块的核心要素。

结构化在岗培训模块是与结构化在岗培训项目配套的教学材料。一个结构化在岗培训模块就是包含了培训交付所需所有信息的结构化工具包。像教案一样，结构化在岗培训模块是基于任务分析记录的培训内容，可用于指导培训实施。结构化在岗培训模块比传统的教案更全面，更加自成一体。

在实际培训中，培训师和学员都需要各自持有一份结构化在岗培训模块。培训师准备培训时、交付培训时及为学员的表现进行评价时都会参考结构化在岗培训模块。学员也能在训前、训中和训后使用这些模块，以确保他们掌握了要学的内容。通过以上方式使用结构化在岗培训模块，对于促进培训的成功有着非常重要的作用。

结构化在岗培训模块的构成

几乎所有结构化在岗培训模块都会包括以下基本内容：

- 标题。标题会通过清晰明确的措辞介绍模块的内容。为确保信息与工作分析一致且明确，结构化在岗培训模块的标题应直接使用工作任务名称或使用培训内容相关信息。

- 理由说明。理由说明主要用于澄清学员可通过这一模块的培训学到什么，以便强调相关模块的重要性。理由说明应关注结构化在岗培训模块对员工的个人发展或组织实现其长期目标的重要性。

- 培训目标。培训目标描述了学员在训后能获得什么知识、能掌握什么技能。这一部分有时会被省略，因为工作分析中的任务说明就是结构化在岗培训的目标结果。

- 培训必备。培训必备是指学员在参加培训课程前必须具备的知识、技能和态度。必备条件中还包括学员具备参与其他培训项目的经验。培训师可通过必备条件来判断学员是否做好了接受相关培训的准备，当然，学员也能通过这一部分了解自己是否做好了准备。

- 培训资源。由于结构化在岗培训是在工作环境中进行的，因此培训师需要具备的培训材料包括数据、设备、工具和教学材料。结构化在岗培训的时间安排取决于其所需的资源是否到位。在进行结构化在岗培训时，组织正在开展中的工作所使用的相关资源可能需要暂时脱岗，方便实施培训。明确结构化在岗培训所需资源有助于帮助培训师提前做好准备，降低在培训中因为缺乏某些文件或工具而不得不中断培训的风险。

- 一般安全和质量标准。该部分阐述了与任务相关的一般安全和质量要求。任务分析中包含了在实际执行任务的过程中应该处理的安全和质量方面的相关信息。此类信息包括组织的整体安全或质量标准。通常情况下，学员一般已经了解相关信息，但在结构化在岗培训模块中嵌入这些信息能够更好地将一般要求与具体的工作单元联系起来。

- 培训内容。结构化在岗培训模块中的这个部分就是任务分析，通常会按照结构化在岗培训的格式呈现任务分析的相关内容，以方便使用。因此，培训内容和任务分析基本上算是同一份文件。

- 培训活动。培训师最常提的问题就是：到底应该怎么交付培训？然而，在结构化在岗培训中，这个部分是最明显不过的。培训活动描述了最有效地向学员提供结构化在岗培训的方法。结构化在岗培训模块的交付通常包括五个培训活动：

1. 协助学员做好准备。

2. 教授培训内容。

3. 学员回复。

4. 培训师反馈。

5. 评估绩效。

- 绩效测试和反馈表。在培训结束时，培训师要确定学员是否成功达成了培训目标。因此，结构化在岗培训模块中应包括绩效检查，如绩效评价量表、产品评价表或流程评价表等。结构化在岗培训模块中还可以包含培训完成情况检查表、培训总结反馈表等，以证明培训目标已达成。

组织可以通过多种形式应用这些信息。有的组织会将这些信息作为员工发展计划的一部分，并正式保存相关信息。有的组织会用这些表格来组织员工提供反馈和建议。现在，越来越多的组织已经将反馈表用到人事规划和员工发展中。

结构化在岗培训模块样例

本书附录A提供了四个完整的知识型工作适用的结构化在岗培训模块样例。

- 优化工艺装置的产物得率。
- 创建IP网络预防性维护工作计划。
- 焊接前检验零部件。
- 编写IP网络健康检查报告。

如前所述，这些结构化在岗培训模块样例都是基于性质复杂的知识型工作任务而开发的。也就是说，这些任务需要学员能使用过往学习中习得的知识来完成某个任务。因此，如果学员无法应用自身过往的知识和经验，这些工作仅依靠结构化在岗培训模块的要求是无法完成的。

作者总结

本章介绍了如何使用任务分析信息来创建结构化在岗培训模块。结构化在岗培训作为一种培训方法，常常被认为是最适合用来学习相对简单的工作任务，且大多都是体力劳动。诚然，这些特征放在过去是对在岗培训非常准确的描述。

　　随着现在的工作变得越来越复杂，我们也越来越觉得很多事物已经今非昔比。本章主要展示如何通过结构化在岗培训来应对更复杂的、知识型导向的工作任务。

延伸思考

　　1. 你知道你熟悉的组织对在岗培训的应用到达了何种程度吗？

　　2. 你上面提到的组织，其应用的在岗培训是结构化的还是非结构化的？

　　3. 你觉得任务分析对创建结构化在岗培训模块来说有多重要？

　　4. 你觉得相对复杂的知识型工作任务和只需体力劳动的简单工作任务学习起来在难易度上有什么区别吗？

　　5. 你觉得针对知识型工作任务开展结构化在岗培训可能会遇到哪些问题？

第十五章

绩效支持指南

我们在日常生活中或多或少使用过绩效支持指南。如图15.1所示，当你给汽车或卡车加油时，你会看到一个供用户参考的加油步骤指示牌。所有的加油站都有这类指示，教你如何插入信用卡，如何选择你想要的燃油类型，以及选择你是否想要收据。相关提示有时会在屏幕上持续显示。有时甚至会询问你是否想要增加洗车服务。在呈现信息时，可能用图标或简单的图片，或者用文字，也可能图标和文字相结合。

现在，越来越多的汽车开始使用电动马达，而电动充电站也需要提供这样的绩效支持指南，以帮助用户了解如何正确连接充电站和汽车插座。很多用户在这方面没有经验，因此总是会出点儿错误。想要成功地充完电，正确的操作必不可少。

为汽车加油或充电对我们来说算是一个比较简单的任务，很多人都会定期加油

图 15.1　加油步骤

或充电，可能一周一次。很多人会认为，只要记住怎么做就行了，后续就没必要提供这些信息了。但对某些人来说，提供有效的绩效支持指南还是有帮助的，这样能够确保我们正确地完成一些有目的的活动，如果没有的话，总有可能会出错，还会带来一些不必要的损失。

绩效支持指南是包括执行某个任务时需要了解的所有必要信息的印刷文件或电子文件指示。也就是说，绩效支持指南中应该告诉人们要完成某些任务要做些什么以及如何操作。正是因为这一点，绩效支持指南非常依赖任务分析信息。也就是说，任务分析提供了很多可用来创建绩效支持指南的核心信息。

在实践中，绩效支持指南也称工作指示表、工作指南或标准操作程序等。绩效支持指南可以作为培训的一种替代选项，也可以作为培训的一种补充。无论其具体用途是什么，设计和使用绩效支持指南一般会发生在以下情境中：

- 人们了解相关任务，但需要持续的提醒。
- 人们不需要学习相关任务，但有时需要知道如何操作。
- 人们认为某个任务很容易完成，因此不需要提供正式的培训项目，但如果没有其他参考，在操作时可能有所遗漏。
- 人们需要在进行其他任务的同时执行相关任务，因此担心信息量过大。
- 人们知道如何完成相关任务，但任务中有一些特殊的地方需要额外关注。
- 人们认为相关任务非常复杂或困难，因此难以记住每个部分的细节。
- 人们可能在某些地方犯错，因此需要参考一些额外信息。
- 人们知道如何完成相关任务，但法律或政策要求人们在操作时必须使用绩效支持指南。

- 人们了解相关任务，但任务较为重要，一旦不能很好地完成，则可能带来严重后果。

人因失误

一直以来，很多人都有在工作中进行记录以便减少犯错的习惯。事实上，我在几年前正好碰到过一件事，可以解释这一现象。当时一家电力公司的发电站有一名专业水平高超的技术专家即将退休。他在最后一天上班时从办公桌的抽屉里拿出了一沓文件，周围的人看了都大吃一惊。他说，他不再需要这些文件了。多年来，这名技术专家在无人知晓的情况下记录了他在各种计划停工和维修活动中收集的关键信息，并全部收纳在一个厚文件夹中。这些文件还包括测量设置、程序步骤，以及多年来对各种意外事件的注释和观察。从某种意义上来说，这名技术专家是为自己创建了一套绩效支持指南。

出于某些原因，他认为自己保留这些信息并不合适，因为他没有获得公司管理者的授权。因此，这些信息一直以来都只由他本人使用。他认为分享这些信息会给自己带来麻烦。这名技术专家为什么会有这样的认知，我们暂不探讨。这件事表明，很多人可能对记录自己的工作是否有必要这一点有所误解，同时我们还发现记录工作也是人们为了减少工作中的失误所做出的努力。这也是他能把这些信息记录下来的核心原因。作为一名技术专家，他没办法记录工作中的所有细节，只记录了他认为重要的信息。

人因失误一直都存在，因为没有人不会犯错。大多数情况下，工作中的错误不过是一些小事。例如，产品的发货时间比预期晚了一天，偶尔给客户提供了一些错误信息，或者供应商因遇到一些问题无法及时供货等。有时，客户会要求手动对产品进行修改，以满足自己的期望。

人因失误也可能带来严重的后果。例如，在暴风雨天气里，某个人误把渡船的舱门打开，结果造成水涌进船舱，船沉了，很多人失去了生命。又如，一家生产食用油的公司的技术员进行实验室测试，发现在生产过程中忘记了某些关键的添加剂，可惜为时已晚。结果就是，原定要向一家面包店供货的、已装载好植物油的油罐车不得不在发车前被召回并清空瑕疵产品。这两个真实的案例说明，有时工作中的错误会带来可怕的后果。

乔治·米勒（1956年）在最常被引用的一篇心理学研究文章《神奇的数字7±2：人类信息加工能力的局限》中曾提到过"人的记忆错误"。作为一名心理学家，最初米勒对人的记忆极限非常感兴趣，他发现大多数人最多能记住7±2个事物。如果超过这个长度，人的记忆就会出现问题。这也是为什么不包括区号的话，美国的所有电话号码都是七位数，社会安全号都是九位数，并且数字常常都以3个、2个或4个为一组。米勒曾说，将信息进行分组后才更容易记住整体。因此从人脑记忆的角度看，这种用法是有意义的。

此外，米勒还针对人的行为和错误提出了一些有趣的见解。他认为，理论上人们的行动也会遵循神奇的数字7±2的原则。他还发现，很多费时较多的行动所需的步骤都是7的倍数，如14、21或28个步骤等。我在教学的时候，经常要求我的学生在分析完程序性任务后对他们的分析结果进行梳理，并向我报告他们分析出的步骤数。我发现，学生们分析出的步骤常常都是7±2的数量，完美地契合了米勒的设想，从未有误。如前所述，通过任务分析来记录人们的工作行为，我们往往会发现人们的行动基本都有迹可循，从开始到中途，直至结束。

米勒还进一步提出，无论是什么样的任务，其中最有可能发生人因失误的位置也遵循7±2的原则。即，如果任务有7步，他认为在所有条件都相同的情况下，其中有一个位置是发生人因失误概率最高的，那就是在第5步。

很久以前，我曾教授摄影课程。在教学过程中，我以一种不怎么科学的方式证实了米勒的这一观点。为指导学生进行黑白胶片冲洗，我曾经只做过一套参考步骤表。黑白胶片是生成底片必需的，那时的摄影作品都需要依靠冲洗来完成。当然，随着数字摄影技术的兴起，现在大家可能不太熟悉过去的摄影流程。我们现在一般是通过电脑屏幕而非暗房来制作照片。

当时，如需冲洗胶片，人们首先需要从35毫米的胶片盒中将胶片取出，然后将其装入金属卷轴中，再将金属卷轴放入金属罐中。这些都要在完全黑暗的环境中完成。我当时提供这套参考步骤表的目的是希望在有光的环境中指导学生的操作。学生需要闭上眼睛模拟暗房环境，假装在完全黑暗的房间里进行操作。对很多学生来说，这个任务非常困难，而且如果做不好，后果也很严重。如果漏光的话，胶片就会受到影响；如果胶片装得不对，冲洗后的底片上就会出现很多条纹；如果胶片处理得不好，底片上就会有弯曲或划痕，这样的话后续很难进行高质量的印制。

现在回顾一下，我发现在其他条件相同的情况下，学生在完成这个任务的过程中在第五步出错的概率最高。也就是说，出错的地方常常会在整个任务进程的2/3处，即在第二次或第三次操作这七个步骤时的第2/3处。这一现象的解释是，学生的注意力一般在任务开始和快要结束时非常集中。但一旦到了制作胶片的时候，正好是从所有步骤的1/3处开始，学生的注意力就开始游移。此外，与米勒的推断一致，我们在分析大多数程序性任务时，不可避免地总结出的步骤数量一般会是7±2的数量或是7的倍数，如14、21、28等。

预测和理解人因失误与开发绩效支持指南有很大关系。绩效支持指南的潜在目标就是减少人因失误的数量，以便取得预期的绩效成果。也就是说，既然人们在做事的时候都免不了犯错，那么，如果我们能够预测出最有可能发生错误的节点，就能够通过一些预防措施来尽可能避免错误，从而最大化地发挥自己的能力。

绩效支持指南的起源

多年来，绩效支持指南也称工作辅助工具、工作绩效辅助工具和绩效指南。"绩效支持指南"这个词语似乎最能恰当地描述这一工具在今天的工作环境中的呈现方式。即绩效支持指南常常以海报的形式出现在生产车间的墙壁上，以标签的形式出现在服务和运输车上，或者以嵌入信息的形式出现在大屏幕上。这类信息的广泛应用旨在促进员工的工作表现，并提供指导和支持。如前所述，在复杂的社会环境中，绩效支持指南一直都以某些形式存在于人们的身边，指导着人们的行为，避免人们犯错。以下是一些应用绩效支持指南的例子：

- 橄榄球四分卫把规则写在自己的腕带上。
- 飞机起飞检查表/着陆检查表。
- 飞机座位前方口袋中装有飞机安全信息文件。
- 加油步骤指南。
- 表格填写说明。
- 表格各部分介绍。
- 机场的登记手续办理台设计。
- 杂货店的收银台指引。

关于使用绩效支持指南的起源，有一段有趣但略显悲惨的历史故事。这个故事是真实的，但到底是不是绩效支持指南在历史上最早的应用还有待商榷。我们能看到的事实就是，在这一事件的结尾，历史上首次出现了强制性使用绩效支持指南的规定。可能有人已经猜到了，这一事件发生在航空业。

1934年，此时距离第二次世界大战爆发还有几年的时间，美国陆军航空军队邀请几家飞机制造商设计和开发一种新的多引擎轰炸机的原型，并宣称这是一次竞赛，设计最优秀的公司将拿到飞机制作的合同。军队要求设计的飞机至少能在1万英尺（约3048米）的高度飞行10小时，且最高时速不低于200英里（约322千米）。后来，军队在俄亥俄州代顿市的威尔伯·莱特机场，即现在的莱特·帕特森空军基地举行了一次竞标飞行。三家企业成功进入最后一轮竞赛，当时的政府最倾向的是波音B-17飞机。

波音B-17被称为"飞行堡垒"，该飞机的顶部、底部和尾部都能安装机枪，此外，内部还有大面积的空间来装载炸弹。1935年10月30日，竞标飞行开始。这次参与竞赛的有波音B-17，以及其他两架飞机。此前，波音B-17曾有从西雅图一路飞到俄亥俄州代顿市的成功经验，令人印象深刻。遗憾的是，在竞标飞行时，尽管试飞由一名经验丰富的飞行员和副驾驶来控制，但飞机从跑道起飞并升空后却出乎意料地坠机了，这导致机上所有的机组成员当场死亡，包括那名波音公司经验丰富的试飞员。后来，调查人员发现，这是因为机组成员忘记解除尾翼上的阵风锁造成的。阵风锁是一种飞机落地状态时才会启动，用来减少飞机落地时风对机翼造成的压力的装置。

尽管波音B-17在最开始被政府看好，但由于原型机在试飞中坠毁，波音B-17当即失去了竞标资格。后来，因为一个法律上的漏洞，政府再次考虑采购这一型号，最后政府为波音公司批准了B-17的生产合同。第一批生产的飞机在1937年交付，至第二次世界大战结束时，仍有超过4500架该型号的飞机在服役。

美国航空史上的这个小故事后续对工作分析带来过一些影响。这次的事件后，人们发现即使经验非常丰富的飞行员，也有可能在驾驶特别复杂的飞机时忘记一些操作的重点。波音B-17与以往的飞机型号不同，拥有四个引擎，因此在当时，它算得上所有飞机中控制起来最为复杂的机型。即便是技术高超的飞行员，要记住这些大量信息，难免会遗漏一些很小的细节。因此，从那时起，所有飞机在起飞前都必须准备好一份检查单，其中就包括起飞的必需注意事项，副机长会向机长逐一念出检查单上的注意事项。现在，美国联邦航空局把这一环节规定为飞行的常规安全措施并予以强制实施，所有的商业航班都必须遵守。

因此，绩效支持指南来自这样一个悲伤的、以生命为代价的故事。多年来，在开展可能带来潜在可怕后果的工作之前，先按照检查单逐一审查的做法已成为一种常规做法。例如，外科医生阿图·葛文德曾写过一本备受好评的书，名为《清单革命：如何持续、正确、安全地把事情做好》（2009）。在这本书中，阿图认为即使最普通不过的信息，也可以通过生成简洁的检查单，进而保证重要的任务一丝不苟地完成。这本书真正做到了以简洁老练的方法为读者揭秘绩效支持指南的精髓。

绩效支持指南中的变量设计

在设计绩效支持指南时，我们应该着重考量四个方面的内容：

- 指南的使用位置——指南将出现在哪里？
- 行为的性质——指南中描述的行为都是什么性质的？
- 信息的传递——指南如何才能做到有效地沟通和表达？
- 指南的使用者——使用指南的是什么人？

指南的使用位置

指南的使用位置是指绩效支持指南在工作环境中具体的使用地点。可参考的位置包括：

- 外部场所——不在实际开展任务的场所，如海报、标志或一套参考文件。
- 移动式——员工可随身携带的，如一本小册子、一套参考卡片或小型手持设备。

- 嵌入式——被设计成工作任务的其中一部分，通常会涉及使用虚拟助手，如帮助窗口、苹果设备上的Siri和亚马逊的Alexa等。

行为的性质

行为的性质是指我们要识别指南中描述的行为究竟是什么性质的。

- 程序——按步骤完成某个任务。
- 识别——呈现某个对象的结构及用途。
- 参考——确保用户在需要时可获得相关信息。
- 直觉——根据过往经验或原则来修补某些事物。
- 解决问题——针对问题情境，找到原因，匹配解决方案。
- 检验——告知在检查某个流程或产品时需要注意什么。
- 决策——结合可参考的因素和可选项做出决定。
- 人工智能——根据过往行动生成新的理解模式。

图15.2所示的是由程序分析改编成的绩效支持指南。除了直接根据任务来制作，绩效支持指南还能被设计成参考信息，主要是形成数据库，如术语表或技术资料。在这种类型的绩效支持指南中最常用的是构成及用途分析。如图15.3所示，分析的重点可以是各个构成部分是什么，以及每个构成部分所处的位置。图15.4展示的构成及用途分析样例主要用来确定每个构成部分的功能。这种方法可用于介绍观察对象各个组成部分的名称，如介绍控制面板或计算机屏幕。在这两个例子中，构成及用途分析可以视觉图片或文字形式来呈现。图片及线稿草图能够清晰地标出各构成部分的位置及其与整体之间的关系，每个构成部分的功能也会进行详细描述。

在业务主题专家的协助下，构成及用途分析可以呈现很多信息，这与任务分析很相似。很多产品都有一个这样的表格，用于向消费者详细说明他们购买的产品整体及其各个构成部分都有些什么。这一信息常常会在操作步骤（如组装物品或安装软件）之前提供。

中西快递集团	文件名	零件防滑打包	分析类型			
			X	按步骤		部分 - 目标
	文件数量	28 个案例	1/4 页	检验		流程（工作流程）
				解决问题		信息 / 其他

1. 根据 MEI 检查表中所记的零件编号、数量及颜色将对应零件放至存放区	• 确保所有零件都按照正确的装载方式装载完毕 • 零件的编号、数量及颜色可在供应商标签中找到 • 确保零件编号都一一对应 • 需要遵照 FIFO 程序装载零件，以确保用户收到后可以正确的顺序使用相关零件	
2. 根据布局图装载相应的零件	• 零件必须按照 ELP 生产要求进行摆放 • 容器的大小要与装载垫条一致 • 供应商标签应放在显眼的位置 • 如果装载某一零件耗时超过 5 分钟，请呼叫小组长提供协助，然后再进行装载	• B 及 B2 型容器超过 40 磅，需要两名协调员共同抬起，请遵循常规要求 • 如抬起时遇到问题，请使用小推车 • 零件必须使用垫条小心包装
3. 按照步骤 4 及步骤 5 的要求将 MEI 检查表中所示零件均装载齐全	如缺少某些零件，请遵照缺失零件程序操作，联系 PSS 包装协调员	

特殊说明及生产着装						培训		修改		批准	
特殊说明						必备条件		日期		生产小组组长（上午）	
								编辑员		生产小组组长（下午）	
生产着装	X	–	X	手套	X	袖套	合格培训师		理由	主管	
	X	眼镜	X	防护鞋	X	耳塞				经理	

图 15.2　程序分析改编成的绩效支持指南样例

任务：B 部分：认识装配站内各个构成部分及其用途 #1

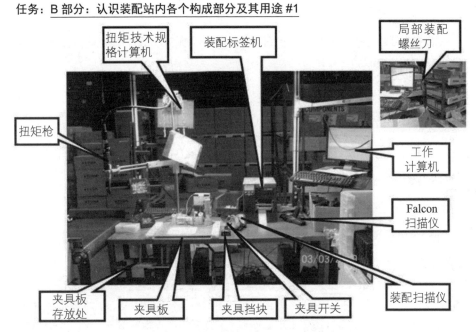

图 15.3 构成及位置分析样例

任务：B 部分：认识装配站内各个构成部分及其用途 #1

构成部分	用途
扭矩枪	按规格拧入螺钉并扭紧
夹具板存放处	放置装备区需用到的不同规格的夹具板
夹具板	在加工过程中用于固定零件的支架
夹具挡块／夹具开关	确保每次装备的零件使用齐全
装配标签机	打印每件装配品的独立标签
装配扫描仪	扫描装配品
Falcon 扫描仪	扫描接收或运输区标签
工作计算机	确保每次装备的工作顺序准确无误
局部装配螺丝刀	在使用扭矩枪前需要进行局部装配时使用（仅适用于 X000 号零件）

图 15.4 构成及用途分析样例

信息的传递

信息的传递是指南中信息的呈现形式。在大多数情况下，任务分析的信息应以最符合指南目的的方式进行转换，包括以下内容：

- 文字——用文字来传达信息。
- 表格——将信息格式化为表格，以供参考。
- 带有箭头和方框的数字——使用方向性的箭头来暗示活动的顺序。
- 图标、图片或图画——使用非语言信息来传达信息。
- 组合——结合文字、图标图片和图画来传达信息。

图15.5所示的是检验分析改编成绩效支持指南的样例。指南中加入了线条和箭头，以确保用户能够识别检验节点的准确位置。

检验节点	步骤	标准
零件 / 网面冲洗 冲洗设备 X 网面 冲洗模板 A	1. 用衬套孔中的栓子将冲洗设备放在网面上。注意：冲洗设备 X 只用于 20561427 号零件。 2. 将冲洗模板 A 较低的一侧放在零件上，网边在网面上。 3. 将冲洗模板 A 沿零件滑动。注意：在手指翘起的地方，将网边放在冲洗设备 X（只有 20561427 号零件）上。 4. 将冲洗模板 A 较高的一侧放在零件上，网边在网面上。 5. 将冲洗模板 A 沿零件滑动。注意：在手指翘起的地方，将网边放在冲洗设备 X（只有 20561427 号零件）上	• 冲洗模板 A 的较低一侧始终接触零件。 • 冲洗模板 A 的较高一侧不接触零件
零件边缘 / 网身间隙 测隙规　网身	将测隙规放在零件边缘与网身之间，然后沿外缘滑动	• 测隙规转动的部分嵌在网身与零件之间。 • 测隙规不转动的部分不嵌在网身与零件之间

图 15.5　检验分析改编成绩效支持指南的样例

指南的使用者

指南的使用者是指使用指南的人员。值得注意的是，很多国际航空公司在座位袋中提供的安全信息会通过一系列图片（而非文字）来呈现，正是因为他们考虑到语言不同的乘客都可能会查阅这些信息。需要考虑的一些问题如下：

- 用户的识字水平。
- 用户使用的语言。
- 以前的任务经验。
- 用户使用时感受到的压力。

作者总结

本章介绍了与工作分析有关的绩效支持指南。更具体一点，绩效支持指南是任务分析信息的一种常见应用方式。任务分析为绩效支持指南提供了其所需的核心信息。

在实践中，很多人力资源开发专家会不知不觉地忽略绩效支持指南的重要性。例如，他们关注培训项目的设计，反而忽略了学员在训后实践所学时会遭遇的挑战。因此，当管理者意识到需要为某些工作提供绩效支持指南时，他们可能会直接安排工程师、安全专家或质量人员来制作相关材料。

鉴于人力资源开发专家对学员的了解及能够分析学员从事工作的能力，在设计绩效支持指南方面他们也有着非常独特的作用。这并不意味着，人力资源开发专家必须单独负责设计绩效支持指南。实际上，人力资源开发专家应该作为倡议者参与相关的项目，无论有谁参与到项目中，他们都可以提供相关的可用于设计指南的任务分析信息。

延伸思考

1. 你能想到哪些对你的生活带来影响的绩效支持指南？

2. 这些指南如何帮助你减少错误？

3. 请回想一下你开展过的任务分析项目，并思考你可以如何利用相关信息形成绩效支持指南？

4. 对你来说，你会在设计绩效支持指南时看重哪些因素？

5. 请思考，如果我们不以任务分析的结果作为绩效支持指南开发的基础，那么会有什么后果？

参考文献

Gawande, A. (2009). *The checklist manifesto: How to get things right.* New York: Metropolitan Books.

Miller, G. A. (1956). The magical number of seven, plus or minus two: Some limits on our capacity for processing information. *Psychological Review, 101*(2), 343–352.

第十六章

绩效评价量表

对人力资源开发专家来说，还有一个越来越重要的实践领域，就是绩效评价量表的设计和使用。可惜的是，这方面的最佳实践的不确定性极大，尤其是在没有预设标准的情况下。但无论如何，我们要明确一点，设计绩效评价量表应当以任务分析或能力分析为基础。

绩效评价量表有很多用途。例如，管理者在审查期结束后会使用绩效评价量表来评估下属的工作表现。员工个人在评价自己的各项能力时也会使用绩效评价量表。人力资源开发专家还会在培训项目结束时使用绩效评价量表来衡量学员的学习效果。

绩效评价量表的类型

大部分时候，我们都会用绩效评价量表来测量员工的某些技能水平或技能使用结果。"量表"这个词表示，我们正在对某种行为或行为结果的产物进行测量。绩效评价量表并不能评价学员对知识的掌握程度，这类评价需要使用认知测试，如多选题、配对题或论文题等。从某种意义上来说，我们可以通过以下基本问题来判断我们究竟是测量技能还是测量知识：测量的时候拿笔答题的是谁？大多数情况下，使用绩效评价量表的都是评价人，他们会观察要评价的人或事，因此在绩效评价时，拿笔答题的是评价人。而在认知测试中，拿笔答题的人正是测试的对象。

图16.1所示的是根据我的前同事布鲁斯·麦克唐纳和我本人的工作经验总结出的决策树。在决定采用何种评价时，我们第一个要问的问题是：我们测量的到底是知识还是技能？对于知识，认知测试是最合适的。对于技能，绩效评价量表是最合适的。具体使用哪种可以根据我们是否具有预设的绩效标准进行选择。如有预设的绩效标准，就意味着评价人应该参考客观的参照物进行评分。评价人可以通过以下几种方法来理解标准：将文档描述与真实情况进行对比，根据指标清单为某个真实情况评分，将真实情况与样例图片或模型进行对照。正是由于这个原因，拉姆勒和布拉奇（2013）提出了"绩效要求准确性"，即实际情况和标准匹配的准确性。

对人的能力进行评价时，现实中常常会出现没有预设标准但使用绩效评价量表的现象。在没有预设标准时，评价人必须针对各项能力进行评价，通常以他人作为参照，对评价对象的表现给出评分。这跟曲线性（此处指的是正态分布的钟形曲线）的认知测试没有什么区别。当使用他人作为参照时，评分的范围会更广，这不是什么坏现象。因为互相参照的影响，可能会出现同一个人的评分同时被评为高、中、低的现象。

没有预设标准的情况可能比人力资源开发专家认为的要多得多。例如，很多绩效评价没有预设标准，除非在绩效评价中增加一些对数量、速率或生产率的要求。

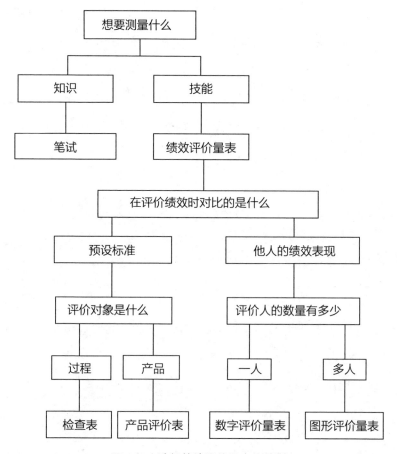

图 16.1　选择绩效评价量表决策树

　　当有预设标准时，下一步要判断的就是评价对象是什么。有一种可能是评价对象是某个过程，其中正在进行某项活动。例如，评价人要评价的可能是某位客户服务代表为客户提供服务的过程、某名经理主持绩效审查会议的过程，或一名培训师交付培训项目的过程。

　　另一种可能是评价对象是某个产品（此处的产品可能是实物，也可能是虚拟的物品）。例如，评价人要评价的可能是某人完成的设计、向管理层提交的最终报告，或一个根据客户要求设计的软件。在这些情况下，评价人通常都能获得一些附有产品属性标准值的预设标准参考。

　　根据决策树，如有预设标准，而评价对象是某个过程，则应该使用检查表；如有预设标准，而评价对象是某个产品，就应该使用产品评价表。

如无预设标准，那么下一步要判断的就是评价人的数量。在有些情况下，只有一个评价人，例如，有些人会进行自我能力评价；有时人力资源专员也需要自行对新聘候选人进行评价。当出现一个以上的评价人时，就会涉及计算评价人的可靠性系数的问题。基本上，这里探讨的是，如何确保不同的评价人在各自评分时能采用一致的标准。

如无预设标准，而且只有一个评价人，则应该使用数字评价量表。如无预设标准，但有一个以上的评价人，就应该使用图形评价量表。

设计绩效评价量表

如前所述，绩效评价量表分为四种类型。这些类型基本上是根据是否使用预设标准进行评价来区分的。具有预设标准会改变评价生成信息的性质，并在很大程度上影响到绩效评价量表及相关过程的设计。本章的这一部分描述了每种绩效评价量表中需要设计的内容。

检查表

图16.2是一份结构化在岗培训模块末尾附上的检查表，此处用作样例。检查表通常从任务分析信息中演化而来，其测量的对象是正在进行中的某项活动。大多数检查表是基于程序分析提出的，当然，几乎任何形式的工作都能导出对应的检查表。如样例所示，检查表应由以下信息构成：

- 待检查的任务名称。
- 被评价人姓名。
- 评价人姓名。
- 评价日期。
- 根据既定标准，列出任务的行为。

- 根据是否观察到行为及行为的表现进行评价，可采用以下几种表达方式：是或否；完整或不完整；符合标准或不符合标准；可接受或不可接受。
- 根据对每个行为的评价，在文件的最后进行整体评价。

任务名称：组装燃油罐（1730A-TK5-A000）　　　　　　　　　　检查表

	步骤	标准	是	否
1	在燃油罐支架中放置两个燃油管夹	燃油管夹需放在正确的位置		
2	将燃油罐支架移动至1号工作站			
3	使用夹具挡块将支架固定到位			
4	从容器中移走燃油罐并扫描上面的标签			
5	将装配标签贴在燃油罐过滤器顶部			
6	使用扭矩枪拧紧螺栓	扭矩必须满足规格要求		
7	移除管道左侧的可迅速拆卸的塞子			
8	将燃油罐移动至2号工作站			
9	将排水管移至燃油罐口			
10	将排水管安装至燃油罐口，令管道对齐	管道必须对齐		
11	将排水管夹安装至排水管小洞处	排水管夹必须与排水孔对齐		
12	将燃油管安装至燃油罐口	燃油管夹必须与燃油管对齐		
13	将压力管安装至燃油罐口	白点必须与灌口对齐		
14	将燃油罐放入运输容器	要按规定放置零件		
15	将纸板盖放于容器顶端			

标准：所有步骤必须无误完成

被评价人姓名：＿＿＿＿＿＿＿＿＿　　　　评价日期：＿＿＿＿＿＿＿＿＿

评价人姓名：＿＿＿＿＿＿＿＿＿　　　　　整体评价：完成 / 未完成

图 16.2　检查表样例

产品评价表

图16.3是一张用于检查运输单填写的产品评价表。在运输产品时，运输单属于重要文件。未准确填写运输单会导致无法如期交货，甚至导致供应商企业受到违规处罚。产品评价表主要用于测量某件实物或虚拟物

品的具体属性。在实践中，产品评价表常常由检验分析信息演化而来，被用于评价产品质量是否达标。如样例所示，产品评价表应由以下信息构成：

产品名称：检查提货单是否填写完整   **产品评价表**

检查点	标准	是	否
a. 承运人姓名、地址、联系方式	字迹清晰 与账单信息一致		
b. 收货人姓名、地址、联系方式	字迹清晰 与账单信息一致		
c. 运输识别号码	与发货人订单信息一致		
d. 发货人姓名、地址、联系方式	字迹清晰 与发货人订单信息一致		
e. 卡车拖车号码	字迹清晰 与拖车真实号码一致		
f. 账单接收人姓名、地址及其他信息	与发货人订单信息一致		
g. 发货数量	与发货人订单信息一致		
h. 发货物品	与发货人订单信息一致		
I. 特殊处理说明	根据要求		
J. 单件货物重量	与发货人订单信息一致		
K. 单件货物费用	与发货人订单信息一致		
L. 总计应收费用	数额与应收账款及应付账款差额一致		
M. 发货人签名	字迹清晰		

评价标准：完成所有检查点

被评价人姓名：_____   评价日期：_____

评价人姓名：_____   整体评价：完成 / 未完成

图 16.3　产品评价表样例

- 经评价的产品的名称。
- 根据既定标准，列出产品的属性。

- 根据是否观察到该属性，对每个属性进行评价：是或否；完整或不完整；符合标准或不符合标准；可接受或不可接受。
- 根据每个属性的评价，在文件的结尾进行整体评价。
- 评价人姓名。
- 评价日期。

数字评价量表

数字评价量表与前面两种绩效评价量表不同，因为这种评价是在没有预设标准的情况下进行的，而且只有一个评价人。数字评价量表测量的是一个人对另一个人的看法。自评时也可以使用数字评价量表。数字评价量表最常用作判断一个人是否具有某些能力的诊断工具。本章将讨论的下一种量表类型——图形评价量表一般要比数字评价量表更受欢迎。图形评价量表能够更好地减少对待评价行为含义的误解。

图16.4是数字评价量表的样例，该量表是由一名经理对另一名经理进行一系列能力评分的工具。

在实践中，绩效评价量表中提到能力时可同时附上该能力的操作定义。在设计和使用数字评价量表时，有两点很重要。第一，由于只有一个评价人，因此要评分的行为不需要额外的描述或行为锚点。我们可以假设这个评价人清楚地了解每个行为的含义。因此，不需要进一步的描述。第二，因为只有一个人进行评价，所以不需要担心评价的可靠性或一致性。

在实践中，数字评价量表的作用很有限，但数字评价量表这种形式是很重要的，这主要是因为数字评价量表经常被误用。有时，明明评价人不止一个，但我们会错误地像使用图形评价量表那样使用数字评价量表。如样例所示，数字评价量表应由以下信息构成：

- 岗位名称。

- 给评价人看的评价说明。

- 评价人姓名。

- 待评价的行为或能力清单。

- 供评价人选择的值域，如：从低到高的数字；高、中、低；可以执行、在帮助下可以执行、不可以执行；不难、有点难、非常难。

岗位名称：经理   **数字评价量表**

员工姓名：   所属部门：

评价人姓名：   评价日期：

评价说明：请以你本人为参照，为另一名经理的能力表现进行评价。

A. 与经理同事建立互信关系

1	2	3	4	5
不达标		达到预期		超出预期

B. 与经理同事通力合作

1	2	3	4	5
不达标		达到预期		超出预期

C. 主动承担工作任务

1	2	3	4	5
不达标		达到预期		超出预期

D. 关注客户

1	2	3	4	5
不达标		达到预期		超出预期

E. 沟通技巧

1	2	3	4	5
不达标		达到预期		超出预期

图 16.4　数字评价量表样例

图形评价量表

如前所述，当没有预设标准，而且不止一个人要进行评价时，我们就会用到图形评价量表。因此，图形评价量表测量的是一组人对另一个人所具备的能力或特质的看法。评价人要查看量表上的每个行为以及定义行为值域的行为锚点，然后给出他们对被评价人这个行为能力的评分。例如，一组管理者可能需要针对某个人是否具备晋升所需的相关能力而对他进行评分。

如图16.5所示，图形评价量表与数字评价量表相似，但增加了一些说明，作为每个行为值域的行为锚点。乍一看，这些说明似乎是文件的细节补充信息。在增加此类陈述时，我们需要进行大量的规划，确保这些说明符合以下标准：

- 表达每个行为的发生逻辑。
- 每个行为的说明应该是彼此排斥的。
- 说明时可使用描述性的短语或情境，以便评价人轻松通过视觉化来理解。
- 每个行为的说明整体保持前后一致。
- 说明的内容在工作环境中是有效的，或有根据的。
- 说明以对照的形式呈现在量表中，经过仔细编辑，确保清晰明了。

图形评价量表也称行为锚定等级评价法，由坎贝尔、唐尼特、阿米等人（1973）在其经典文章《行为锚定评价的发展》中提出。该文认为关键事件法是最常用的行为锚点说明的生成方法。

使用关键事件法的一个即兴提问可能是这样的：请告诉我，你在采取某个行动时，哪些时候很有用？哪些时候没什么用？正如我们想象的那样，通过这一问题想要提取某些特定行为的行为锚点，需要一些技巧和周期性的推动，如访谈、意见编辑、事后征询利益攸关者的反馈和认可。

图16.5是评价一系列能力的图形评价量表样例。图形评价量表应由以下信息构成。

岗位名称：经理   **图形评价量表**

员工姓名：   所属部门：

评价人姓名：   评价日期：

评价说明：请以你本人为参照，为另一名经理的能力表现进行评价。

A. 与经理同事建立互信关系

1	2	3	4	5
不遵守与他人的约定，对待他人时保持沉默		遵守与他人的约定，愿意接收他人的信息		遵守约定的模范表率，愿意与他人共享信息

B. 与经理同事通力合作

1	2	3	4	5
很少与其他经理接触，不愿意帮助他人成功		肯花时间了解其他经理，在他人需要时愿意协助		与其他经理建立了良好的伙伴关系，能接受他人的建议

C. 主动承担工作任务

1	2	3	4	5
就算被要求，也很少承担责任		愿意对要求做出反馈，勇于完成工作任务		研究办法确保工作成功

D. 关注客户

1	2	3	4	5
误解客户的需求，等待客户来联络自己		时刻为客户提供最新消息，对客户做出承诺，在客户需要时迅速应对		满足客户需求，直到客户满意，给予充分的反馈

E. 沟通技巧

1	2	3	4	5
对其他人说的内容不感兴趣，说话和书写方面不专业		在有需要的时候分享信息，倾听他人的问题并提出问题，使用合适的语音语调与他人沟通		能够自如地分享信息，能够通过提问的方式确保对方理解自己的意思

图 16.5 图形评价量表样例

- 岗位名称。
- 量表的评价说明。
- 评价人姓名。
- 待评价的行为或能力清单。
- 供评价人选择的值域，如：高、中、低；可以执行、在帮助下可以执行、不可以执行；不难、有点难、非常难等。
- 行为锚点说明，附在每个测量值域旁，用于说明该值域的含义。

遗憾的是，在实践中，很多图形评价量表的设计并不如大家想的那样既有信度，也有效度。在以上样例中，信度指的是评价人是否持续地重复给出相同的评分，也被称为重测信度；以及各组评价人能否基于统一的标准给出一致的评分，即评价间信度。这里的效度指的是量表中列出的行为及每个行为的行为锚点与工作对相关行为的要求之间是否相同，即内容效度。

不需要回顾太多组织内部的图形评价量表的样例，我们就能发现相关文件中可能在以上两者中已经存在了相关问题。这种结果令那些想要确保最佳实践的人觉得非常沮丧。很多图形评价量表在值域处并没有行为锚点说明，因此应该被视为数字评价量表。有时尽管确实有行为锚点，但这些说明都非常简短，难以清晰描述预期的工作行为。这些描述比较随意，并没有经过系统性的设计。

正如下一章将讨论的那样，图形评价量表是一个识别和评价人的能力的关键部分。事实上，图形评价量表中使用的行为锚点就是能力模型中对各个能力层级的定义。

作者总结

如前所述，越来越多的人力资源开发专家开始要为各种各样的理由来设计绩效评价量表。绩效评价量表是利用任务分析或能力分析产出信息的一种重要方式。检查表是人力资源开发专家最常使用的评价方式。随着人力资源开发专家越来越多地参与到人才管理及发展项目中，我们将面临更多没有预设标准、需要设计数字评价量表和图形评价量表的情况。

延伸思考

1. 你是否知道绩效评价量表可以根据是否有预设标准来进行区分？

2. 根据你自己当前的情况，你觉得哪种类型的绩效评价量表对你最有用？

3. 你知道检查表和产品评价表之间的区别吗？

4. 你知道数字评价量表和图形评价量表之间的区别吗？

5. 你能否确定一个能力并找出反映这一能力的行为锚点（关键行为）？

6. 在识别行为锚点（关键行为）方面，你遇到了哪些困难？

参考文献

Campbell, J. P., Dunnette, M. D., Arvey, R. D., & Hellervik, L. V. (1973). The development of behaviorally based rating scales. *Journal of Applied Psychology, 57*, 15–22.

Rummler, G., & Brache, A. (2013). *Improving performance: How to manage the white space on the organization chart.* San Francisco, CA: Jossey-Bass.

第十七章

能力测评及开发

组织如何在实际中使用第十一章和第十二章中提到的能力呢？事实上，能力清单本身并没有什么用处，对能力的应用最常见的是能力测评和能力开发项目。在组织中，能力测评和能力开发已成为人才管理这一宽泛主题中的一部分，很多人力资源开发专家已参与到这一主题中，人力资源管理则被认为是选拔、招聘、发展和留存组织中优秀人才的过程。

关于人才管理的讨论往往会涉及修改组织的使命宣言，并考虑从另外的角度来理解组织，例如参考T形组织的概念（Blavatsky-Berger，2015）。T形组织既注重垂直线所代表的存在于个人之间的深层知识，又注重水平线所代表的跨学科的、社会性的技能。考虑到T形组织的配置似乎对收集知识很有吸引力，特别是对高科技组织的管理者，能够使用这些知识对确保组织的运作至关重要。这种考虑的基础是，能力测评和能力开发能够梳理出垂直线和水平线所代表的能力中可能存在的差距。毋庸置疑的一点则是，所有人才管理的相关讨论，甚至T形组织的概念，在很大程度上都要依赖工作分析提供的信息。

能力测评

能力测评指的是员工自己及其主管对员工拥有的相关岗位工作能力进行评价的过程。能力测评的主要目的通常是提供反馈和促进员工的发展，而不是做审查或评价。因此，能力测评是用来诊断员工可能存在的能力差距的一种工具。

正如第十六章所讨论的，能力测评主要是通过图形评价量表来完成的，员工可以进行自我评价，员工的主管也可以对员工进行评价，即使用360°测评。其他方法也可能作为能力测评的一部分。能力测评则可以作为绩效评价的一部分，但如前所述，能力测评的主要目的是为了促进员工的发展。

能力测评的一般步骤如下：

1. 员工收到图形评价量表，包括其所在岗位所需能力的清单。

2. 员工根据量表值域的行为锚点对自己的每个能力进行评分。

3. 员工通过图形评价量表以外的方式，包括角色扮演、文件筐测试，甚至客户反馈，加深对自身能力水平的理解。

4. 管理者使用相同的图形评价量表对员工进行评分。

5. 员工和管理者的评价结果统计完毕，以小组的形式呈现，并确保信息保密。

6. 管理者和员工面对面会谈，探讨对每项能力的看法。

7. 管理者和员工商讨可能采取的行动，并为员工制定学习和发展目标。其中一个行动可能是建议参加一个能力开发项目。

8. 学习和发展目标往往会记录在组织的学习管理系统中。

员工能力管理系统是员工可以计划和跟踪自己如何获得与岗位相关

能力的途径。员工能力管理系统会显示每个能力对应的相关知识、技能和态度，以及如何获得能力发展的机会。由于员工能力管理系统也是员工人事记录的一部分，因此通常由组织的人力资源部门负责开发和维护。

员工能力管理系统通常包括以下信息：

- 由员工和管理者制定的员工职业目标和愿望清单。
- 与组织内的岗位相关的能力清单。
- 支持每个能力的知识、技能和态度的清单。
- 获得知识、技能和态度的发展机会清单。
- 活跃的数据库显示员工过去参与发展机会的记录。
- 发展计划，确定学习机会和规定时间内的时间表，该计划对个人落实学习机会可能是强制性的，也可能不是。

能力开发

能力开发是指经计划的一系列员工可参与的体验活动，通过这些活动，员工可以更加了解与自身岗位相关的一些能力并追求提高相关能力。能力开发可以被认为是人力资源开发实践中员工发展和职业发展两个部分都有的一部分。

能力开发项目可作为员工发展的一部分，虽然这一项目关注的是岗位，但其实能帮助员工在当前和未来的工作中改善自身表现。能力开发也可作为职业发展（主要是职业规划）的一部分，因为这可以让员工深入了解自身所在岗位在未来组织中的优势和劣势。能力开发是组织将岗位所需能力内化成组织制度的承诺。

有可能的话，人力资源开发专家应该寻找机会参与能力开发项目，并尽可能在项目中发挥领导作用，特别是当大多数人在这种特殊的人力资源开发项目中经验都有限的情况下。能力开发项目与其他类型的人力资源开发项目有明显的不同。例如，乍一看，能力开发项目很像管理发展项目。但大多数管理发展项目都有某种培训目标，这些目标都是提前设定好的，并能为参与项目的学员提供一系列经过精心设计的学习机会。

在设计上，能力开发项目并不会明确规定在项目结束后要达成什么样的学习成果，因为学习成果取决于每个参与者是否愿意做出自我改变。能力开发项目更注重提供一系列具有挑战性的体验活动，参与者通常以小组的形式参加。无论参与者学到了什么，都是他们自我反思的结果，以及对他人反馈的回应。因此，能力开发项目是相当独特的人力资源开发项目类型。

在实践中，能力开发项目的成败取决于能否将最合适的经验与要提升的能力进行匹配。如前所述，能力开发项目的设计并不是为了引入一套培训内容。相反，这些项目通常提供一系列具有挑战性的体验活动，让大家自己应对，然后观察活动过程中参与者的情况。很多时候，能力开发项目的主持人会向参与者介绍这些活动，而非参与者的观察员负责仔细观察，然后向参与者提供活动反馈。体验结束时为参与者提供结构化反馈是能力开发项目的一个重要特征。反馈能激发人们去思考，自己应该做出什么样的改变以及采取什么样的步骤来达成自我改变。

表17.1显示了一个能力规划矩阵，用于设计能力开发项目。纵轴列出了要通过项目获得的预期能力，横轴显示了将包括的各种体验式学习活动。在实践中，每个能力最好至少有两个与之匹配的学习活动。能力规划矩阵显示了几个具有挑战性的情境。

- 小组讨论。参与者阅读一个案例，从中了解项目组的绩效数据，报告显示绩效数据低于项目的目标值。参与者组建小组会议，介绍绩效数据情况，并讨论未来应该如何处理。
- 即兴演讲。给参与者一个与他们工作有关的题目，只可准备5分钟，参与者需要站起来做一个至少5分钟的即兴演讲。
- 商业案例。参与者会得到一份与岗位相关的完整的商业案例，然后以书面的形式回答有关案例研究的一系列问题。

- 角色扮演。参与者被告知他们现在是几个项目的高级项目经理，他们遇到了一个明显未能达成预期绩效的员工。参与者将要与该员工进行一次绩效审查会议，他们要在会议结束时采取一些可用的补救措施。
- 目标访谈。参与者都将接受一次结构化访谈，一般由外部顾问负责，主要与参与者探讨个人具备的能力以及相关能力的重要性。
- 交际能力。参与者需要完成一项调研，调研关注的是他们在组织中与他人交际的能力。小组的所有成员都需要完成这项调研并提交数据，最后将以小组为单位提供结果和反馈。

表 17.1　能力规划矩阵样例

	小组讨论	即兴演讲	商业案例	角色扮演 #1	角色扮演 #2	目标访谈	交际能力
关注结果			■			■	
客户导向					■	■	
人际交往效能	■			■	■		
团队领导力	■	■	■				
培养他人				■		■	
与人交际的能力					■	■	■

回顾这份清单我们发现，这些活动更侧重于为参与者提供挑战和体验式活动，进而再安排正式的学习。这样的一系列活动一般需要花费两

到三天的时间。

因此，能力开发项目的结果是让参与者完成一系列具有挑战性的活动，这些活动与参与者待开发的能力相关。后续，参与者会收到对他们在挑战活动中表现的反馈意见。参与者要对项目进行反思，明确能力开发对自己的意义，并最终做出自我改变的承诺。

能力开发在不同的组织中可能有不同的含义，因此实际中的方案设计与上面的样例之间会存在一定差异。无论项目设计上有何不同，项目的本质意图都是一样的。也就是说，能力开发项目都是旨在通过实施经计划的体验式活动，促使员工明确自身所需的能力，进而做出自我改变的承诺。

作者总结

如前所述，很多组织投入了大量资源来确定某些工作岗位所需的能力，进行能力测评，从而帮助个人诊断他们在能力方面的差距，最后设计并实施能力开发项目。我们可以看到逻辑上，能力开发项目其实是这个极其耗时的流程中最终的一环。本书的第十一章和第十二章都讨论了这一主题。

上面提到的一整串流程，其目的都在于培养人才，帮助员工未来得到晋升。了解能力也有助于组织对候选人进行筛选。因此，与能力相关的项目常常都是战略性的，因为这些项目能够帮助组织实现长期发展的目标。

最重要的一点，也是经常出现问题的一点在于，对能力培养的投入是否能收获比投入成本更有价值的成果。这些结果可能各不相同，但所含的因素不外乎以下这些：未来的管理者是否在岗位中表现得更好，这些未来的管理者是否在组织中待得更久，以及未来的管理者是否能融入组织文化并更轻松地完成工作任务。

目前，这些问题还没有真正得到解决，部分原因在于，很难分析出这一整串流程中的哪些方面会对预期结果带来最大影响，其间耗费的时间太长。这些项目需要耗费大量时间才能全面实施并在组织内产生效果。

不管怎么说，大多数管理者都认为能力开发本身就是有价值的成果，这似乎就足够了。尽管参与项目的人一直都明白自己只是处于模拟的环境中，但能给予个人机会充分地了解自己，应对挑战，是很有价值的。

延伸思考

1. 你是否相信员工在完成自我报告中会客观、诚实地评价自己的能力？

2. 你认为哪些能力是你目前作为员工或学生所必需的？你认为你现在能在多大程度上发挥这些能力？

3. 你是否曾经参加过能力开发或类似的项目？你对相关项目的印象怎么样？

4. 你是否知道能力开发项目与组织中大部分的管理发展项目之间的区别？

5. 根据能力开发项目的反馈，你能够多大程度地改变自身的性格？

参考文献

Wladawsky-Berger, I. (2015, December 18). The rise of the T shaped organization. *The Wall Street Journal*.

第四部分

洞察未来

　　在本书的第四部分中，我们对未来的工作展望、职场性质和工作分析进行了总结。本书认为，工作分析必须与工作性质的变化保持一致，即要从专注于对实操型工作的分析转变为对知识型工作的分析。我们能够看到人们的工作和职场环境再次发生了变化，因此，我们有必要针对这些变化即将带来的影响进行探讨。

第十八章

知识型工作和数字人才

怀疑论者可能会说，那些声称自己通晓未来的人要么是瞎猜的，要么是蠢人。很多人都会在跟朋友一起喝咖啡闲聊的时候随意猜猜未来的趋势。谁能真的那么自信，还没真正地"拐弯"，就能预测未来发生的事呢？按下这些怀疑的情绪，仔细观察，其实我们可以看到很多能预示未来工作发展方向的蛛丝马迹。大多数时候，未来的工作其实已经直接跟我们面对面了。因此，当看到这么多能表明未来工作的发展方向的证据时，我们就会明白所谓的预测未来其实并不困难。

知识型工作与经济发展

"一直以来，人力资源开发都是影响经济发展的重要因素"（Zidan，2001）。现在，随着知识型工作的出现，这两者之间的关系变得更加紧密。如第一章所述，彼得·德鲁克在20世纪50年代末就基于他当时的研究对未来的工作性质做出了一些相对准确的预测。他在那时候写道：

"（在未来）人们的工作将变得更加复杂，人们需要具备更强的认知能力。"德鲁克对组织的观察异常敏锐，尽管当时信息和通信技术还没有广泛地应用，人们才刚刚将卫星送入太空，但他能立刻感觉到组织将为此发生何种变化。先进的社会如果主要专注于固有产品的生产，思想却不进化，怎么可能再有任何繁荣的发展呢？这也是德鲁克在其一本书中的中心观点。这本书的名字很有趣，但有些故意的自相矛盾——《明日的里程碑》，未来怎么可能是已经发生的呢？

事实上，德鲁克虽然在很多方面的预测都很准确，但在预测知识型工作的出现时却忽略了一个关键。德鲁克和其他专家都遗漏的关键是，他们之前一直认为知识型工作将很可能成为受过高等教育的人群，如某些领域专家和科学家的主要工作内容。但现在我们发现，不管员工的教育水平如何以及他们在组织内部是什么层级，知识型工作已经成为几乎所有人工作中的一部分。

当然，德鲁克之前的观点并不是在贬低体力劳动。相反，他只是意识到在未来，知识型工作的价值会越来越高。在大多数社会中，知识型工作的价值将最终超越体力工作。能体现这一点的其中一个指标是各种报告显示，在某些国家里，服务业的价值增长速度已经超过了制造业（Cappelli & Keller，2013；Evolution of Work and the Worker，2014）。很多经济学家认为，服务业因其将人的想法和创意作为产品，所以应当被看作知识型工作的代表，并且，知识型工作可用于判断组织和国家的经济发展状况。

各个国家的经济和劳动力的发展取决于，随着时间的推移其逐渐将国家内部的工作类型从体力工作转变为知识型工作的能力（Jacobs & Hawley，2009）。新加坡自1965年独立至今的发展历程能够很好地说明这一点。新加坡独立伊始，国家非常贫穷，与今天截然不同。但新加坡政府领导官员比较明智，有意识地专注于吸引一些需要雇员完成简单的、重复性的、组装类型工作的雇主企业（Lee，2000）。从工作分析的角度来看，这一类涉及执行简单的制造和组装程序的，通常都是能按步骤完成的工作。

新加坡政府的领导者并没有把此类工作当作发展的终点，只是借由这一阶段来促进本国经济向下一阶段发展。随着教育基础设施的建设，新加坡政府也改变了招商的战略重心，开始吸引那些需要员工进行复杂组装任务的企业和组织。例如，计算机微芯片和晶圆制造，然后是信息技术的研究和开发，接着是生物工程的研究和开发，现在重心逐渐转移到最先进的数字技术和人工智能的研究和开发上。尽管新加坡这个国家规模不大，却成为其他国家了解从依赖体力劳动经济体成功转型为依赖高级知识型工作经济体的标杆。

在过去的几年里，我曾与埃塞俄比亚的一些组织和政府机构合作过。埃塞俄比亚是东非的一个发展中国家，目前发展较为顺利。我发现这个国家的发展路径与新加坡有些相似之处。埃塞俄比亚在首都亚的斯亚贝巴附近兴建了大工业园区，雇用数以万计的员工从事简单的、重复性的生产工作，主要集中在服装和纺织业。今天，也许你拥有的某件由知名设计师设计的衬衫或长裤都有可能是在埃塞俄比亚生产的。这里的工人们现在都穿着统一制式的工服上班，在规定的时间上工，按照规定的时间工作，直到下班收工。

这听起来好像没什么，但我们要明白，这种工作模式对于很多埃塞俄比亚的人民来说还是一种比较新鲜的生活和工作方式。通过劳动，他们能获得赖以生存的酬劳和福利。在埃塞俄比亚在全球经济价值梯队中进一步攀升，能够吸引更多需要员工从事更复杂的组装工作的企业之前，他们及类似的发展中国家的人民还需要很长一段时间来依靠此类工作谋求生存。多年来，我们在很多国家，如爱尔兰、韩国和马来西亚的发展史上都看到了相同的经济发展和进步模式。

今天，当大多数职场中出现知识型工作时，我们会发现这跟宣布天空是蓝色的一样明显。就算只是随意观察一下，我们就会发现，这一现象已经成为我们生活中显而易见的事实，没人会否认这一点。知识型工作最有趣的一点是，此类工作的出现几乎是不分国家、不分组织类型的，也不论国家的经济发展水平如何。在某一时刻，在不远的将来，最终这种工作性质的变化会影响所有的组织和国家，经济全球化也意味着知识型工作带来的影响将对全球一视同仁。

那么，如何理解和规划知识型工作，就成为各国政府的政策决策人、研究员、教育者和组织管理者共同关注的问题。每个群体中都有既得利益者对于如何应对新形势给出支持。近年来，全球的咨询公司和非政府机构已经发布了很多相关内容的信息报告。我在下方列出了最有用的几项资源的清单：

- Navigating the future of work: Can we point business, workers, and social institutions in the same direction？ (July 2017, Issue 21). Special issue of the *Deloitte Review*.
- *Workforce of the future: The competing forces shaping 2030.* (2018). London, UK: Pricewaterhouse Coopers.
- *Technology, jobs, and the future of work.* (2017). New York: McKinsey
- Global Institute.*Inception report for the global commission on the future of work.* (2017). Geneva: International Labour Organization.
- *The future of jobs: Employment, skills and the workforce strategy for the fourth industrial revolution.* (January 2016). Geneva: World Economic Forum.

以上报告及其他类似的报告会对我们了解未来的工作究竟是什么样的，以及知识型工作究竟是什么样的提供有用的帮助。值得一提的是，尽管这些资源都是各自独立研究出来的，但描述的未来的工作或多或少都有些相通之处。如前所述，我们现在的工作和生活中已经有足够多的迹象，让敏锐的观察者有依据地提供相关预测了。

以下是相关报告中对未来的工作和工作分析预测的信息汇总：

- 随着数字技术和人工智能的发展和普及，技术将在工作中发挥越来越重要的作用。

- 机器人将持续取代各行各业中很多现在由人来完成的体力劳动，因此未来职场需要具备更强认知能力的员工。

- 各种技术将使未来的工作更加复杂，因此人们有必要既学技术也学专业，技术则包括大数据、3D打印、机器人和人工智能等。

- 通信技术的发展将持续颠覆人们传统的工作方式，即所有员工都要到统一的地点工作，随之而来的是，我们工作的环境和场景在未来也将进行难以预测的演变和进化。

- 与此同时，尽管员工可能不会处于同一个地理位置，人与人之间的互动反而可能变得更加重要。

- 持续性终身学习的战略意义将更加重要，只有终身学习才能令个体随时应对新信息的冲击，而学习也将在各种正式和非正式场合中开展。

- 数字人才、数字精通和数字平台这些术语体现的是，一个人在信息和通信技术成为其工作中关键部分的环境中工作的能力。

- 数字人才已经成为各方高度重视和关注的。然而，大部分报告中缺少对这一词语的明确定义。

- 传统意义上的岗位及其定义的边界将受到持续的审视，未来人们可能会对传统意义上的岗位提出质疑，这一概念可能将不复存在（Slaughter，2015）。

- 随着各种技术和自动化的普及，人们要更明确地认识到哪些岗位是技术难以取代的，哪些工作任务是需要由人来完成和贡献价值的（Dewhurst，Hancock & Ellsworth，2013）。

● 创新往往是突发的，常常通过新软件、新产品或新市场进入大众视野。创新需要具备一定的适应力和灵活性，以便应对新环境带来的挑战。

● 教育制度应进行革新和进化，与新的工作类型和职场环境变化保持一致，以便帮助学生适应现在岗位边界模糊不清、"铁饭碗"越来越少的工作环境并做好准备。

● 随着组织受到全球化经济带来的成本压力，人们的工资水平和教育水平之间的关联性可能越来越弱。但是，对公认的某些知识和技能的认证证书的认可度会提升。

　　显然，广义上知识型工作和技术已经交织在一起。我们能从很多工作场景中看到技术给工作带来的影响。我们常常将技术简单地看作一种工具，或可用于开展工作的新资源，但如果相信未来主义者的预测，我们就会看到技术将进一步渗透到工作的方方面面，将对人们未来的工作起到更多支持作用。

数字人才

　　"没有其他的词语能比'数字人才'这个词语更好地概括未来的工作了"（Kane，Palmer，Phillips，Kiron & Buckley，2017）。其实，使用这个词语的很多作者并不了解它的准确含义和起源。"数字人才"一开始出现在近年来的很多畅销管理刊物中，常常跟"数字化转型"联系在一起。伴随着未来工作性质的变化，"数字人才"已经变成一个大家都挂在嘴边的流行词。而所谓的"未来工作"，指的是在未来，ICT（信息与通信技术）将普遍应用于人们的工作中，无论是在广义上组织方方面面要应用各种各样的技术，还是在狭义上特定场景中要应用一些具体的技术手段。

目前，对于"数字人才"的定义，大众似乎还未能达成一致。一般来说，"数字人才"指的是当信息与通信技术成为大部分工作中的一部分时，组织将要求其下一代员工具备一定的数字技术的相关知识和应用能力，以应对未来的市场挑战。这一趋势已成为全球管理者都关注的一个关键问题。例如，本书作者目前是一家全球性的跨国公司咨询委员会顾问，这个委员会的具体任务是就该企业如何学习和应对与数字人才相关问题提供合适的建议。

2018年，杰罗姆·布瓦特在《连线》杂志发表的一篇文章中宣称，由于劳动力市场中数字人才的稀缺，企业之间正在爆发一场数字人才争夺战。大量媒体和刊物也认为，不管是在国家层面还是企业层面，数字人才的数量都有巨大的缺口，因此呼吁政府的政策制定者、教育工作者和企业高管都要非常警觉地审视当前的情况，并对此密切注意。很多作者也有类似的呼吁，希望想办法解决日益明显的国家技能缺口（Baker，Sindone & Roper，2017）。

以上这类声明虽然引起了大多数管理者的共鸣，大家都认可这一趋势基本正确，但由于"数字人才"没有公认的定义，这样的声明同样让管理者觉得不知所措。在这个词语中，对"数字"一词，大部分人都同意其指的是与通信技术相关的方方面面。对"人才"一词，大家一般会认为其指的是个人拥有某些才能和技术。当这两个词结合在一起时，大家对这一组合的具体含义，甚至进一步到应当如何应对和处理时就不是那么明确了。

以下列出的是一些我们从工作分析的角度去考量的潜在定义：

- 数字人才指的是根据具体岗位的岗位分析结果生成的一套以数字技术为导向的知识和技能集。
- 数字人才指的是根据大量岗位职能的职业分析结果生成的一套以数字技术为导向的知识和技能集。

- 数字人才指的是基于不同岗位职能的能力分析结果生成的一套个人能力。

- 数字人才指的是根据某组织所在行业领域的行业能力分析结果生成的组织核心能力。

针对数字人才这一话题，我曾与美国、中国、韩国、马来西亚、印度及其他国家的管理者开展过非正式的讨论。我对"数字人才"的看法在很大程度上受到了这些讨论的影响。与我探讨这一话题的管理者都是从自身组织背景出发来提供观点的。在与大家探讨完后，我认为，在实践中数字人才可以是以上列举的情况中的任意一种，具体是哪种则取决于其应用对象。即，数字人才这一概念的应用场景是在某个具体的岗位上、某个职业中、某项能力分析中，还是整个组织中。遗憾的是，很多讨论数字人才的作者都会忽略他们具体的应用对象，把这个部分留给读者去自行解读。

尽管数字人才的定义有很大的不确定性，但不难看出，工作分析可以在帮助人们理解该术语时发挥非常突出的作用。也就是说，如需要进一步理解和探讨数字人才这一概念，我们不可避免地要用到工作分析来厘清数字人才的定义。否则，对于大多数管理者来说，数字人才只是一个宽泛、概略且含糊不清的概念而已。

我们必须承认的是，"数字人才"这个词语在某种程度上捕捉到了未来工作的本质。换句话说，在未来，所有的工作都将要求人们能懂数字技术，能用数字技术。如要深入讨论未来工作的其他内容，我们还需要参考更多的信息。

作者总结

未来的工作一直是备受关注的话题，尤其受到政府领导人、教育家和组织管理者的关注。如何确定未来的工作到底是什么样的，这是个挑战。但同时很多迹象和指标能够预示未来工作的发展趋势。未来的工作将更加依赖数字技术、员工对数字技术的理解能力及应用数字技术来达成新目标的能力。

"数字人才"一词的出现主要是用来描绘未来职场对劳动力的能力要求。这个术语尚未有明确的定义，但仍然成功概括了大众对未来工作的共同理解。在解码数字人才时，工作分析非常重要，因为只有依靠工作分析，我们才能搞清楚工作本质的变化方向。

延伸思考

1. 基于自身过往经验，你能否识别出在哪些方面你的工作有所变化？

2. 基于之前的经验，在工作变化之前和变化之后，数字技术扮演了什么样的角色？

3. 基于你所在的职场环境和工作经验，"数字人才"这个词语对你意味着什么？

4. 哪种数字人才的定义最符合你对这个词语的理解和你过往的工作经验？

5. 你能否想到体现"数字技术已成为工作中的一部分"的例子？

参考文献

Baker, E. A., Sindone, A., & Roper, C. (2017). Addressing the skills gap: A regional analysis. *Journal of Applied Business and Economics, 19*(8), 10–21.

Cappelli, P. H., & Keller, J. (2013). A Study of the extent and potential causes of alternative employment arrangements. *ILR Review, 66*(4), 874–901.

Dewhurst, M., Hancock, B., & Ellsworth, D. (2013, January–February). Redesigning knowledge work. *Harvard Business Review.*

Evolution of Work and the Worker. (2014, February). New York: The

Economist Intelligence Unit.

Jacobs, R. L., & Hawley, J. (2009). Emergence of workforce development: Definition, conceptual boundaries, and future perspectives. In R. MacLean & D. Wilson (Eds.), *International handbook of technical and vocational education and training.* Bonn, Germany: UNESCO-UNEVOC.

Kane, G. C., Palmer, D., Phillips, A. N., Kiron, D., & Buckley, N. (2017, Summer). *Achieving digital maturity: Adapting your company to a changing world.* MIT Management Review and Deloitte University Press.

Lee, K. Y. (2000). *From third world to first: The Singapore story—1965–2000.* New York: Harpers.

Slaughter, S. (2015, October 25). No job title too big, or creative. *New York Times*, ST2.

Zidan, S. (2001). The role of HRD in economic development. *Human Resource Development Quarterly, 12*(4), 437–443.

19

第十九章

工作分析的未来趋势

本书一直试图用前瞻性视角来看待工作分析，换言之，本书试图探讨的是，在当前组织和社会面临挑战的真实环境中工作分析的实践应用。更具体一点，本书通过深入剖析工作分析的两个主要组成部分来帮助读者应对新兴知识型工作带来的挑战。一路读来，读者应该能够意识到我们现在使用的工作分析已经远远超过了20世纪初工业时代兴起时使用的那种工作分析。那时，工作分析主要用于记录简单的、重复性的工作任务，一般呈现为固定的流程，主要用于识别和减少工作中不必要的行为。

随着大量职业中出现越来越多的知识型工作，当下职场中新的挑战也越来越多。为了应对这些新挑战，工作分析也发生了很多变化。现在，工作分析有着前所未有的广泛用途，应用目的变得更多了，达成这些目的的技术和手段也多了，唯一没有改变的是工作分析的基本原则——记录人们在工作中做了什么，这仍然是组织内部一直在开展的重要活动。

现在，我们有必要了解的是在新兴的数字时代中的工作分析，以及该如何利用好工作分析来迎接数字时代带来的新挑战。我在第十八章总结了一些关于知识型工作的思考和观点。现在看来，将相关信息与未来的工作分析实践联系起来还是比较有先见之明的。如前所述，有大量指标显示未来的工作会发生变化，这些预测具有一定的可信度。很多作者都认为，由于信息和通信技术的影响以及人工智能技术未来可能的进步，相较于以前那些经济时代，数字时代的发展可能才是真正划时代和颠覆性的。

首先，在未来，让机器人取代人类进行体力劳动已经不是天马行空的想象了。当前的工业机器人已经成为大多数制造和生产工作中成熟的一环，且我们对人机交互和机器人控制也进行了大量的工作分析。未来通过高级的人工智能很可能实现机器人的独立工作，让机器人与人成为同事。

其实在某种程度上，机器人已经能够基于输入算法在某些已知和既定的情况下进行有限的"思考"了。例如，当提前设置好行为模式时，机器人可以在工作环境中通过形状来识别不同的物体，以此确定应该从承载板上选取哪个零件，然后将相应零件安装到正确的位置。只有当机器人能够真正实现将过往情境中学到的内容迁移到新的未知情境中时，才真正进行了类人化的认知活动，就如当前正在实验中的无人驾驶汽车技术。

很多学者认为目前人类经历的四个重大经济时代包括：

- 商贸时代（1500—1900年）

  在这个时代，大部分欧洲国家都希望控制全球贸易，并尽可能地获取更多财富，包括金、银和稀有商品等。商贸时代的特点是殖民国家崛起，各国为争夺统治权而发生冲突。

- 工业时代（1990—2000年）

  在这个时代，大多数经济体专注于使用创新的管理和生产方式来进行大规模生产，取代了以前的工匠制作。没有哪个经济时代对全球人民生活带来的影响比工业时代更深远。

- 信息时代（1950—2010年）

  在这个时代，计算机的出现、通信卫星的发射、互联网的诞生、通信技术的进步显著地改变了人们的工作环境及社会生活的方方面面。信息时代为经济活动和知识应用带来了具有潜力的发展机会，这是前所未有的新契机。

- 数字时代（2010年至今）。

  跨越信息时代之后的数字时代则引入了人工智能技术，如自动驾驶汽车等，这意味着新的经济时代已快要到来。同样，数字时代也将影响人们的工作性质和未来的工作环境。

尽管给出的日期可能并不准确，但每个经济时代都有着与其他时代截然不同的特点。并且，每个时代也不总是线性发展的，也可能存在回溯其他时代的可能性。很多发达国家发现，由于批量生产的产品过于雷同，现在大量消费者对手工艺品的兴趣反而更大。人们现在更喜欢那些独特的、经过人手创造的事物。此外，每个经济时代中人们的工作性质都发生过巨大的改变。例如，工业时代对工人的技能要求有所降低，反而更多依赖于生产模式。因此，很多工人成为机器的延伸部分，而非主导。

虽然经济时代改变了人们的工作性质，却并没有极大地改变人们的工作方式。也就是说，人们完成工作时采取的基本行为方式是没有变化的。即便是最复杂的工作，人们往往还是会按照一定的流程步骤，解决已知的和未知的问题，在考虑不同的因素和情况后做出决策，进行检查，批判性地分析目标对象和正在进行的活动，做出相关的调整以取得更好的结果，偶尔结合其他常用的行为模式。也就是说，人们还是按照一定的工作流程来开展工作。

因此，不管工作怎么变化，人们的工作方式或多或少都是一样的。当然，现在的知识型工作中，人们能够按照一贯的行为模式完成的工作和需要应对未知情况才能完成的工作之间的比例已经有了极大的变化。人们的行为方式虽然可能没变，但知识型工作已经显著地改变了人们工作的内容和部署。

面对当前和未来的挑战，我认为此处有必要给大家提供一些在记录和分析工作时可以参考的建议，例如：

- 尽管很多工作已经变得更加知识导向，没有以前那么显而易见，人力资源开发专家仍需以工作行为为单元来分析工作，用具体的词汇来描述和呈现抽象的行为。

- 人力资源开发专家要始终牢记工作分析的两个主要组成部分，因为他们才是最了解达成预期目标需要哪些信息及采取何种措施的专家。

- 尽管对未来工作的探讨愈演愈烈，但组织内部有相当一部分工作并不会立即被相关的变化影响，因此，人力资源开发专家要在不断提升自身专业能力的基础上根据组织情况灵活地应用工作分析技术。

- 人力资源开发专家应该对组织内部的工作变化保持敏锐，持续观察。即便是毫不起眼的微小变化，也可能影响对员工的工作要求。

- 针对工作场景中出现的各种新技术，人力资源开发专家也要快速采用，以便让所有利益攸关者也能快速参与到工作分析中，缩短信息更新的周期。

- 人力资源开发专家不应该因技术更新而频繁使用新技术来开展工作分析，因为工作分析信息带来的真正价值在于解决组织的实际问题，而非在于信息收集本身。

- 人力资源开发专家应该意识到新兴信息和通信技术的作用，相关技术将成为所有工作的主要部分。

很多人力资源开发专家认为，工作分析是需要掌握专业知识和技能才能实操的一项技能。很多人还认为，要开展工作分析则需要具备某些具体的能力。例如，分析能力，即从整体中区分组成部分的能力；总结能力，即将各个部分重新组合的能力。大家普遍认为，就像人才发展专家需要培养与其他人力资源开发相关的专业能力一样，工作分析也需要掌握相关的能力，这些能力都能通过反思性实践来培养。

附录A

结构化在岗培训模块样例

A. 优化工艺装置的产物得率

B. 创建IP网络预防性维护工作计划

C. 焊接前检验零部件

D. 编写IP网络健康检查报告

A-1：优化工艺装置的产物得率

炼油厂位置： MAA/MAB/SHU

总结： 工艺工程师需要优化每项工艺装置的产物得率，实现生产规模、收入及利润率的最大化。本培训指导手册旨在呈现完成这一任务的正确流程。不正确的操作可能导致工艺装置效率低、利用率低，无法发挥生产潜能等问题。

学员必备： 学员必须具备以下前提条件：

- 掌握 KNPC 内网（技术服务页）中的 IP-21 软件信息
- 掌握 KNPC 内网（技术服务页）中的 LIMS 软件信息
- 掌握 PRO II 软件或同等类型软件
- 参与过石油工业入职项目（PTC）
- 阅读本课程的培训指南 C-1 及 F-1 内容

资源必备： 准备本模块所需的工具、材料、设备及文件：

- 工艺装置操作手册
- 厂房工艺流程图
- IP-21 软件（在电脑桌面上装好）
- LIMS 软件使用入口
- PRO II 软件或同等类型软件使用入口

预计学习时长： 3 天

| 课程：操作工程师 | 模块 A：监控炼油厂厂房状况及维护 | A-1：优化工艺装置的产物得率 |

步骤	说明	参与者
1. 确定需要进行产物得率优化的工艺装置	工艺工程师接收由高级工艺工程师布置的工艺装置优化任务	高级工艺工程师
2. 监控需要优化的工艺装置的日均产物得率	通过绘制日均产物得率图来监控产物得率趋势；根据培训指南 C-1 学习如何计算工艺装置的产物得率	
3. 通过模拟确认工艺装置的最优产物得率	使用 PRO II 软件或同类型软件进行模拟	高级工艺工程师
4. 将工艺装置的实际产物得率与期望或设计产物得率进行对比	如实际产物得率与模拟生成的期望 / 设计产物得率之间存在差距，判断影响产物得率的参数是什么（包括但不限于）： • 压力 • 温度 • 回流 • 汽油比 • 汽提产物比 • 反应器进口温度 • 反应器出口温度 • 加热器线圈出口温度	
5. 通过多次的小幅度渐进式操作参数调整及产物得率监控来优化整个工艺装置的操作参数	正确采取以下措施： • 检查实际产物得率及预期 / 设计产物得率之间的差值 • 如差值极小，检查相关参数的具体值 • 检查影响最有价值产物得率的相关参数，例如，在蒸馏一栏中的以下参数： 　○ 提升进料温度 　○ 提升回火温度 　○ 降低操作压力 　○ 降低回流 • 持续进行小幅度调整，直到产品质量得到提升 • 确定所有相关工艺装置的操作参数优化值	高级工艺工程师、操作部
6. 向操作部建议使用优化产物得率的操作参数	推荐所有的相关工艺装置参数采用优化值来提升产物得率	操作部
7. 记录产物得率优化的工作成果	总结产物得率优化工作的成果；更新维护用的纸质和电子文件或记录	

课程：操作工程师	模块 A：监控炼油厂厂房状况及维护	A-1：优化工艺装置的产物得率

A-1：检查厂房记录册 / 维护登记表　　　　　　　　　　　**绩效检查表**

员工姓名：

操作说明：观察以下每个步骤并打分。"是"表示员工能够在无外界帮助的情况下独立完成这一步骤。"需要帮助"表示员工在完成相关步骤时需要一些帮助。"否"表示员工在某一项或某几项步骤上需要很多帮助和支持。如评分为"需要帮助"或"否"，请在评价中说明给予这两种评分的理由。员工在所有步骤的评分均为"是"才能视作合格。

步骤	是否完成步骤			评价
	是（3）	需要帮助（2）	否（1）	
1. 检查前日换班主管记录簿中的三次换班的操作数据				
2. 检查前日换班负责人记录簿中三次换班的重要信息				
3. 检查前日三次换班的维护登记表信息				
4. 组织与各个部门的会议，讨论厂房存在的问题，并提出可行的解决方案				
总分				总体评价分：

检查日期：　　　　　　　　　总体情况：合格　不合格

检查人员签名：　　　　　　　员工签名：

课程：操作工程师	模块 A：监控炼油厂厂房状况及维护	A-1：优化工艺装置的产物得率

A-1：创建 IP 网络预防性维护工作计划

培训地点： 后台

总结： 后台 IP 网络工程师需要创建用于指导 IP 网络预防性维护活动的工作计划。本培训指导手册旨在呈现创建此类工作计划的流程。无法正确完成此任务可能导致在 IP 网络预防性维护中省略掉关键部分。

学员必备： 学员必须具备以下前提条件：
- 掌握后台维护基础及进阶

资源必备：
- 交换机和路由器配置手册
- 光纤云网络规格
- IP 网络工作计划手册

步骤	说明	参与者
1. 确认后台位置及参与工作计划的人员	查阅后台布局及设计规范，确认后台位置	员工应通知部门经理自己在创建工作计划
2. 确认开展 IP 网络预防性维护的工作计划	查阅 IP 网络规格确定工作计划；工作计划必须按照推荐计划来设计	部门经理应批准创建工作计划，确保员工有时间开展工作
3. 根据 IP 网络操作手册确认工作计划中包含的要素	工作要素在手册附录部分已列明；请确认使用的手册是最新版的	B-O 工程师
4. 起草工作计划并提交给部门经理	工作计划要素要按照手册标明的规范来设计	B-O 工程师、部门经理
5. 根据部门经理的反馈修改工作计划	必须完成所有区域的工作计划	如有问题，需联系部门经理
6. 在内部系统中发布工作计划	所有员工都必须了解工作计划	B-O 工程师

职位：IP 网络后台工程师	模块 A：进行 IP 网络预防性维护	A-1：创建 IP 网络预防性维护工作计划

A-1：创建 IP 网络预防性维护工作计划 　　　　　　　　　　　绩效检查表

员工姓名：　　　　　　　　　　　　　　　日期：

步骤	是否完成步骤			评价
	是（3）	需要帮助（2）	否（1）	
1. 确认后台位置以及参与工作计划的人员				
2. 确认工作计划中包含的后台要素				
3. 根据 IP 网络操作手册确认工作计划中的要素				
4. 起草工作计划并提交给部门经理				
5. 根据部门经理的反馈修改工作计划				
6. 在内部系统中发布工作计划				
总分				

检查日期：　　　　　　　　总体情况：合格　不合格

检查人员签名：　　　　　　员工签名：

职位：IP 网络后台工程师	模块 A：进行 IP 网络预防性维护	A-1：创建 IP 网络预防性维护工作计划

D-4：焊接前检验零部件

培训地点： MAA/MAB/SHU

总结： 在焊接前进行检验时，检验工程师需要遵循正规流程和方法。本培训指导手册旨在呈现正确的检验程序。在焊接前进行零部件检验是检验工程师的重要职责，如不能正确开展，则可能导致机器损伤、人员受伤或焊接失败。

学员必备： 学员必须具备以下前提条件：

- 完成 Maximo 系统培训
- 掌握设备清洗方法
- 掌握工程制图基础
- 掌握压力容器设计、制造及检验（美国机械工程师协会第八部分和美国石油协会 510）
- 掌握石头管道设计、制造及检验（美国机械工程师协会、美国国家标准协会 B31.3 和美国石油协会 570）
- 掌握加热器设计、制作及检验
- 掌握水管锅炉设计、制造及检验
- 掌握储油罐设计、制造及检验（美国石油协会 620、650 & 653）
- 掌握热交换器设计、制造及检验
- 掌握动力管设计、制造及检验（美国机械工程师协会、美国国家标准协会 B31.1）
- 掌握焊接及热处理原则
- 掌握焊接及铜焊（美国机械工程师协会第九部分）
- 掌握金属切削及加工原则
- 掌握无损检验基础
- 了解炼化工业中与腐蚀相关的知识
- 了解材料选择及材料属性
- 掌握机械故障分析及预防
- 了解非专业通用冶金知识基础

资源必备：

- 焊接程序规范、检验建议单
- 无损检验团队
- 检验工具
- 检验手册（涉及章节 IC-24 和 IC-25）

预计学习时长： 5 天

课程：检验工程师	模块 D：管理焊接及热处理活动	D-4：焊接前检验零部件

检验节点	指标	说明
1. 接收工作单信息		可能通过电话、书面文件或 Maximo 系统接收工作单
2. 检查焊接所需零部件数据及零件图	使用最新的零件图；确保使用正确的材料	
3. 检验零部件的整体情况	零部件必须无油、无润滑、无碎屑、无涂料，或者没有其他影响焊接的材料	确认要焊接的所有材料
4. 检查零部件的安装匹配度	根据焊接程序规范或检验建议单说明进行检查；零部件边缘能够匹配且留有一定缝隙以便焊接加固	如果觉得有问题，测量缝隙宽度
5. 确认焊条或电焊条是否可用	根据焊接程序规范或检验建议单调准焊条 / 电焊条；仅根据 IC-25 的指示替换焊条 / 电焊条	如果焊条 / 电焊条有变化，出具检验建议单
6. 确认电焊条的情况	根据焊接程序规范或检验建议单检查预热温度；锅炉在焊接前需要至少运转 2 小时	使用测温笔或温度计来确认焊接预热温度

| 课程：检验工程师 | 模块 D：管理焊接及热处理活动 | D-4：焊接前检验零部件 |

D-4：焊接前检验零部件   **绩效检查表**

员工姓名：

操作说明： 观察活动清单中的每个步骤并打分。"是"表示员工能够独立完成这一步骤。"否"表示员工不能完成这一步骤。如评分为"否"，则员工必须参加额外培训。如需要，可提供具体评价。

步骤	是否完成步骤		评价
	是	否	
1. 接收工作单信息			
2. 检查焊接所需零部件数据及零件图			
3. 检验零部件的整体情况			
4. 检查零部件的安装匹配度			
5. 确认焊条或电焊条是否可用			
6. 确认电焊条的情况			

检查日期：   总体情况：胜任   无法胜任

检查人员签名：   员工签名：

课程：检验工程师	模块 D：管理焊接及热处理活动	D-4：焊接前检验零部件

C-4：编写 IP 网络健康检查报告

培训地点： 后台

总结： 后台 IP 网络工程师需要负责进行网络安全检查。网络安全检查可确保网络稳定，不发生已知故障。如不进行安全检查，则无法查找潜在问题。

学员必备： 学员必须具备以下前提条件：

- 掌握 IP 网络健康检查事项

资源必备：

- U2000 账户
- 机房进入权限
- 健康检查报告模板

步骤	说明	参与者
1. 进行设备健康检查	**A. 硬件检查** • 电源线缆与服务线缆分开 • 电源线缆被有序摆放 • 服务线缆被有序摆放 • 线缆标签清晰且准确 • 空置插槽已用前面板遮挡 • 子架进风口没有灰尘，散热状态良好 • 备用电源输入可正常使用 • 内存使用情况 • 电板状态 • 电源状态 • 风扇模块状态 • 备用交换功能模块正常 **B. 软件检查** • 检查 VRP 和 BOOTROM 的软件版本是正式版本 • 检查日志信息，确保日志功能已启用 • 排除设备的故障 • 主机名称 • 系统时间 • 配置文件 • 用户名及密码账户信息 • 远程登录入口 • NMS 设置	• 高级管理员 • 前台工程师

课程：IP 网络后台工程师	模块 C：进行 IP 网络预防性维护	C-4：编写 IP 网络健康检查报告

续表

步骤	说明	参与者
2. 进行接口检查	• 接口硬件状态 • 接口界面说明 • 接口配置 • MAC 地址 • ARP 表 • IP 地址 • 接口统计信息	• 高级管理员 • 前台工程师
3. 进行路由器检查	• 路由表 • 静态路由配置 • OSPF 处于 Peer 状态 • ISIS 处于 Peer 状态 • BGP 处于 Peer 状态 • 路由表项统计情况	• 前台工程师
4. 进行服务检查	• 通道 • L2VPN • L3VPN • 组播	• 前台工程师
5. 编写健康报告	注意：可参考附录 A 模块 C 中的 IP 网络健康报告模板	• 高级管理员 • 维护管理员 • 前台工程师

课程：IP 网络后台工程师	模块 C：进行 IP 网络预防性维护	C-4：编写 IP 网络健康检查报告

C-4：编写 IP 网络健康检查报告　　　　　　　　　　　　　　　**绩效检查表**

员工姓名：　　　　　　　　　　　日期：

步骤	是否完成步骤			评价
	是 （3）	需要 帮助 （2）	否 （1）	
1. 设备健康检查				
2. 接口检查				
3. 路由器检查				
4. 服务检查				
5. 编写健康报告				
总分				

检查日期：　　　　　　　　总体情况：合格　不合格

检查人员签名：　　　　　　员工签名：

课程：IP 网络后台工程师	模块 C：进行 IP 网络预防性维护	C-4：编写 IP 网络健康检查报告

参考文献

Allen, C. R. (1922). *The foreman and his job.* Philadelphia: J. B. Lippincott Company.

Allport, G. W. (1968). *The person in psychology.* Boston: Beacon Press.

Amadi, S., & Jacobs, R. L. (2017). A review of the literature on structured on-the-job training (S-OJT) and directions for future research. *Human Resource Development* Review, 16, 323–349.

Aron, D. (2017, October 3). How to find and hire the right digital talent for your organization. *Harvard Business Review*, pp. 1–4.

Arp, F. (2014). Emerging giants, aspiring multinationals and foreign executives: Leapfrogging, capability building, and competing with developed country multinationals. *Human Resource Management, 53,* 851–876.

Arthur, M. B., Defillippi, R. J., & Lindsay, V. J. (2008). On being a knowledge worker. *Organizational Dynamics, 37*(4), 365–377.

Baker, E. A., Sindone, A., & Roper, C. (2017). Addressing the skills gap: A regional analysis. *Journal of Applied Business and Economics, 19*(8), 10–21.

Balasa, D. A. (2015, July–August). Occupational analyses: Why such studies are important for examination and curriculum development. *CMA Today*, pp. 5–7.

Boyatzis, R. (1982). *The competent manager: A model for effective performance.* New York: John Wiley.

Boyatzis, R. E. (2008). Guest Editorial: Competencies in the 21st century. *Journal of Management Development, 27*(1), 5–12.

Brannick, M. T., & Levine, E. L. (2002). *Job analysis: Methods, research, and applications for human resource management in the new millennium.* Thousand Oaks, CA: Sage Publications, Inc.

Brobjer, T. H. (2008). *Nietzsche's philosophical context: An intellectual biography* (p. 149). Urbana, IL: University of Illinois Press.

Buckingham, M., & Clifton, D. O. (2001). *Now discover your strengths.* New York: The Free Press.

Burud, S., & Tumolo, M. (2004). *Leveraging the new human capital: Adaptive strategies, results achieved, and stories of transformation.* Palo Alton, CA: Davies-Black.

Campbell, J. P., Dunnette, M. D., Arvey, R. D., & Hellervik, L. V. (1973). The development of behaviorally based rating scales. *Journal of Applied Psychology, 57,* 15–22.

Cappelli, P., & Keller, J. R. (2013). Classifying work in the new economy. *The Academy of Management Review, 38*(4), 575–596.

Cappelli, P. H., & Keller, J. (2013). A Study of the extent and potential causes of alternative employment arrangements. *ILR Review, 66*(4), 874–901.

Carlisle, K. E. (1986). *Analyzing jobs and tasks.* Englewood Cliffs, NJ: Educational Technology Publications.

Crandall, B., Klein, G., & Hoffman, R. (2006). *Working minds: A practitioner's guide to cognitive task analysis.* Boston: MIT Press.

Crosby, P. (1980). *Quality is free: The art of making quality certain.* New York: Signet.

Davenport, T. H. (2005). *Thinking for a living: How to get better performance and results from knowledge workers.* Boston: Harvard Business School Press.

Davenport, T. H., & Prusack, L. (2000). *Working knowledge: How organizations manage what they know.* Boston: Harvard Business School Press.

Davies, I. K. (1973). *Competency-based learning: Technology, management, and design.* New York: McGraw-Hill Book Company.

Demings, W. E. (1986). *Out of the crisis.* Boston: Massachusetts Institute of Technology, Center for Advanced Engineering Study.

Dewhurst, M., Hancock, B., & Ellsworth, D. (2013, January–February). Redesigning knowledge work. *Harvard Business Review.*

Donahue, D. E. (2018). *Building leadership competence: A competency-based approach to building leadership ability.* State College, PA: Centrestar Learning.

Dooley, C. R. (1945). *The training within industry report (1940–1945): A record of the development of supervision, their use and the results.* Washington, DC: War Manpower Commission, Bureau of Training, Training within Industry Service.

Dreyfus, C. R. (2008). Identifying competencies that predict effectiveness of R&D managers. *Journal of Management Development, 27*(1), 76–91.

Drucker, P. (1957). *Landmarks of tomorrow.* New York: Harper.

Drucker, P. (1993). *Post-capitalist society.* New York: Harper Business.

Drucker, P. (1994). *Adventures of a bystander.* New York: John Wiley.

Evolution of Work and the Worker. (2014, February). New York: The Economist Intelligence Unit.

Feigenbaum, A. V. (1991). *Total quality control* (3rd ed.). New York:

McGraw-Hill.

Flanagan, J. C. (1954, July). The critical incident technique. *Psychological Bulletin, 51*(4), 327–358.

Florida, R. E. (2012). *The rise of the creative class*. New York: Basic Books.

Fryklund, V. C. (1970). *Occupational analysis: Techniques and procedures*. New York: The Bruce Publishing Company.

Gael, S. (1983). *Job analysis: A guide to assessing work activities*. San Francisco, CA: Jossey-Bass.

Gawande, A. (2009). *The checklist manifesto: How to get things right*. New York: Metropolitan Books.

Gilbert, T. (2007). *Human competence: Engineering worthy performance*. San Francisco, CA: Pfeiffer.

Gilbreth, F. B. (1909). *Bricklaying system*. New York: The M.C. Clark Publishing Co.

Gilbreth, F. B., & Carey, E. G. (1948). *Cheaper by the dozen*. New York: Perennial Classics.

Gilbreth, F. B., & Gilbreth, L. M. (1917). *Applied motion study: A collection of papers on the efficient method to industrial preparedness*. New York: Sturgis & Walton Company.

Gilbreth, L. (1998). *As I remember: An autobiography*. Atlanta, GA: Institute of Industrial and Systems Engineers.

Goldratt, E. M., & Cox, J. (2004). *The goal*. New York: Routledge.

Hammer, M., & Champy, J. (1993). *Reengineering the corporation: A manifesto for business revolution*. New York: Harper Business Books.

Hartley, D. E. (1999). *Job analysis at the speed of reality*. Amherst, MA:

HRD Press, Inc.

How to Hire the Best Digital Talent. (2015, October 8). Society for Human Resource Management.

Inception Report for the Global Commission on the Future of Work. (2017). Geneva: International Labour Organization.

Jacobs, R. L. (1986). Use of the critical incident technique to analyze the interpersonal skill requirements of supervisors. *Journal of Industrial Teacher Education, 23*(2), 56–61.

Jacobs, R. L. (1990). Human resource development as an interdisciplinary body of knowledge. *Human Resource Development Quarterly, 1*(1), 65–71.

Jacobs, R. L. (1994). Case studies that compare the training efficiency and product quality of unstructured and structured OJT. In J. Phillips (Ed.), *The return on investment in human resource development: cases on the economic benefits of HRD* (pp. 123–132). Alexandria, VA: American Society for Training and Development.

Jacobs, R. L. (2001). Managing employee competence and human intelligence in global organizations. In F. Richter (Ed.), *Maximizing human intelligence in Asia business: The sixth generation project* (pp. 44–54). New York: Prentice-Hall.

Jacobs, R. L. (2002). Honoring Channing Rice Dooley: Examining the man and his contributions. *Human Resource Development International, 5*(1), 131–137.

Jacobs, R. L. (2003). *Structured on-the-job training: Unleashing employee expertise in the workplace. San Francisco,* CA: Berrett-Koehler Publishers.

Jacobs, R. L. (2014). System theory and human resource development. In N. Chalofsky, L. Morris, & T. Rocco (Eds.), *Handbook of human resource development.* San Francisco, CA: Jossey-Bass.

Jacobs, R. L. (2017). Knowledge work and human resource development. *Human Resource Development Review, 16*(2), 176–202.

Jacobs, R. L., & Bu-Rahmah, M. (2012). Developing employee expertise through structured on-the-job training (S-OJT): An introduction to this training approach and the KNPC experience. *Industrial and Commercial Training, 44*(2), 75–84.

Jacobs, R. L., & Hawley, J. (2009). Emergence of workforce development: Definition, conceptual boundaries, and future perspectives. In R. MacLean & D. Wilson (Eds.), *International handbook of technical and vocational education and training.* Bonn, Germany: UNESCO-UNEVOC.

Jacobs, R. L., & Wang, B. (2007). A proposed interpretation of the ISO 10015 guidelines for training: Implications for HRD theory and practice. In F. Nafuko (Ed.), *Proceedings of the annual conference of the Academy of Human Resource Development.* Bowling Green, OH: AHRD.

Jenkins, S. (2017, December 13). How to hire the best digital talent during a transformational era. *Forbes Agency Council.*

Johann, B. (1995). *Designing cross-functional business processes.* San Francisco, CA: Jossey-Bass.

Juran, M. (1992). *Juran on quality by design: The new steps for planning quality into goods and services.* New York: The Free Press.

KANBAN: Just-in-time at Toyota, Management begins at the workplace. (1989). Boston: Productivity Press.

Kane, G. C., Palmer, D., Phillips, A. N., Kiron, D., & Buckley, N. (2017, Summer). *Achieving digital maturity: Adapting your company to a changing world.* MIT Management Review and Deloitte University Press.

Lacey, R. (1986). *Ford: The man and the machine.* New York: Little, Brown and Co.

Lee, K. Y. (2000). *From third world to first: The Singapore story—1965–2000.* New York: Harpers.

Liker, J. K., & Meier, D. (2006). *The Toyota way fieldbook: A practical guide for implementing Toyota's 4Ps.* New York: McGraw-Hill.

Lin, Y., & Jacobs, R. (2008). The perceptions of human resource development professionals in Taiwan regarding their working relationships with subject matter experts (SMEs) during the training design process. *Human Resource Development International, 11*(3), 237–252.

MacKenzie, L., & O'Toole, G. (Eds.). (2011). *Occupational analysis in practice.* San Francisco, CA: John Wiley.

Mager, R. F. (1982). *Troubleshooting the troubleshooting course: Or debug d'bugs.* Belmont, CA: Lake Publishing Company.

Mager, R. F. (1997). *Preparing instructional objectives: A critical tool in the development of effective instruction* (3rd ed.). Atlanta, GA: The Center for Effective Performance.

McClelland, D. (1973, January). Testing for competence rather than for "intelligence". *American Psychologist, 28*(1), 1–14.

McClelland, D. (1998). Identifying competencies with behavioral-events interviews. *Psychological Science, 9*(5), 331–338.

McCormick, E. J. (1976). Chapter 15: Job and task analysis. In M. D. Dunnette (Ed.), *Handbook of industrial and organizational psychology* (pp. 651–696). Chicago, IL: Rand McNally College Publishing Company.

McLagan, P., & Bedrick, D. (1983, June). Models for excellence: The results of the ASTD training and development competency study. *Training and*

Development, 37(6), 10–12, 14, 16–20.

Merriam, S. B., Caffarella, R. S., & Baumgartner, L. M. (2007). *Learning in adulthood: A comprehensive guide.* San Francisco, CA: Jossey-Bass.

Miller, G. A. (1956). The magical number of seven, plus or minus two: Some limits on our capacity for processing information. *Psychological Review, 101*(2), 343–352.

Myers, I. B. (1995). *Gifts differing: Understanding personality type.* Mountain View, CA: Davies-Black Publishing.

Navigating the future of work: Can we point business, workers, and social institutions in the same direction. (2017, July, Issue 21). Special issue of the *Deloitte Review.*

Norton, R. E., & Moser, J. (2007). *SCID handbook* (7th ed.). Columbus, OH: Center on Education and Training for Employment, The Ohio State University.

Norton, R. E., & Moser, J. (2008). *DACUM handbook* (3rd ed.). Columbus, OH: Center on Education and Training for Employment, The Ohio State University.

Patton, M. Q. (2015). *Qualitative research & evaluation methods: Integrating theory and practice* (4th ed.). San Francisco, CA: Sage.

Petroski, H. (1985). *To engineer is human: The role of failure in successful design.* New York: St. Martin's Press.

Prahalad, C. K., & Hamel, G. (1990). The core competence of the organization. *Harvard Business Review, 68*(3), 79–91.

Putnam, R. (2016). *Our kids: The American dream in crisis.* New York: Simon and Shuster.

Rhee, K. S. (2008). The beat and rhythm of competency development over two years. *Journal of Management Development, 27*(1), 146–160.

Rossett, A., & Schafer, L. (2007). *Job aids and performance support: Moving from knowledge in the classroom to knowledge everywhere.* San Francisco, CA: Pfeiffer.

Rothwell, W., & Gaber, J. (2010). *Competency-based training basics.* Alexandria, VA: ASTD Press.

Rummler, G., & Barche, A. (2013). *Improving performance: How to manage the white space on the organization chart.* San Francisco, CA: Jossey-Bass.

Schrock, S. A., & Coscarelli, W. C. (2007). *Criterion-referenced test development: Technical and legal guidelines for corporate training.* San Francisco, CA: Pfeiffer.

Skinner, B. F. (1965). *Science and human behavior.* New York: Free Press.

Slaughter, S. (2015, October 25). No job title too big, or creative. *New York Times,* ST2.

Sudman, S., & Bradburn, N. M. (1983). *Asking questions: A practical guide to questionnaire design.* San Francisco, CA: Jossey-Bass.

Swanson, R. A. (2007). *Analysis for improving performance: Tools for diagnosing organizations and documenting workplace expertise.* San Francisco, CA: Berrett-Koehler Publishers, Inc.

Swanson, R. A., & Gradous, D. (1986). *Performance at work: A systematic program for analyzing work behavior.* New York: John Wiley & Sons, Inc.

Swanson, R. A., & Holton, E. F. (2009). *Foundations of human resource development.* San Francisco, CA: Berrett-Koehler Publishers, Inc.

Taylor, F. (1911, 1998). *The principles of scientific management.* Unabridged Dover (1998) republication of the work published by Harper &

Brothers Publishers, New York, 1911.

Technology, jobs, and the future of work. (2017). New York: McKinsey Global Institute.

The digital talent gap—Are companies doing enough (2017, June–July). Capgemini.

The future of jobs: Employment, skills and the workforce strategy for the fourth industrial revolution. (2016, January). Geneva: World Economic Forum.

The new tech talent you need to succeed in digital. (2016, September). McKinsey & Company.

Ulrich, D., Younger, J., Brockbank, W., & Ulrich, M. (2012, July). HR talent and the new HR competencies. *Strategic HR Review, 11*(4), 217–222.

Watkins, K. E., & Marsick, V. J. (1993). *Sculpting the learning organization: Lessons in the art and science systemic change.* San Francisco, CA: Jossey-Bass.

Wladawsky-Berger, I. (2015, December 18). The rise of the T shaped organization. *The Wall Street Journal.*

Wood, M. C. (2003). *Frank and Lillian Gilbreth: Critical evaluations in business and management.* New York: Routledge.

Workforce of the future: The competing forces shaping 2030. (2018). London, UK: Pricewaterhouse Coopers.

Zemke, R. (1982). *Figuring things out: A trainer's guide to needs and task analysis.* Reading, MA: Addison-Wesley.

Zidan, S. (2001). The role of HRD in economic development. *Human Resource Development Quarterly, 12*(4), 437–443.

关于安迪曼集团

　　安迪曼集团创立于2010年，旗下包括安迪曼咨询、享学科技和塔伦特咨询三大主营业务板块。目前在北京、上海、广州、无锡设有分公司，在天津、西安、济南、郑州、成都、重庆、福州等十余个核心城市布有区域服务中心，为全国范围内的互联网、金融、房地产、制药医疗、能源、装备制造、高新科技、快消零售、教育等数十个行业的3000多个灯塔级优秀客户提供企业人才梯队建设解决方案，直接触达受益人1000万以上。

 **安迪曼咨询**

　　安迪曼咨询协助企业建设优质人才供应链，进而提升组织能力和业绩。作为一家从人才战略到落地的全价值链服务供应商，安迪曼咨询致力于创建全球智慧学习生态，引领学习变革，为全球个人与组织提供平等、自由、有效的学习机会和人才战略及落地的综合性服务。

 **享学科技**

　　享学科技为企业提供人才供应链的数字化解决方案。享学科技帮助企业一键建立专属线上企业大学/赋能中心，搭建线上线下相结合的混合式训练体系，以帮助企业随时随地、随需而变地科学训练人才，更加智

慧地学习，最终建立人才供应链系统。享学科技的解决方案能够与企业多种数字化系统进行无缝连接和功能拓展。

塔伦特咨询

塔伦特咨询专注于为企业提供创新增长及领导力开发方面解决方案。塔伦特咨询采用模拟化、场景化、游戏化等激励方式，通过引进和独立开发的创新和领导力版权课程，有效激发企业员工自主学习的动力，促进学习效果转化，在仿真场景中进行领导力开发，进而提升组织绩效达成，实现企业的创新发展。

反侵权盗版声明

电子工业出版社依法对本作品享有专有出版权。任何未经权利人书面许可，复制、销售或通过信息网络传播本作品的行为；歪曲、篡改、剽窃本作品的行为，均违反《中华人民共和国著作权法》，其行为人应承担相应的民事责任和行政责任，构成犯罪的，将被依法追究刑事责任。

为了维护市场秩序，保护权利人的合法权益，我社将依法查处和打击侵权盗版的单位和个人。欢迎社会各界人士积极举报侵权盗版行为，本社将奖励举报有功人员，并保证举报人的信息不被泄露。

举报电话：（010）88254396；（010）88258888

传　　真：（010）88254397

E-mail:　　dbqq@phei.com.cn

通信地址：北京市万寿路 173 信箱
　　　　　电子工业出版社总编办公室

邮　　编：100036